"十二五"高职高专规划教材·精品系列

国际商务沟通与谈判

主　编　李炎炎
副主编　曹露露　夏守慧
参　编　刘章文　潘伟琪　叶柏坚

中国铁道出版社
CHINA RAILWAY PUBLISHING HOUSE

内容简介

本书突出了国际商务谈判与沟通职业能力的培养，以工学结合为切入点，打破以知识传授为主要特征的传统学科课程模式，转变为以“项目”和“学习情境”为中心组织课程内容，每个项目下有多个学习情境来支撑，即以国际商务谈判与沟通业务操作流程为主线，精心提炼、整合教学内容为连贯的、真实的、合乎逻辑的11个项目、30个学习情境，实现了“项目式引领、情景化任务驱动”的编写模式，构建了国际商务谈判与沟通课程内容体系。

本教材适合作为高职高专院校国际商务、市场营销、企业管理等专业相关课程的配套教材。同时，也可作为自考或在职人员的参考用书。

图书在版编目（CIP）数据

国际商务沟通与谈判／李炎炎主编．—北京：中国铁道出版社，2012.1

“十二五”高职高专规划教材·精品系列

ISBN 978-7-113-13820-2

Ⅰ.①国… Ⅱ.①李… Ⅲ.①国际商务—公共关系学—高等职业教育—教材 Ⅳ.①F740

中国版本图书馆CIP数据核字（2011）第226569号

书　　名：“十二五”高职高专规划教材·精品系列
国际商务沟通与谈判

作　　者：李炎炎　主编

策　　划：左婷婷　　**读者热线：**400-668-0820
责任编辑：张丽娜　　**特邀编辑：**赵树刚
编辑助理：包　宁
封面设计：刘　颖
责任校对：张玉华
责任印制：李　佳

出版发行：中国铁道出版社（100054，北京市西城区右安门西街8号）
网　　址：http://www.edusources.net
印　　刷：北京市昌平开拓印刷厂
版　　次：2012年1月第1版　　2012年1月第1次印刷
开　　本：787 mm×1 092 mm　1/16　印张：15　字数：362千
印　　数：1～4 000册
书　　号：ISBN 978-7-113-13820-2
定　　价：29.00元

前言

国际商务沟通与谈判

International Business Communication and Negotiation

Preface

根据教育部《关于全面提高高等职业教育教学质量的若干意见》(教高[2006]16号)文件所倡导的"大力推行工学结合,突出实践能力培养,改革人才培养模式"的精神,在广泛听取国际商务行业/企业专家、职教专家意见的基础上,我们编写了这本书。

本书的编写以工学结合为切入点,打破以知识传授为主要特征的传统学科课程模式,转变为以"项目"和"学习情境"为中心组织课程内容,即以国际商务谈判与沟通业务操作流程为主线,精心提炼,整合教学内容为连贯的、真实的、合乎逻辑的11个项目、30个学习情境,构建了国际商务谈判与沟通课程内容体系。

本书突出了国际商务谈判与沟通职业能力培养,每个项目下有多个学习情境来支撑,实现了"项目引领、任务驱动"的教材体系。

本书充分结合了工学结合的课程教学改革成果,突出应用性和前瞻性,将本专业领域的发展趋势及实际业务操作中的新知识、新技术和新方法及时纳入其中;基本知识简明扼要,项目实训操作性强;体现实践教学过程的实践性、开放性和职业性,重视学生校内学习与实际工作的一致性;突出学生国际商务谈判与沟通职业能力的培养及职业素质的养成,增强学生的国际商务谈判与沟通岗位适应能力,有利于其今后的就业与创业。

本书的每个学习项目包括:学习目标(包括知识目标和技能目标)、入门案例、项目小结、知识与技能训练等,并包括大量的案例。

本书由李炎炎主编,统稿总纂。全书编写分工:刘章文编写项目1;李炎炎编写项目2、项目8、项目9、项目10;夏守慧编写项目3、项目5;潘伟琪编写项目4;曹露露编写项目6、项目7;叶柏坚编写项目11;农业银行温州分行进出口业务部潘健仁参与了部分学习情境的编写工作、本书的编写思路设计与部分审稿工作。

在本书的编写过程中,得到了有关企业、学校领导、专家及其他教师的大力支持,特别是得到了中国铁道出版社相关编辑的大力支持与帮助。此外,本书的编写参阅了大量的国内外相关教科书、科研成果和谈判、沟通实践等资料,在此一并表示感谢。

由于编写时间仓促,编者水平有限,书中难免有疏漏和不足之处,敬请同行专家和广大读者指教。

编　者

目录 Contents

国际商务沟通与谈判

International Business Communication and Negotiation

项目1 商务谈判的基础知识

学习目标

◆ 知识目标

通过本项目的学习，使学生能够了解商务谈判的概念、准确把握商务谈判的特征；了解商务谈判的类型及商务谈判的内容，理解商务谈判的原则。

◆ 技能目标

通过本项目的教学，使学生能够区分谈判与商务谈判，能够比较各原则内容的不同并掌握各商务谈判原则的要点。

学习情境1 商务谈判的内涵

【入门案例】

20世纪90年代中期，中美贸易摩擦频繁。如美国在给予中国最惠国待遇地位、中国知识产权保护、中美对外贸易逆差、对中国出口美国的产品实施反倾销调查等有关问题的摩擦接连不断。美国对中国施加的压力仍在不断升级，动辄挥舞其“特殊301条款”的大棒，以贸易报复相威胁。美国在“特殊301条款”中规定，美国贸易代表有权将没有对美国的知识产权给予充分有效的保护和未对持有知识产权的美国人给予公平的市场准入的国家列为重点国家。1994年6月30日，美国再次将我国列为重点国家，对所谓中国侵犯知识产权的行为进行调查，并扬言，在6个月里一经调查属实，就将实行贸易报复。自美国将中国列入“重点观察国家”之后，中美两国就知识产权保护问题展开谈判。美国贸易代表坎特甚至指责中国“至今不愿采取必要措施保护美国的知识产权”，美国将这场争端同中国要求恢复关贸总协定的地位联系起来，宣称，如果中国不在版权上满足美国的要求，美国就很难支持中国复关。并开出了许多干涉我国立法、司法和内政等要求中国做出让步的条款，要求中国立即关闭29个工厂；一周打击两次侵权行为，并向美国报告，直到美国满意为止；修改民法，对涉外案件的一审期改为6个月，修改诉讼费的收取办法，把按比例收取变为收取固定费用；取消涉外商标代理；国家版权局对国家机关使用计算机软件进行调查，调查结果面向美国政府报社、侦探所等机构公布；立即授予各知识产权行政部门搜查、没收、销毁授权产品和设备的权利等。

（资料来源：张建清，沈铭辉. 美国20世纪90年代以来战略性出口贸易政策的发展及对中国的启示[A]. 全国美国经济学会会长扩大会议暨"当代世界经济格局下的中美经贸关系"学术研讨会论文集. 2005.）

【分析提示】

其实，中美两国在是否保护知识产权的问题上是没有根本分歧的，问题是美国对中国保护知识产权方面所做的努力和所取得的进展熟视无睹，片面夸大中国个别企业侵犯知识产权方面的问题。我方应充分收集资料，积极准备与美方的贸易战。面对美方的漫天要价和不断施压，我方代表团根据我国法律和有关的国际公约，坚持有理、有利、有节的原则，在关系到国家内政和国家尊严的问题上决不让步，在其他问题上则保持充分的灵活性。

谈判的结果是中方坚决驳回了美国企图干涉我国司法、立法和国家主权的要求，但在知识产权的保护和对知识产权的侵权行为进行打击、外国人在中国建立音像制品合资企业和复兴企业、取消音像制品的进口数量方面做了重申和让步。美国停止了对我国10.8亿美元大宗交易出口产品征收高达100%关税的报复措施，减少了对我国经济造成的损失，保证了我国出口美国的市场，从而可以继续扩大出口，进一步发展对外贸易。对中国台湾地区、香港特别行政区、澳门特别行政区的稳定有积极影响，为全面改善中美经贸关系奠定了基础，对我国复兴和加入WTO有积极的促进作用。

任务1.1 掌握商务谈判的概念

现代社会充满了谈判，谈判逐渐渗透到社会经济生活的各个领域。生活在社会中的每一个人都在自觉或不自觉地进行着一场又一场的谈判，大到参与涉及国际关系处理的谈判，小到与家人或同事之间就日常琐事的协商。可以说，只要人类之间有交往，就会有谈判。谈判已成为越来越多的人需要掌握的一种能力。随着国际分工和专业化的发展，谈判在维持人类合作中所起的作用将会越来越大。

1.1.1 谈判的内涵

1. 谈判的产生

谈判(negotiation)是人们为了协调彼此之间的关系，满足各自的需要，通过协商而争取达到意见一致的行为和过程。简单地说，谈判就是一种沟通，通过信息交流消除分歧，共同让步达成一致意见，从而使各自获得自己的利益。谈判的历史非常悠久，早在原始社会末期，当一个原始人牵着一头牛与另一个原始人交换羊时，双方就要通过讨价还价才能确定两种商品的交换比率，即一头牛换多少只羊。到了奴隶社会和封建社会，随着私有制的确立和私有财产的增多，交换的商品种类和地理范围逐渐扩大，当然这些之间的交换也少不了谈判。人类为什么要谈判？

(1)社会资源是有限的，不能满足每个人内心的需要。

(2)人有利益最大化的需求，但由于资源的有限性，利益冲突不可避免，需要谈判加以解决。

(3)市场经济的私有产权属性决定了有商品交换就有谈判。

【案例阅读 1.1】

有一个妈妈把一个橙子给了邻居的两个孩子。这两个孩子便讨论起来如何分这个橙子。两个人吵来吵去，最终达成了一致意见，由一个孩子负责切橙子，而另一个孩子选橙子。结果，这两个孩子按照商定的办法各自取得了一半橙子，高高兴兴地拿回家去了。

第一个孩子把半个橙子拿到家，把皮剥掉扔进了垃圾桶，把果肉放到果汁机上打果汁喝。另一个孩子回到家把果肉挖掉扔进了垃圾桶，把橙子皮留下来磨碎了，混在面粉里烤蛋糕吃。

从上面的情形，我们可以看出，虽然两个孩子各自拿到了看似公平的一半，然而，他们各自得到的东西却未物尽其用。这说明，他们在事先并未做好沟通，也就是两个孩子并没有申明各自利益所在。没有事先申明价值导致了双方盲目追求形式上和立场上的公平，结果，双方各自的利益并未在谈判中达到最大化。

如果我们试想，两个孩子充分交流各自所需，或许会有多个方案和情况出现。可能的一种情况，就是遵循上述情形，两个孩子想办法将皮和果肉分开，一个拿果肉打果汁喝，另一个拿橙子皮做烤蛋糕。然而，也可能经过沟通后是另外的情况，恰恰有一个孩子即想要皮做蛋糕，又想喝橙子汁。这时，如何能创造价值就非常重要了。

（本文由作者根据网络相关资源改写）

2. 谈判的理解

(1)谈判的目的性。谈判各方均有各自的需求、愿望或利益目标，所以谈判是一种目的性很强的活动。在谈判的过程中要明确谈判目的，为什么而谈和谈什么。基本上人们参与谈判通常都是为实现某种目的或满足某种需要。

(2)谈判的协商性。谈判是一种交流、沟通和说服的过程，是一个双方或多方互动的过程。这个过程既是一个信息交换与信息共享的过程，也是一个说服与被说服的过程。谈判的基本手段就是说服。谈判的核心任务就是企图说服对方理解、允许或接受已方所提出的观点、所维护的基本利益以及所采取的行为方式。

(3)谈判的互惠性。谈判双方或各方是平等互惠的，但利益常常是不均等的。谈判各方在具体谈判进程中的主体地位是平等的，利益是互惠的。如果一方只想达到自己的目的，而不考虑对方的利益，那么就不可能达成一致。谈判就是要实现双赢。但是，由于谈判各方拥有的地位、实力的悬殊和运用策略、技巧的差异，谈判的结果必然是不对等的，各方取得的利益也绝对不会一样多，需求满足的程度也绝对不会一样大。

1.1.2 商务谈判的内涵

商务谈判是指有关商务活动双方或多方为了达到各自的目的，就一项涉及双方利益的标的物的交易条件，通过沟通和协商，最后达成各方都能接受的协议的过程。商务是指商品经济领域中一切有形与无形资产的买卖及其各种为社会服务的业务，以及其他由货币度量的相关事宜。商务谈判作为一种主要的谈判类型，既具有一般谈判的质的规定性，又具有商务活动的本质特征。

【拓展阅读 1.1】

商务谈判中的八字箴言

关于商业经营中的诚信原则，中国自古就有"货真价实，童叟无欺"的八字箴言，有趣的是，在英文中也有一个八字箴言：NO TRICKS，从字面看来，与中文的意义非常相近。不过 NO TRICKS 并不仅仅代表字面的意思，每一个字母还有更深一层的含义——谈判中的八种能力。

谈判能力在每种谈判中都起到重要作用，无论是商务谈判、外交谈判，还是劳务谈判，在买卖谈判中，双方谈判能力的强弱差异决定了谈判结果的差别。对于谈判中的每一方来说，谈判能力都来源于八个方面，就是 NO TRICKS 每个字母所代表的八个单词——need、options、time、relationship、investment、credibility、knowledge 和 skills。

N 代表需求(need)。对于买卖双方来说，谁的需求更强烈一些？如果买方的需要较多，卖方就拥有相对较强的谈判力；而卖方越希望卖出产品，买方就拥有较强的谈判力。

O 代表选择(options)。如果谈判不能最后达成协议，那么双方会有什么选择？如果你可选择的机会越多，对方认为你的产品或服务是唯一的或者没有太多选择余地，你就拥有较强的谈判资本。

T 代表时间(time)。是指谈判中可能出现的有时间限制的紧急事件，如果买方受时间的压力，自然会增强卖方的谈判力。

R 代表关系(relationship)。如果与顾客之间建立强有力的关系，在同潜在顾客谈判时就会拥有关系力。但是，也许有的顾客觉得卖方只是为了推销，因而不愿建立深入的关系，这样，在谈判过程中将会比较吃力。

I 代表投资(investment)。在谈判过程中投入了多少时间和精力？为谈判投入越多、对达成协议承诺越多的一方往往拥有较少的谈判力。

C 代表可信性(credibility)。潜在顾客对产品可信性也是谈判力的一种，如果推销人员知道你曾经使用过某种产品，而他的产品具有价格和质量等方面的优势时，无疑会增强卖方的可信性，但这一点并不能决定最后是否能成交。

K 代表知识(knowledge)。知识就是力量。如果你充分了解顾客的问题和需求，并预测到你的产品能如何满足顾客的需求，你的知识无疑增强了对顾客的谈判力。反之，如果顾客对产品拥有更多的知识和经验，顾客就有较强的谈判力。

S 代表的是技能(skill)。这可能是增强谈判力最重要的内容了，不过，谈判技巧是综合的学问，需要广博的知识、雄辩的口才、灵敏的思维……

总之，在商务谈判中，应该善于利用 NO TRICKS 中的每种能力，当然还要做到"NO TRICKS"。

（本文由作者根据网络相关资源改写）

1. 商务谈判的理解

(1)商务谈判的主体是相互独立的利益主体。商务活动中谈判的主体必须是独立的利益主体或其代表，只有在谈判主体的利益相互独立的条件下，他们才会为了实现自己的利益而进行磋商。例如，一宗产品购销业务的谈判，购货方和销货方都有自己独立的经济利益需求。而上级领导向下级布置工作等，就不是商务谈判。

(2)商务谈判的目的是获得经济利益。即当事人之间交谈的目的一清二楚，双方谈判的目的就是满足自身的某种经济利益，而一方做出的让步也通常是经济利益方面的让步。经济利益是谈判双方的核心利益，也是谈判目的之所在。

(3)商务谈判的核心议题是价格。以经济利益为核心必然决定了谈判的中心议题是价格问题。因为价格的高低直接关系到实际所能获得的经济利益的大小。除价格之外的其他交易条件，如产品的质量、数量、交货方式、支付方式等与价格条件存在着密不可分的关系，其他条件都可以通过价格的变化表现出来。例如，一辆一等品的自行车售价850元，同样牌子规格的二等品自行车售价为600元，价格的核心作用就体现出来了。又如，购买一盒磁带花5元钱，购买三盒磁带总价12元，价格差就把数量差折算表现出来了。

(4)商务谈判是当事人进行协商调整、妥协让步的过程。即商务谈判是双方互动操作的过程。谈判双方都有自己的需要，而一方需要的满足又是以另一方的需要能否满足为前提的。因此双方都要做出一定的让步，在不同程度上修改其期望达到的目标，并准备降低某些要求，以便满足对方的期望和要求。

【案例阅读1.2】

某小型机械厂为一大型设备企业提供配件，在价格问题上双方相持不下。卖方出价每个配件8元，理由是低于此价将面临亏损；买方只给7元，理由是如果成本降不下来，产品的市场竞争力将受到影响。经过冷静分析后，双方不约而同地认为，一方离开配件，就面临整机设备不可能出厂的境况，因为没有替代厂家；而另一方所生产的配件则没有其他市场需求，企业将全面停产。权衡利弊，双方都必须妥协让步，结果以7.6元的价格成交。

(5)商务谈判是互惠互利、双赢的。如果谈判不是互惠互利的，一方只想从另一方索取利益，只想满足自己的需要，则这种谈判缺少最起码的基础，谈判的双方也不可能真正坐到一起。谈判的双赢并不意味着绝对的公平，有些谈判者从中获得的好处多，而另一方从中获得的好处少。这是因为谈判双方所拥有的实力与技巧的差异，导致了这种不平等的结果。但谈判结果都能保证双方的基本利益。

(6)商务谈判是产生法律后果的法律行为。谈判双方通过论证自己的观点，反驳对方，说服对方，再经过文字记录，最终达成谈判协议。从这个意义上说，商务谈判的过程实际上也是订立合约的过程，这个合约是双方意志的体现，是双方责、权、利的依据，是追究法律责任的要约。

【拓展阅读1.2】

谈判主体：是指参与谈判活动的谈判者。作为谈判一方的谈判主体，可以只有一个人，也可以由若干人组成。

谈判客体：即谈判的标的，有时也称谈判对象。商务谈判客体包括的种类比较多，有普通的商品或货物、劳务、服务、国际工程项目、专利及相关文字资料、商务信息等。

谈判议题：是指谈判中谈判双方共同关心的并希望解决的问题。比如价格、品质、交货方式、支付方式、保险、索赔、仲裁方式等。

(本文由作者根据网络相关资源改写)

2. 商务谈判的评判标准

各方参加谈判是想借此来满足各自的某些需要，每一个谈判者都希望谈判能够取得理想的结果。那么什么样的谈判才可以称为成功的谈判？如何来衡量商务谈判的成功与否呢？

理想的谈判应该确保双方都能从中获得利益，得到满足，而不仅仅是谋求某一方的利益和满足。谈判是一项互惠的合作事业。从这个意义上讲，可以把评价商务谈判是否成功的标准归纳为如下三个方面：

(1)谈判目标的实现程度。谈判目标不仅把谈判者的需要具体化，通过某些量化的指标来体现，而且，目标还是驱动谈判者行为的基本动力，引导着谈判者的行为。商务谈判的目标是与经济利益直接相关的，是指谈判者预期从谈判中获得的经济利益。谈判目标包括努力争取的最高目标和必须确保的最低目标。为了追求最高目标，把对方逼得无利可图甚至谈判破裂，就不可能实现预期的谈判目标。同样，为了达成协议而未能守住最低目标，预期的谈判目标也是无法实现的。因此，成功的谈判应该是既达成了协议，又尽可能接近己方预先制订的最高目标，也尽可能接近对方预先制订的最高目标。即最好的谈判结局是在利益均沾基础上的“皆大欢喜”。

(2)谈判效率的高低。经济领域里的任何经济活动都是讲投入与产出的，商务谈判是经济活动的一部分，也讲究成本与效率。商务谈判的成本包括三项：①谈判桌上的成本，即谈判的预期收益与实际收益之间的差额；②谈判过程的成本，即在整个谈判过程中耗费的各种资源，包括为进行谈判而支出的人力、财力、物力和时间等各项成本之和；③谈判的机会成本，即由于放弃最有效地使用谈判所占用的资源而造成的收入损失(一部分资源因为投入某项谈判而被占用，从而丧失了其他的赢利机会，损失了期望获得的利益)。对这三项谈判成本，人们往往比较关注第一项，而忽视了另外两项，其典型的表现形式就是无休止地“玩谈判”，致力于降低谈判桌上的成本，最终却导致了谈判总成本的增加。

谈判效率是指谈判所获的收益与上述三项成本的比率。如果成本很高而收益很小，则谈判是低效率的，是不经济的。相反，如果成本很低而收益很大，则谈判就是高效率的，是经济的。只有高效率的商务谈判，才能称为成功的谈判。

(3)谈判后的合作关系。谈判的结果不只体现在利益的分配和与此相关的各项交换条件上，还应体现在人们之间的相互关系上，即谈判是促进和加强了双方的互惠合作关系，还是削弱甚至瓦解了双方的互惠合作关系。精明的谈判者往往具有战略眼光，他们不过分计较某场谈判的获益多少，而是着眼于长远与未来，因为融洽的关系为彼此未来的合作铺平了道路。因此，在谈判中应当重视建立和维护双方的互惠合作关系，以谋求长远的利益。

综合以上三个方面的评判标准，一场成功的商务谈判是谈判双方的需要都得到最大限度的满足，双方的互惠合作关系有了进一步的发展，任何一方的谈判收益都远远大于谈判成本，整个谈判是高效率的。

任务 1.2　了解商务谈判的作用

1. 商务谈判是企业实现经济目标的手段

买和卖对企业来说至关重要，买和卖实现得不好，影响企业的再生产和经济目标的实现。在现实经济生活当中，买和卖受到各种复杂条件的制约，它的完成是一件非常困难的工作，而且需要由人所操作的交易工作去完成，这交易又直接取决于商务谈判人员对买卖规律的认识和谈判的水平。一个企业要完成交易并实现经济目标，就要取决于商务谈判人员对每项交易所涉及的购买者方面的各项状态的认识水平，具体来说，是对购买者的需求、购买动机、购买行为的运动变化规律、生产方面的能力、条件、期望等情况和产需两方面市场上的平衡状况的认识水平；取决于他们对客户当时的交易意图、交易方式、交易动机的掌握和诱导水平；也取决于他们对客户潜在的需求分析和挖掘能力等。只有通过谈判者高水平的谈判，企业才能最终完成交易过程，取得经济效益，实现经济目标。

2. 商务谈判是企业获取市场信息的重要途径

随着市场经济的发展，各种竞争越来越激烈，企业的生存和发展将以市场为导向，获取市场信息是至关重要的。及时、准确的市场信息有利于企业生产或销售对路的产品，设计正确的市场营销组合，做出有效的经营决策。企业购销人员、商务谈判人员的报告是企业收取信息的重要方式，通过谈判可以了解对方、竞争者和消费者等各方面的信息。

3. 商务谈判是企业开拓市场的重要力量

企业的发展和壮大需要依靠广阔的市场，商务谈判是企业由国内市场向国外市场转变的轨道。比如三资企业，外方一般都以技术、设备投资，由于外方的这些实物投资的估价普遍过高，有些企业被外商欺骗，导致损失惨重。这些情况的发生多半是因为不懂得进行国际商务谈判造成的。

学习情境2　商务谈判的类型和内容

【入门案例】

上个月，A公司准备发行一套印刷品，已经签订了几家大企业的团购单。这个时候，有一家做商务卡的公司找上A公司，希望能通过A公司的发行渠道，贴上他们的卡。这送上门的好事A公司的王总自然是偷着乐，心里想，反正不增加成本，能收个2万～3万块钱也挺好。但王总一直记得优势谈判里关于谈判的开篇就是要大胆报价，于是王总报了8万元。对方负责人显得很惊讶(王总偷笑，看来他也学过道森的优势谈判)，在一翻“假装”的表情之后，他说“不好意思王总，这让我很为难，我很想跟您合作，不过这个价格太高，我不太好跟老板交代。”(王总又偷笑，这家伙还知道用“虚拟高层”的招数，我给他来个反制，激发他的自我意识)“张总，我知道贵公司这部分事务一直是您全权负责，您拍板同意的话，我们的合作一定没问题。”他果然笑了笑说“不瞒您说，我的权限只有4万元，您的报价太高了”。呵，胜利一半了！王总心里说，比自己预想的2万～3万已经高了不少。

这笔生意最后以6万元成交，高出了王总预期的2～3倍。签合同的那一瞬间，王总想起道森先生讲的一句话“世界上赚钱速度最快的，是谈判！”

(本文由作者根据网络相关资源改写)

【分析提示】

上述案例中，可以看出这是一场有关生意的谈判。生意谈判的议题中，最为关键的就是价格的谈判。本案中，谈判双方各自采用谋略对交易的价格进行讨价还价，谈判结果是A公司获取了比预期高很多的利益。

任务 2.1 了解商务谈判的类型

在现代经济社会中，商务谈判的种类复杂纷繁，可以按照不同的标准把它划分成不同的类型。不同类型的商务谈判，有不同的特点和要求，其准备程度、采取的策略等都是不同的。因此，对谈判类型的恰当确认，是谈判成功的开始。

2.1.1 按国别范围划分

按国别范围可将商务谈判划分为国际商务谈判与国内商务谈判。

(1)国际商务谈判。国际商务谈判是指本国政府、组织或企业与外国政府、组织或企业及国际社会组织之间进行的经济谈判。这类谈判形式多样，内容复杂，影响因素众多。比如在语言、文化背景、价值观念、风俗习惯、心理素质、行为规范等方面的差异较大，对商务谈判都会产生重要影响。

(2)国内商务谈判。国内商务谈判是指谈判的当事人均是国内的组织或个人相互之间进行的经济谈判。由于文化背景、语言、风俗习惯、价值观念等基本一致，就可以避免来自这些方面的影响，可以集中精力就双方利益分歧进行磋商。相比较而言，国内商务谈判比国际商务谈判所花费的时间少，效率高，协议履行中发生争议或因不可测因素导致变更、不能履行等情况，均可较快得到解决。

2.1.2 按参与谈判人员数量

按参与谈判人员数量可将商务谈判划分为"一对一"谈判、小组谈判和大型谈判。

(1)"一对一"谈判。项目小的商务谈判往往是"一对一"式的。出席谈判的各方只有 1 人，谈判往往是一种最困难的谈判类型，对谈判人员又有较高的要求。因为双方谈判者只能各自为战，得不到助手的及时帮助，那么参与谈判的人员必须是全能型的，他需要具备该项谈判所涉及的各个方面的知识，包括贸易、金融、技术和法律等方面的知识。在安排参加这类谈判的人员时，一定要选择有主见，决断力、判断力强，善于单身作战的人，性格脆弱、优柔寡断的人是不能胜任的。规模大的谈判，有时根据需要也可在首席代表之间安排"一对一"的单人谈判，以磋商某些关键问题或微妙敏感问题。

(2)小组谈判。小组谈判是一种常见的谈判类型，一般较大的谈判项目，情况比较复杂，各方有几个人同时参加谈判，各人之间有分工有协作、取长补短，各尽所能，可以大大缩短谈判时间，提高谈判效率。

(3)大型谈判。大型谈判基本上是指国家级、省(市)级或重大项目的谈判。由于关系重大，有的会影响国家的国际声望，有的可能关系着国计民生，有的将直接影响到地方乃至国家的经济发展速度、外汇平衡等。所以在谈判全过程中，必须准备充分、计划周详，为谈判班子配备阵营强大的、拥有各种高级专家的顾问团，或咨询团、智囊团。这种类型的谈判程序严密、时间较长，通常分成若干层次和阶段进行。

2.1.3 按谈判所在地划分

按谈判所在地可将商务谈判划分为主座谈判、客座谈判、主客座轮流谈判和第三地谈判。

(1)主座谈判。主座谈判是指在自己所在地进行谈判，包括自己所居住的国家、城市或办公所在地。这给主方带来不少便利之处，如熟悉工作和生活环境，利于谈判的各项准备，便于问题的请示和磋商等，所以主座谈判人谈判起来很自如，底气十足。但是，作为东道主，必须懂得礼貌待客，礼貌可以换来信赖，它是主座谈判者的一张有力王牌，它会促使客座谈判人员积极思考主座谈判人的各种要求。

(2)客座谈判。客座谈判是指在谈判对手所在地组织的谈判。到客场谈判时,客方会受到各种条件的限制,如客居时间、上级授权的权限、远距离通信的困难等,因此客方必须注意要入境问俗、入国问禁。要了解各地、各国不同的风俗和国情,以免做出会伤害对方感情的事。第二,要审时度势,争取主动。面对谈判对手,客方要审时度势、灵活反应、认真分析谈判背景、主方的优势与不足,以便正确运用并调整自己的谈判策略,发挥自己的优势,争取满意的谈判结果。

(3)主客座轮流谈判。主客座轮流谈判是一种谈判地点互易的谈判。谈判可能开始在卖方,继续谈判在买方。主客座轮流谈判适用于大宗商品或成套项目的买卖,应注意以下两个方面的问题。①确定阶段利益目标,争取不同阶段最佳谈判效益。主客座轮流谈判说明交易比较复杂,每次换座谈判必定有新的理由和目标。谈判人员在利用有利条件或寻找有利条件、创造有利条件时,应围绕阶段利益目标的实现可能性来考虑。②换座不换帅。在谈判中换人尤其是换主谈人是不利于谈判的。但在实际中这种情况仍经常发生。如主谈人的上级认为其谈判结果不好或表现不够出色,为了下阶段的利益目标而易帅。无论出于什么原因,易帅都会给谈判带来不利影响,使对方产生不快。而新的主谈人也并不一定能完全达到原定目标。因为谈判已经展开,原先的基础条件已定,对方不会因你易帅而改变立场。避免主帅更换的最好方法是在谈判中配备好主帅和副帅,有两个主谈人就可以应付各种可能,以确保谈判的连贯性。

(4)第三地谈判。第三地谈判是指在谈判双方以外的地点进行的谈判。第三地作为谈判地点表现为其不存在倾向性,双方均无东道主地域优势,策略运用的条件相当,双方谈判地域环境较为公平。但是,第三地谈判会增加谈判的成本,而且,双方首先要为谈判地点的选择和确定而谈判,地点确定本身就比较复杂。第三地谈判通常为相互关系不融洽、信任程度不高的谈判双方所选用。

2.1.4 按交易的地位划分

按交易的地位可将商务谈判划分为买方谈判、卖方谈判和代理谈判。

(1)买方谈判。买方谈判是指以求购商品、服务、技术、证券和不动产等的身份参加的谈判。买方谈判的主要特征如下:①情报性强。大凡买主采购的谈判,首先会大量搜集有关信息,如技术水平、市场价格等,以确定自己的谈判目标。这种搜集信息的工作贯穿于谈判的整个过程,尤其是在谈判的准备阶段和开始阶段。②压价狠。没有买方在谈判中不压对方价格的,即使是老客户,买方也总要以种种理由追求更优惠的价格。③以势压人。"买主是上帝",买方往往会有"有求于我"的优越感,甚至盛气凌人。同时,买方常常以挑剔者的身份参与谈判,"品头论足"、"吹毛求疵"均在情理之中,尤其是当市场上有多个供货渠道时。只有在市场短缺或卖方垄断的时候,买方才有可能俯首称臣。

(2)卖方谈判。卖方谈判是指以供应商品、服务、技术、证券和不动产等的身份参加的谈判。卖方谈判的特征如下:①主动性强。由于卖方关注公司和个人利益、市场占有率、收益、投资回报等问题,所以谈判的主动性较强。②虚实相映。在谈判时,卖方的表现往往是态度诚恳、交易心切、软中带硬、待价而沽、亦真亦假、似明若暗。己方为卖方时,应注意运用此特征争取好的卖价,而当对手为卖方时,也应注意识别哪是实,哪是虚。③紧疏结合。卖方谈判常表现为时而紧锣密鼓,似急于求成;时而鸣金收兵,观察动静。采取这种形式,有利于克服买方的压力和加强卖方地位。

(3)代理谈判。代理谈判是指受人委托参与的谈判。代理有两种情况:一种是只有谈判权而无签约权，另一种是全权代理资格。代理谈判有如下特征：①谈判人权限观念强，一般都谨慎和准确地在授权范围之内行事。②由于不是交易的所有者，谈判地位超脱、客观。③由于受人之托，为表现其能力和取得佣金，谈判人的态度积极、主动。

【案例讨论 2.1】

欧洲A公司代理B工程公司到中国与中国C公司谈判出口工程设备的交易。中方根据其报价提出了要求，建议对方考虑中国市场的竞争性和该公司第一次进入市场，认真考虑改善价格。该代理商做了一番解释后仍不降价并说其委托人的价格是如何合理。中方对其条件又做了分析，代理人又做解释，一上午下来，毫无结果。中方认为其过于傲慢固执，代理人认为中方毫无购买诚意且没有理解力，双方相互埋怨之后，谈判不欢而散。

讨论：

(1)欧洲代理人进行的是哪类谈判？

(2)构成其谈判因素有哪些？

(3)谈判有否可能不散？若可能不散欧洲代理人应如何谈判？

2.1.5 按谈判的态度划分

按谈判的态度可将商务谈判划分为软式谈判、硬式谈判和原则式谈判。

(1)软式谈判。软式谈判也称让步型谈判，即谈判者准备随时做出让步，达成协议，回避一切可能发生的冲突，追求双方满意的效果。采取这种谈判方法的人，看重的是双方友好关系的建立与维持，而看轻利益获取的多少。在软式谈判中，一般的做法是提议——让步——磋商——达成协议。

当然，如果双方都能以“关系”为重，以宽容、理解的态度，互谅互让，友好协商，那么，无疑会减少谈判的时间和成本，提高谈判的效率。然而由于利益的驱使，一方谈判者的出发点、价值观等的不同，在遇到一些问题上采取强硬态度，而另一方一味地退让，只会使让步方容易受到伤害，最终往往达成不平等甚至是不合理的协议。因而，在实际的商务谈判中，采取软式谈判的人是极少的，一般只限于双方的合作关系非常好，并有长期的业务往来关系。

(2)硬式谈判。硬式谈判也称立场谈判，这种谈判，视对方为劲敌，强调谈判立场的坚定性，强调针锋相对，认为态度越强硬，取得收获的可能性越大，获得的利益也就越多。在硬式谈判中，如果双方都把注意力集中到维护自己的立场和否定对方的立场上，忽略对方的谈判要求和条件，就会导致双方关系紧张，谈判也往往容易陷入僵局，旷日持久，无法达成协议。而且，这种谈判即使达成某些妥协，也会由于某方的让步而消极履约，甚至想方设法撕毁协议。总之，由于硬式谈判双方态度僵硬，忽略了双方的真实利益，不注意寻求双方利益的共同点，因此，很难达成协议。

(3)原则式谈判。原则式谈判是要求谈判双方尊重对方的基本需求，寻求双方利益上的共同点，积极设想对双方都有利的方案。当双方发生利益冲突时，坚持以公平的原则来做评判，吸取了软式谈判和硬式谈判之所长而避其之所短，强调公正原则和公平价值。

原则式谈判认为，在谈判双方对立立场的背后，存在着共同性利益和冲突性利益。人们常常会因为对方的立场与自己的立场对立，而认为对方的全部利益与自己的利益都是冲突的。

但是，事实上在许多谈判中，深入地分析双方对立的立场背后所隐含的或代表的利益，就会发现双方共同性的利益要多于冲突性利益。如果双方都能认识到并看重共同性利益，调节冲突性利益就比较容易了。

从上述三种谈判方式来看，它们都是比较理论化的谈判方式，实际谈判中运用起来比较复杂，有时需要综合两种或三种方法。如何选择正确的方式，应视具体情况而定，需要注意以下几种情况。

(1)是否与对方继续保持业务关系。如果与对方还需要保持长期的业务关系，而且有以往的业务经历，应采取原则式和软式谈判相结合的方法。反之，如果是一次性的、偶然的业务交易，或者本方认为双方没有必要再往来下去，则可以采取硬式谈判。

(2)双方实力对比情况。如果谈判的双方实力接近，可以采取原则式谈判方法。如果本方谈判实力大于对方，则可以考虑适当增加硬式谈判的比例，尽可能地为本方争取更多的利益。

(3)该笔交易的重要程度。如果该笔交易很重要，可以采取原则式与硬式谈判相结合的方法。

(4)谈判成本和时间方面的限制。如果谈判花费的时间长，而且在人力、物力等成本上支出较多，就应该考虑采用软式谈判方法，或视具体情况而定。

2.1.6　按谈判的沟通方式划分

按谈判的沟通方式可将商务谈判划分为口头谈判和书面谈判。

(1)口头谈判。口头谈判是指谈判人员面对面直接用口头语言交流信息和协商条件。这种谈判方式的优点是：当面陈述、解释、直接、灵活，便于双方谈判人员交流思想感情。在某些谈判中，有些交易条件的妥协让步完全是出于情感上的原因，一般情况下，在口头谈判中，即使实力再强的谈判人员也难以保持交易立场丝毫不动摇，或者拒绝做出任何让步。此外，面对面的口头谈判，有助于双方对谈判行为的发展变化做出准确的判断。谈判人员不仅可以通过对方的言谈，分析、把握其动机和目的，还可以通过直接观察对方的面部表情、姿态动作了解其意图，并借以审查对方的为人及交易的诚信程度，避免做出对己方不利的决策。口头谈判也存在某些缺点：如利于对方察言观色，用来推测己方的谈判意图；易于受到对方的反击，从而动摇谈判人员的主观意志。

(2)书面谈判。书面谈判是指谈判双方不直接见面，而是通过电报、电传、互联网、信函等方式进行商谈。这种谈判方式的好处在于：在阐述自己的主观立场时，用书面形式比口头形式显得更为坚定有力。在向对方表示拒绝时，书面谈判要比口头谈判方便易行，特别是在双方已经建立起个人交往的情况下更是如此。书面谈判也有缺点：不利于双方谈判人员的相互了解，信函、电报、电传等所能传递的信息量有限。谈判人员仅凭各种文字资料，难以及时、准确地对谈判中出现的各种问题做出反应，因而谈判的成功率较低。一般来说，书面谈判只适用于交易条件比较规范、明确，内容比较简单，谈判双方彼此比较了解的情况。对一些内容比较复杂、交易条件多变，而双方又缺乏必要了解的谈判，则适宜采用口头谈判。

2.1.7　按谈判的内容划分

按谈判的内容可将商务谈判划分为商品贸易谈判和非商品贸易谈判。

(1)商品贸易谈判。商品贸易谈判是指供求双方就商品买卖成交的条件进行的谈判，如机械设备、农产品、日用生活品的买卖等。

(2)非商品贸易谈判。非商品贸易谈判是指除商品贸易之外的其他一切经济性质的交易谈判，如投资、工程项目、技术贸易、租赁业务、信贷业务、旅游服务、会务服务谈判等。随着社会经济发展水平的提高，非商品贸易谈判业务迅速增长。

任务 2.2　熟悉商务谈判的内容

2.2.1　商品贸易谈判的内容

商品贸易谈判涉及的事项如下：

1. 商品的品质

商品品质是指商品的内在质量和外观形态。它们由商品的自然属性决定，具体表现为商品的化学成分、物理性能和造型、结构、色泽、味觉等特征。进行商品品质谈判的关键是要掌握商品品质构成的有关内容以及品质表示方法的通用做法。不同种类的商品，有不同的品质表示方法。常用的表示方法如下：

(1)规格。商品的规格是反映商品品质的技术指标，如成分、含量、纯度、大小、长短、粗细等方面的指标。由于各种商品的品质特征不同，所以规格也有差异。如果交易双方用规格表示商品的品质，并作为谈判条件，就叫做“凭规格买卖”。一般来说，凭规格买卖是比较准确的，在平时的商品交易活动中，大多采用这种方法。

(2)等级。商品的等级，是同类商品规格差异的分类。根据生产和商务的实践，通常用一、二、三或甲、乙、丙或大、中、小等数码、文字或符号来表示，以反映同类商品中的品质差异。买卖双方对商品品质的磋商，可以借助已经制定的商品等级来表示。

(3)样品。样品指的是最初设计加工出来或者从一批商品中抽取出来的、能够代表贸易商品品质的少量实物。样品可由买卖的任一方提出，只要双方确认，卖方就应该供应与样品一致的商品，买方也就应该接收与样品一致的商品。为了避免纠纷，一般样品要一式三份，由买卖双方各持一份，另一份送给合同规定的商检机构或其他公证机构保存，以备买卖双方发生争议时作为核对品质之用。在商品买卖实务中，一般在样品确认时，应再规定商品的某个或某几个方面的品质指标作为依据，如“色彩样品”、“形式样品”等。

(4)牌名或商标。牌名是商品的名称，商标是商品的标记。有些商品由于品质优质、稳定，知名度和美誉度都很高，在用户中享有盛名，为广大用户所熟悉和赞誉，在谈判中只要说明牌名或商标，双方就能明确商品品质情况。但磋商时要注意同一牌名或商标的商品是否来自不同的厂家，以及这些商品是否由于某些原因造成了损坏或变质，更要注意假冒商标的商品。

(5)说明书。大型的专用设备或精密仪器，由于构造复杂，无法用几项指标来反映其全貌，又无标准可依，必须凭详细的说明书说明，必要时还要辅以图样或照片。

上述表示品质的方法可以结合使用，也可以单独使用，谈判中应根据具体的交易情况进行选择。

2. 商品数量

商品交易的数量是商务谈判的主要内容。成交商品数量的多少，不仅关系到卖方的销售计划和买方的采购计划能否完成，而且与商品的价格有关。确定买卖商品的数量，首先要根据商品的性质，明确所采用的计量单位。商品的计量单位，表示重量的单位有吨、千克、磅等；表示个数的单位有件、双、套、打等；表示面积的单位有平方米、平方英尺；表示体积的单位有立方米、立方英尺。在选择采用计量单位时，还要特别注意有关的度量衡制度。国内贸易按国家的有关制度规定，应采用公制单位；如果是国际贸易，则会有公制、英制、美制等多种度量衡制度，谈判中应予以明确，并掌握各种度量衡之间的换算关系。

3. 包装

在商品交易中,除了散装货、裸体货外,绝大多数商品都需要包装。包装分为运输包装和销售包装两种。商品是否需要包装以及采用何种包装,主要取决于商品的特点和买方的要求。对于商品的包装,谈判中主要应当明确以下一些问题:

(1)包装材料。包装材料涉及采用何种物质对商品进行包装,如纸箱、木箱、麻袋、塑料袋、钢瓶等。包装材料直接关系到包装成本,应尽量选择资源丰富、价格低廉的物质作为包装材料。

(2)包装形式。包装形式涉及如何对商品进行包装,如筐装、外包麻布、麻绳捆扎、每筐重50 kg 等。

(3)包装费用。按照一般的交易惯例,包装所涉及的费用是包含在货价之中的,不再向买方另行收取。但如果买方有特殊要求,双方可另行商定,或提高商品的价格,或另行收取包装费。

除此之外,双方在谈判中还应就运输标记以及包装物的供应方法等进行商谈或确定,在合同中明确予以表述。

4. 价格

商品价格是商务谈判中最重要的内容,它的高低直接影响着贸易双方的经济利益。商品价格是否合理是决定商务谈判成败的重要条件。商品价格的构成一般受商品成本、商品质量、成交数量、供求关系、竞争条件、运输方式和价格政策等多种因素的影响。谈判中只有深入了解市场情况,掌握实情,切实注意上述因素的变动情况,才能取得谈判的成功。

另外,谈判人员还要考虑该商品的市场生命周期、市场定位、市场购买力等因素,判断市场供求变化趋势和签约后可能发生的价格变动,来确定商品交易价格,并要确定对价格发生变动的处理办法。一般来说,在合同规定的交货期内交货,不论价格如何变动,仍按合同定价执行(国家定价的,调整后按规定变动执行)。如果逾期交货,交货时市价上涨,按合同价执行;市价下跌,按下跌时的市价执行。总之,应使价格变动造成的损失由有过失的一方承担,以督促合同的按期履行。

在国际商务谈判中,谈判双方还应该明确规定使用何种货币和货币单位。一般来讲,出口贸易时要争取采用“硬货币”,进口贸易时则要力求使用“软货币”或在结算期不会升值的货币。总之,要注意所采用货币的安全性及币值的稳定性、可兑换性。另外,在国际商务谈判中,谈判人员还应尽量了解各国及国际组织对于价格有关问题的不同解释或规定,并在合同中加以明确,选定对己方有利的价格术语。

5. 运输与交付

在合同中,对商品的装运和交接问题做出明确的规定,可以维护双方的利益。

(1)运输方式。运输方式不同,运费差别很大。双方应在明确由谁支付运费的基础上,规定运输方式及应负的责任。运输方式有公路运输、海洋运输、铁路运输、航空运输、管道运输和联合运输。选择合理的运输方式,应考虑以下因素:①根据商品的特点、运货量大小、自然条件、装卸地点等方面的具体情况;②根据各种运输方式的特点,通过综合分析加以选择。

(2)交货时间。在经济活动中,许多合同纠纷起因于装运和交接货物的时间规定比较模糊。通常情况下,卖方谈判人员应在充分考虑货源情况、运输条件、市场供应情况及商品本身状况等因素的基础上决定装运时间或交货时间。双方在确定交货日期后,应明确卖方延期交货或买方不能按期接货所应负的责任，以及由此给对方带来损失的赔偿。

(3)交货地点。地点规定必须明确具体，谨防因过于笼统或重名问题引起合同履行中的麻烦。

6. 货款结算及支付方式

在商品贸易中，货款的结算与支付是一个重要问题，直接关系到交易双方的利益，影响双方的生存与发展。在商务谈判中应注意货款结算支付的方式、期限、地点等。国内贸易货款结算方式分为现金结算和转账结算。现金结算，即一手交货，一手交钱，直接以现金支付货款的结算方式。转账结算是通过银行在双方账户上划拨的非现金结算。非现金结算的付款有两种方式：①先货后款，包括异地托收承付、异地委托收款、同城收款；②先款后货，包括汇款、限额结算、信用证、支票结算等。

7. 运输保险

运输保险是指投保人在货物装运以前，估计一定的投保金额，向保险人投保货物运输险。被保险货物若在运输过程中遭受自然灾害或意外事故造成经济损失，则保险人负责对保险险别责任范围内的损失，按保险金额及损失程度赔偿保险利益人。

在国内贸易谈判中，谈判人员应当根据实际情况，把保险条件与交货地点联系起来考虑，即如果在卖方所在地交货，可由买方办理商品运输保险；如果在买方所在地交货，可由卖方办理运输保险。无论是何方办理保险，都应将保险费用计人经营成本。

在国际贸易中，商品价格条款中的价格术语确定后，也就明确了双方的保险责任。对同类商品，各国在保险的险别、投保方式、投保金额的通用做法，或对商品保险方面的特殊要求和规定，谈判双方必须加以明确。对世界各国主要保险公司在投保手续与方式、承保范围、保险单证的种类、保险费率、保险费用的支付方式、保险的责任期和范围、保险赔偿的原则与手续等方面的有关规定加以考虑筛选，最后加以确定。对保险业务用语上的差异和名词概念的不同解释，要给予注意，以避免争议。

8. 商品检验

商品检验是对交易商品的品种、质量、数量、包装等项目按照合同规定的标准进行检查或鉴定。通过检验，由有关检验部门出具证明，作为买卖双方交接货物、支付货款和处理索赔的依据。商品检验主要包括：商品检验权、检验机构、检验内容、检验证书、检验时间、检验地点、检验方法和检验标准。

9. 索赔、仲裁与不可抗力

在商品交易中，买卖双方常常会因彼此的权利和义务引起争议，并由此引起索赔、仲裁等情况的发生。为了使争议得到顺利处理，买卖双方在洽谈交易中，对由争议提出的索赔和解决争议的仲裁方式，事先应进行充分商谈，并做出明确的规定。此外对于不可抗力及其对合同履行的影响结果等，也要做出规定。

(1)索赔。索赔是一方认为对方未能全部或部分履行合同规定的责任时，向对方提出索取赔偿的要求。一般来讲，买卖双方在洽谈索赔问题时应洽谈索赔的依据、索赔期限和索赔金额的确定等内容。

①索赔依据是指提出索赔必须具备的证据和出示证据的检测机构。索赔方所提供的违约不实必须与品质、检验等条款相吻合，且出证机关要符合合同的规定，否则，都要遭到对方的拒赔。

②索赔的期限是指索赔一方提出索赔的有效期限。索赔期限的长短，应根据交易商品的特点来合理商定。

③索赔金额包括违约金和赔偿金。违约金只要确认是违约，违约方就得向对方支付，违约金带有惩罚的性质。赔偿金则带有补偿性。如果违约金不够弥补违约给对方造成的损失时，应当用赔偿金补足。

(2)仲裁。仲裁是双方当事人在谈判中磋商约定，在本合同履行过程中发生争议，经协商或调解不成时，自愿把争议提交给双方约定的第三者(仲裁机构)运行裁决的行为。在仲裁谈判时应洽谈的内容有仲裁地点、仲裁机构、仲裁程序规则和裁决的效力等内容。

(3)不可抗力。不可抗力，又称人力不可抗力。通常是指合同签订后，不是由于当事人的疏忽过失，而是由于当事人所不可预见、也无法事先采取预防措施的事故，如地震、水灾、旱灾等自然原因，或战争、政府封锁、禁运、罢工等社会原因造成的不能履行或不能如期履行合同的全部或部分。在这种情况下，遭受事故的一方可以据此免除履行合同的责任或推迟履行合同，另一方也无权要求其履行合同或索赔。洽谈不可抗力的内容主要包括不可抗力事故的范围、事故出现后果和发生事故后的补救方法、手续、出具证明的机构和通知对方的期限。

2.2.2 投资谈判的内容

投资谈判是指谈判的双方就其共同参与或涉及的某些投资活动，对投资活动所涉及的有关投资周期、方向、方式、内容、条件、投资项目的经营、管理以及投资者在投资活动中的权利、义务、责任等内容进行的谈判。

2.2.3 技术贸易谈判的内容

技术贸易谈判是以技术引进、转让或有偿使用为中心的贸易谈判。技术作为商品，成为贸易谈判中越来越重要的内容，主要有专利、专有技术、技术服务、工程服务、商标、专营权等。技术贸易谈判包括上述技术商品的引进与转让，谈判中涉及的主要内容包括：技术类别、名称、规格，即技术的标的；技术经济要求；转让期限；交换形式，包括所有权的转移和使用权的许可两个方面；技术贸易的计价和结算方式；责任和义务等。

2.2.4 租赁业务谈判的内容

租赁谈判是指本国企业即承租人从国外租用机器和设备而进行的谈判。它涉及机器设备的选定、交货、维修保养、到期后的处理、租金的计算、支付以及在租赁期内租赁公司和承租企业双方的责任、权利和义务关系等问题。

2.2.5 服务项目谈判的内容

服务项目谈判的内容包括以下几点：

(1)劳务合作项目的谈判内容。主要包括劳动力的供求层次、职业、工种、素质、技术水平、数量、劳动条件、劳动地点、劳动工资、教育培训、劳动保护、劳动保险和福利等。

(2)旅游服务项目的谈判内容。主要包括旅游地区、旅游景点、交通工具、食宿条件、导游服务、旅游时间、旅游费用、退费规定、旅游购物、违约责任、安全保险等。

(3)会务服务项目的谈判内容。主要包括会务地点、会务内容、人员层次、会务档次、会务时间、会费标准、食宿条件、交通服务、安全保障、违约责任等。

(4)咨询服务项目的谈判内容。主要包括咨询事项、收费标准、完成的时间、质量要求等。

学习情境 3　掌握商务谈判的原则和特征

【入门案例】

某单位因发展需要拟建设 22 000 m^2 的实验大楼，急需信贷资金 3 000 万元，便与几家银行求贷。各家银行通过实际考察，结果都对这笔信贷业务感兴趣，都认为该单位的基础条件良好，市场信誉良好，发展前景可观，尤其是领导班子团结务实，职工队伍富于朝气，所以都表示同意给该单位贷款。但是，在贷款的报批程序、贷款申请材料的要求等方面，各家银行区别较大，看来这笔贷款项目到底花落谁家，就看谁能抢先一步。

5 个月后，一家银行先行审批了这笔信贷业务。该建设单位成功地利用了银行之间的竞争，使自己的求贷目的顺利实现。

但是，在贷款具体条款的协商中，关于利率条款却出现了较大分歧，原来双方口头约定的贷款利率是在基础利率之上可以上浮 20%，现在银行却单方面提出必须上浮 30%，否则不予签约。面对银行的这种要求，建设单位不可能马上做出答复，谈判陷入僵局。

【分析提示】

很显然，在这场谈判中，银行方面占据优势，因为在这个时候，国家认为该行业已经出现过热苗头，要求银行对货币实行紧缩政策，凡是未审批的建设项目一律暂时停止信贷，这样一来，其他银行做这笔贷款业务的可能性就很小了，而求贷单位的建设项目已经开工，急需资金投放。求贷单位对银行方面的要求经过认真分析，知道了对方的意图是利用国家信贷政策的调整及己方面临的形势施加压力，自己换一家银行求贷的可能性确实很小，而且时间也不允许，项目资金再不落实，就面临着停工待料的风险，如果建设工期受到影响，对单位的下一步发展必然产生严重的负面效应。由此可见，谈判双方的不平等地位决定了谈判利益的不平等，进而有可能导致谈判的破裂。因此，双方在谈判中应遵循一定的谈判原则。

任务 3.1　掌握商务谈判的原则

在明确了商务谈判概念和作用的基础上，为了更好地实施商务谈判，还必须把握商务谈判的原则。商务谈判的原则是指在谈判过程中谈判双方必须遵守的基本准则或规范。充分了解谈判原则，有助于掌握和运用谈判的策略和技巧，保护谈判当事人的权力与利益。这些原则都是在长期谈判实践中的经验积累，应该为商务谈判者所重视。

3.1.1　平等互利原则

在商务活动中，双方是为了满足各自需要才坐在一起进行磋商的，如果没有平等的地位，就不可能有真正意义上的谈判。所以，谈判双方在法律地位上一律是平等的。

一次成功的谈判，每一方都必须让对方得到某些好处。谈判如果只有利于一方，不利方就会退出谈判，谈判的胜利方也就不复存在。只要一方发现不能得到某些预期的好处，就会停止谈判，或者得到的会比给予的少得多，也不会愿意继续谈判下去。所以商务谈判者都必须做好各项准备，在平等的基础上，满足对方的某些要求，不仅自己要遵循这一原则，而且也要让谈判对手知道这一原则。

【案例阅读 3.1】

我国曾有一个水电工程项目面向全世界招标，并从国外争取到一笔数额很大的优惠贷款，我方就水电设备采购选择供货商时，为便于统一标准以利于评估，按照国际惯例，同意由各国厂商用信用证支付方式报价（我方开证），最后 A 公司中标。当供货合同将要签字时，我方内部就付款方式产生了分歧。在通常情况下，利用这类国外贷款我方都是以托收方式付款的，因为采用信用证方式付款，我方业主没有审单权（银行有），风险较大。另外，开立信用证要支付较高的开证费，所以提出改用托收方式付款。但是 A 公司对此表示强烈反对，他们提出原来的报价是基于 L/C 方式付款而计算的，若中方一定要改为托收方式，则合同价格要增加 110 万美元。经了解，情况是，A 公司若以托收方式收款，其间隔时间比 L/C 方式收款要长 10 天左右，这就意味着要多占用其资金 10 天，即等于其要承担大致相当于向银行借款 10 天所需支付的利息的资金，整个供货合同分 8 次付款，则累计起来 A 公司差不多要多承担 110 万美元的银行利息。我方业主为此请教银行专家，设法做到了开立 L/C 的费用与托收方式支付的银行费用相同。同时为了减少风险，我方业主与供货商谈判商定，并得到双方开户银行确认，有关 L/C 方面的条款将确保把真正的支付地点放在中国。在这样的条件下，我方业主内部很快统一了思想，一致同意采用 L/C 方式向 A 公司付款，由此加快了向外方的付款时间，避免了外方所要承担的额外费用，同时又使我方避免了因合同价格提高而带来的损失，体现了平等互利原则。

（资料来源：刘向丽．国际商务谈判[M]．北京：机械工业出版社，2007．）

3.1.2　求同存异原则

谈判既然是作为谋求一致而进行的协商，必然蕴涵各方在利益上的“同”和“异”。求同原则要求谈判各方首先要立足于共同利益，在总体上、原则上必须一致，摒弃细枝末节的分歧和不同的意见，从而使参与谈判的各方都感到满意。存异原则要求谈判各方要承认利益分歧，必须做出适当的让步，容许与自己的利益要求不一致的“异”存在于谈判之中。可以说，求同存异原则是商务谈判成功的关键，历来是谈判高手拥有智慧的表现。

【案例阅读 3.2】

让我们来看美国政治家和科学家富兰克林的一个故事：那年，富兰克林在费城的选举中获胜，担任了公职。但在竞选过程中与一位著名人士结下了难解之怨。在某些问题上他们观点相异，而富兰克林又非常需要那位先生的支持。

经过了解，富兰克林得知那位先生酷爱藏书，常引以为荣，他特别珍藏了一套书籍，其中有一册是非常珍贵的善本。于是富兰克林写了一封信给那位先生，请求他帮忙，将那册善本借给自己。那位先生接信后，几乎马上就派人把书送了过来。一星期以后，富兰克林将书送还，并附了一封热情洋溢的感谢信，向他深表谢意。结果，下一次两人碰面时，那位先生第一次主动与富兰克林交谈，殷勤地表示愿意竭尽全力与富兰克林合作，支持富兰克林。富兰克林运用求同存异的原则赢得了那位先生的友谊。

（资料来源：陈文汉．商务谈判实务[M]．北京：电子工业出版社，2009．）

3.1.3 合理合法原则

商务谈判的合理合法原则具体体现在以下三个方面:①谈判主体合法,即谈判参与的各方组织及其谈判人员具有合法的资格;②谈判议题合法,即谈判所要磋商的交易项目具有合法性,如贩卖人口、走私货物等,其谈判显然是违法的;③谈判手段合法,即应通过公正、公平、公开的手段达到谈判目的,而不能采用某些不正当的,如行贿受贿、暴力威胁等手段来达到谈判的目的。总之,只有在商务谈判中遵守合法原则,谈判及其协议才具有法律效力,当事各方的权益才能受到法律的保护。

【案例阅读 3.3】

20 世纪 80 年代中期,美国一家大型企业来中国投资,兴办合资企业。在完成技术、商务谈判的许多细节磋商后,中外双方在起草合资企业合同时,发生了严重的意见分歧。美方谈判代表坚持要求在合同中写明,该合同的适用法为美国某州(该公司所在的州)州法。我方谈判代表则认为,这是无视我国涉外经济法规的无理要求,坚决不予考虑,双方立场僵持。美方负责此项谈判的福特先生眼看谈判将要前功尽弃,不禁黯然神伤,多次叹息到:我无路可走,精神要崩溃了,要丢饭碗了!这时,我方谈判人员向一位通晓中美双方经济法的专家咨询,这位专家约福特先生晤谈,从中了解到美方的要求是出于对当时中国在保护知识产权方面法律体系不完备的担忧。对此情况,我方十分理解,于是,我方直接与该公司总部的法律部负责人联系,解释我国法制建设情况及对保护知识产权的积极态度;同时我方提出一个建设性方案,即在合同中明确表达:该合同适用法为中国法律,在中国现有法律的个别不完备之处,再补充几个专门的保护条款,这些补充条款适用纽约州州法。因为我方对该公司所在州的州法知之甚少,故建议改成适用纽约州州法。这一方案提出后,美方代表对我方的诚意十分敬佩,并很快同意我方方案,僵局化解。两年后合资企业已正常生产。其后几年,其业务不断发展,效益颇佳。后来,美方又追加了 2 000 万美元投资,扩展了业务。

20 世纪 90 年代中期,福特先生再次陪其总裁访华,一再强调:正是由于我方采取的合理合法的做法才使僵局巧妙化解,给其公司业务的拓展带来生机,他本人也因此而得到提升,他表达了自己对中国谈判人员的真诚与才华的钦佩。

(资料来源:刘向丽. 国际商务谈判[M]. 北京:机械工业出版社,2007.)

3.1.4 灵活机动原则

谈判中并不排除采取灵活机动的战略战术,使用切实可行的谈判技巧。谈判进程中,如果遇到对手的交易条件与我方的预定方案相比对我方较为有利时,我方应适时提高交易条件以争取获得更大的利益。如果没有实现整体目标的灵活性,谈判成功的几率将十分低。

【案例阅读 3.4】

我国某企业打算从国外引进一组大型化工设备,事先技术部门已经做好了技术规划方案。后来消息公布以后,国外卖主十分踊跃,六个国家的十多家公司纷纷表示愿意承办这个项目。我方在此情况下,要求国外公司提供较详细的方案以做对比。经过审阅,我方技术人员从这些方案中发现了更先进、更经济的工艺，了解了许多最先进的技术，这样便适时地将原有方案做了修改，我方的方案变得更为完善。最后以合理的价格获得了最先进的设备，也选择到了最合适的合作伙伴。

（本文由作者根据网络相关资源改写）

3.1.5 立场服从利益原则

谈判者所持的立场与其所追求的利益是密切相关的。人们持有某种立场为的是争取他所期望的利益，立场的对立无疑来自利益的冲突。在商务谈判中，就立场相互对立的双方来说，完全可以通过合作来消除立场的对立。也就是说立场必须服从利益，该让步妥协时要抓住时机做出姿态，把注意力集中于相互的利益而不是立场。

【案例阅读3.5】

某一项谈判追求的利益是取得尽可能大的销售收入，谈判者的立场可能是坚持在价格上不做或少做让步，也可以是坚持要对方在己方认可的某一个较低的价格水平上增加订货量。上述两种立场都是为谋求某种利益服务的，都有可能满足本方对利益的追求。如果谈判者过于看重立场，尤其是在与对方发生严重冲突的情况下，仍一味地坚持自己的立场，就可能动摇双方共同合作的基础，从而丧失原本可以获取的利益。

（本文由作者根据网络相关资源改写）

3.1.6 人事分开原则

商务谈判所涉及的是有关双方利益的事物，而不是谈判者，所以，对事应是强硬的，坚持原则；而对人则应是友好的，温和的，关系融洽。在谈判过程中，当双方互不理解，出现争执，以及因人论事时，想解决问题达成协议是极其困难的。这是因为参与谈判的是有血有肉、有感情、有自我价值观的人。随着谈判时间的推移，双方建立起一种相互信赖、理解、尊重和友好的关系，使谈判进行得更顺利、更有效。相反，发怒、沮丧、仇视和抵抗心理，会使谈判破裂。

作为一个具有战略眼光的谈判家，他所追求的是一种长期的合作关系，一种共同承担风险的气度。在谈判中都非常注重建立和维护双方的友好关系，把争论和冲突的焦点集中在“事”上，所攻击的是“问题”本身，而不是“人”本身。

【案例阅读3.6】

在一家由美国人投资经营的日本工厂中，因为劳资纠纷，工人举行罢工。据美方经理介绍：工人早在六周前就向资方提出了警告，举行罢工的当天，双方经过协商达成了一致的意见，罢工结束之后，工人们主动打扫了示威场地，清理了满地的烟头、咖啡杯，恢复了原来清洁的面貌。第二天，工人们又自发地加班，完成了因罢工而拖欠的生产任务。美方经理对此种做法非常不解，就询问其中的一位罢工工人，这位工人是这样回答他的：“我们对投资方有些意见，要想让您知道我们对此事是极其严肃的，唯一的办法就是举行罢工。但这也是我们的公司，我们不愿让您认为我们对公司是不忠诚的。”这位工人的回答给我们的谈判问题拓展了一条新的思路，那就是：在谈判中基于我们对对方提出的某一条款有意见，我们不得不言辞犀利，那是因为我们希望对手知道我们对此事的重视程度和严肃性，我们并不想搞僵双方的关系，我们进行谈判的目的在于谋求一种互利、共赢的结局。

（资料来源：陈文汉．商务谈判实务[M]．北京：电子工业出版社，2009.）

3.1.7 坚持客观标准的原则

商务谈判中面对存在的分歧，有些谈判者往往持强硬的态度，试图迫使对方不断让步；有些谈判者则过分突出感情的因素，在对方的压力面前不断地退让。这些分歧的发生多半是由于各自坚持不同的标准，双方只有在客观标准的基础上，才能尽快达成一致。选择的客观标准应该是独立于双方的意志力之外的，并且为双方所认可和接受的，如市场价格、专业标准、道德准则、价格指数等。如果双方无法确定哪一标准是最合适的，较好的做法是找一个双方都认为是公正的、有权威的第三方，请他建议一种解决争端的标准，可能会使争议得到较好的解决。

【案例阅读 3.7】

某机械厂购买了一条生产线，在安装调试中发现部分设备与合同约定的质量不符，安装人员立即按工作程序将情况反映给负责设备采购的主管领导。

该领导经过一阵沉思后，立即拨通了对方主管设备销售领导的电话，首先使用很肯定的语气赞扬对方的供货及时，服务周到，信守合同，使对方的心理得到满足，然后，话锋一转，说还有点小问题需要对方帮助解决，对方立即表示责无旁贷。于是买方将设备存在的问题用很委婉的语气向对方做了通报，并请求立即派人现场验证；同时提出解决问题的己方意见：或退掉这套生产线，或更换有问题的设备，或者对方能够提出切实可行的补救措施，无论怎样，不能影响正常投产，否则将产生每天上万元的直接损失，后果相当严重。

对方接到这个消息后，深感愧疚，立即派员到现场，发现问题的严重性，在向对方深表歉意的同时，马上做出更换相应设备的决定，结果该机械厂按期投产。问题解决了，双方的感情却未受到伤害。

（资料来源：孙绍年．商务谈判理论与实务[M]．北京：清华大学出版社，2007.）

3.1.8 适当使用谋略和技巧的原则

在商务谈判中，既要坚持原则，又要留有余地。对某些非原则性问题，必要时在某些情况下可以使用谋略和技巧来达到自己的目的。但是应注意的是，谋略和技巧的使用不能有损国格、人格。

【案例阅读 3.8】

有一位教徒问神父："我可以在祈祷时抽烟吗？"他的请求遭到神父的严厉斥责。而另一位教徒又去问神父："我可以在吸烟时祈祷吗？"后一个教徒的请求却得到允许，悠闲地抽起了烟。这两个教徒发问的目的和内容完全相同，只是谈判语言表达方式不同，但得到的结果却相反。由此看来，表达技巧高明才能赢得期望的谈判效果。

（本文由作者根据网络相关资源改写）

任务3.2 商务谈判的特征

3.2.1 交易对象的广泛性和不确定性

商品可以在国内市场和世界市场上流通，作为卖方，其商品可以出售给任何一个人，其销售范围十分广泛；同理，作为买方，也可以选择任意卖主的商品，其选择范围也具有广泛性。因此，无论是卖方还是买方，其谈判交易对象遍布全国甚至全世界。此外，为了使交易更有利，也需要广泛接触交易对象。但是交易者总是同具体的交易对象成交，不可能同广泛的对象谈判成交，而具体的交易对象在各种竞争存在的情况下是不确定的。这不仅是交易对象方面的要求和变化，也是自身方面的要求和变化所决定的。交易对象的广泛性和不确定性这一特征，要求谈判者不仅要充分了解市场行情，而且要用不同的方式方法对待新、老客户。

3.2.2 商务谈判双方同时具有冲突和合作的成分

谈判是确立共同利益，减少分歧，最终达成一项协议的过程。协议至少能最低限度地被谈判双方所接受，因而对双方来说都是有利的。为了取得利益，双方必须共同解决他们所面临的问题，以便最终达成某项对双方都有利的协议，这是谈判的合作性的一面；与此同时，双方又都希望在谈判中获得尽可能多的利益，为此而积极地讨价还价，这是谈判的冲突性的一面。

任何一项谈判都必然包含着合作与冲突两个方面，在规划谈判活动时，必须注意既不应损害双方的合作关系，又要尽可能合理地利用冲突来为己方谋取更多的利益，也就是要在这两者之间求得平衡。

3.2.3 商务谈判是科学性与艺术性的统一

商务谈判是一门科学，谈判有其自己的理论体系，其理论是从长期的实践中总结出来的，同时吸收了市场学、语言学、逻辑学、哲学、经济学、管理学、公共关系学和人际关系学等学科的基础理论，它具有可操作性的规范和要点，具有系统的思维过程和工作步骤，有完整的计划、策略和实施方案。

商务谈判还具有艺术性。谈判者必须掌握必要的谈判技术，进行谈判技术方面的训练，熟练掌握谈判中的技巧，在实际谈判中进行创造性的探索，根据不同对象、不同场合，使用不同的技巧。谈判技巧的使用会使谈判过程变得丰富多彩、跌宕起伏，也有利于谈判合作的达成。

项目小结

本项目着重介绍了商务谈判的概念、特征、原则、不同商务谈判的类型和内容，以及商务谈判的国际惯例，通过本项目的学习，使学生能够了解商务谈判的概念、准确把握商务谈判的特征；了解商务谈判的类型及商务谈判的内容，理解商务谈判的原则。并使学生能够区分谈判与商务谈判，能够比较各原则内容的不同及掌握各商务谈判原则的要点。

主要概念

商务谈判；商务谈判原则；软式谈判；硬式谈判；原则式谈判

知识与技能训练

第一部分　知识训练

一、名词解释

1. 商务谈判
2. 商务谈判原则
3. 软式谈判
4. 硬式谈判
5. 原则式谈判

二、填空题

1. 谈判是一种________、________和________的过程，是一个双方或多方互动的过程。

2. 商务谈判所涉及的是________，而不是谈判者。

3. 谈判手段合法，即应通过________、________、________的手段达到谈判目的，而不能采用某些不正当的，如行贿受贿、暴力威胁等手段来达到谈判的目的。

4. 商品检验是对交易商品的________、________、________等项目按照合同规定的标准进行检查或鉴定。

5. 技术贸易谈判的内容是以________、________或________为中心的贸易谈判。

三、单项选择题

1. 下列关于商务谈判论述正确的是(　　)。
A. 商务谈判的主体是相互独立的利益主体
B. 商务谈判的主要评价指标是经济效益
C. 商务谈判必须达成书面的谈判协议
D. 商务谈判注重合同条款的严密性和准确性

2. 商品贸易谈判的核心内容是(　　)。
A. 商品品质　　B. 商品数量　　C. 商品价格　　D. 商品检验

3. 下列关于商务谈判形式的描述正确的是(　　)。
A. 小组谈判适用于项目较大或内容比较复杂的谈判
B. 书面谈判可以作为口头谈判的辅助形式
C. 价格谈判中买卖双方的价格目标是根本一致的
D. 原则式谈判强调谈判双方的关系而忽视利益的获取

4. 下列关于谈判的论述正确的是(　　)。
A. 谈判的目的是实现自身的经济利益
B. 谈判产生的前提是谈判双方既相互联系又相互冲突
C. 谈判的基本手段是说服
D. 谈判双方地位平等、利益均等

5. 按谈判中双方所采取的态度，可以将谈判分为硬式谈判、原则式谈判和(　　)。
A. 软式谈判　　B. 集体谈判
C. 横向谈判　　D. 投资谈判

四、多项选择题

1. 谈判在人类社会中产生的主要原因是人类的（　　）。

A. 经济利益需要　B. 安全需要　C. 社交需要

D. 生存、发展需要　E. 自我实现需要

2. 谈判构成的要素有（　　）。

A. 谈判主体　B. 谈判客体　C. 谈判环境

D. 谈判目的　E. 谈判方案

3. 评价商务谈判成败的标准是（　　）。

A. 取得最大经济利益　B. 谈判目标实现的程度

C. 所付出的成本大小　D. 双方关系改善的程度

E. 谈判花费的时间如何

4. 国际商务谈判与一般贸易谈判的区别表现在（　　）。

A. 以价格谈判为中心　B. 以经济利益为谈判目的

C. 谈判涉及的内容广　D. 影响谈判的因素多

E. 谈判涉及的人员多

5. 商务谈判的基本原则包括（　　）。

A. 平等主体原则　B. 互利双赢原则

C. 遵守伦理原则　E. 整合创造原则

F. 灵活应变原则

五、简答题

1. 什么是商务谈判？怎样理解商务谈判概念的内涵？

2. 商务谈判原则包括哪些内容？

3. 商务谈判的类型都有哪些？

4. 谈判活动有哪些特征？

第二部分　技能训练

一、案例训练

[训练目的]

通过该训练任务，有助于学生：

1. 了解商务谈判的类型，拓展、丰富谈判知识，加深对商务谈判的深入理解。

2. 运用相关商务谈判原则从事商务谈判活动，有效地将知识转化为技能。

[训练步骤及要求]

1. 教师选择恰当案例，拟定需要讨论分析的问题。

2. 确定案例训练组织形式：分组集体讨论会（4～6 人）。

3. 老师主持课堂案例讨论，各小组选出一名代表阐明本小组的分析要点。

4. 教师进行最后点评与总结。

5. 各小组在讨论分析案例的基础上按以下要求撰写、提交“案例分析报告”，文字表述要精练、观点明确。

《模拟谈判场景——房屋交易》案例分析报告

时　　间：
分 析 者：
班　　组：
问题分析：
➢问题一：
➢问题二：
➢问题三：
➢问题四：

［实训考核］（百分制）

评分维度	出　勤	参与的主动性	内容的充实性	分析的逻辑性	知识的应用性	创　新　性
百 分 比	10%	15%	20%	15%	20%	20%

［案例介绍］

你的朋友告诉你一条出售你所需要的房子的信息，要求有意购买者亲自去面谈。但是当你亲自出面时，却发现对方并非出售者本人，而是他指定的代理人。这种情况下，你选择怎么做？为什么？

［问题讨论］

1. 坚持与房东本人谈判。
2. 问该代理人是否为有权代理，是否不必征求房东的意见。
3. 以边谈边观察的方式与代理人进行谈判。
4. 留下联系方式，要求房东与自己联系。

二、项目训练

［实训项目］　模拟谈判

你在百货大楼的家具商场看中了一套实木家具。它的标价是6 600元。你分析各方面的情况后觉得不合适，最多只能付5 000元。家具商的销售经理介绍完这套家具的优点之后，你表示对这套家具非常感兴趣，并告诉他最多只能付2 500元。

［实训目的］

通过该实训项目的操作，使学生了解在商务谈判中价格的重要性，价格谈判关系到利益的得失问题。

［实训要求］

教师先制定一定的商务活动场景，根据教学班级的分组情况，按一定数量的小组分别选择不同的场景进行设计和表演。

［实训操作步骤］

1. 对教学班级的学生进行项目分组（6～8人），明确组内分工。
2. 教师设计有关的商务活动场景。
3. 学生对该商务活动场景进行分析，并设计相关的情节。

4. 各项目小组根据场景进行表演。
5. 同学互评,教师点评。
6. 本次实训综合成绩评定。

[实训考核]（百分制）

1. 实训准备工作(10 分)。
2. 各项目小组对本次实训的组织、分配、管理等过程(20 分)。
3. 各项目小组对选定场景进行表演(45 分)。
4. 项目小组的团队合作精神(15 分)。
5. 同学互评,教师点评(10 分)。

项目 2　商务谈判中的礼仪

学习目标

◆ 知识目标

通过本项目的学习，使学生能够根据所掌握的商务谈判常用礼仪，合乎规范地进行商务谈判；同时具有根据国家、民族、文化等特点准确选择和恰当运用常用商务谈判礼仪的能力。

◆ 技能目标

通过本项目的教学，使学生能掌握谈判中有关商务礼仪方面的基础知识，深刻理解商务礼仪在商务谈判中的作用及有关商务谈判礼仪具体内容和应用方面的知识，为学生走上工作岗位后，在处理有关商务谈判中礼仪问题时提供有益的参考与借鉴，并为其奠定从事商务活动的坚实基础。

学习情境 4　礼仪在商务谈判中的作用

【入门案例】

在谈判过程中，德国的海因先生对于对手——中国某医疗机械厂的马厂长，既无奈又钦佩。这个马厂长对即将引进的生产线国际行情非常熟悉。不仅对设备的技术指数要求高，而且价格压得很低。在中国，海因还没有遇到过这样难缠而有实力的谈判对手。但是出于开拓中国市场的考虑，海因决定第二天同马厂长正式签订协议。第二天签约的时间还没有到，马厂长邀请海因到车间看一看。车间井然有序，海因边看边赞许的点头。走着走着，突然，马厂长觉得嗓子有些痒，不由得咳了一声，便急忙向车间一角奔去。海因诧异地盯着马厂长，只见他在墙角吐了一口痰，然后用鞋底擦了擦，地面上留下了一片痰渍。海因快步走出车间，不顾马厂长的竭力挽留，坚决要回宾馆。

第二天一早，翻译给了马厂长一封海因写的信："尊敬的马先生，我十分钦佩您的才智与能力，但车间里你吐痰的一幕使我一夜难眠。恕我直言，一个厂长的卫生习惯，可以反映一个工厂的管理素质。况且，我们今后生产的是用来治病的器械。贵国有句谚语：人命关天！请原谅我的不辞而别，否则，上帝会惩罚我的……"马厂长觉得头"轰"的一声，像要炸了。

【分析提示】

人常说，大智不拘小节。但别人可以这样看我们，我们自己却不能这样原谅自己，尤其是在社交活动中。因为有些小节，恰恰暴露出礼仪修养上的差距。而又恰是对方所重视的，这就形成了影响合作的大障碍。医疗机械的生产，对环境和员工的卫生习惯要求很高，海因的“苛求”并不过分，完全是对企业和产品负责，对公众负责的表现。这也表现了他的科学管理及文明修养的水准。对比之下，马厂长的水平就差了，尽管马厂长有谈判的才能，但文明水准相差太大，又怎能实现和谐的长远合作呢？因此，在社会交往中，言谈举止中的礼仪是非常重要的。

任务 4.1　了解礼仪的基本含义

商务谈判既是一门科学，同时也是一门艺术。优秀的谈判者，不仅要求精通专业知识，掌握社会学、心理学、语言学等方面的知识，还要求通晓礼仪知识，这样才能在谈判中得心应手，应付自如。商场如同战场，在市场经济条件下，各行各业之间、企业之间，为了主体的经济利益，寸利必争，毫不相让。但是即使双方有争议，相持不下，一切言行也必须是彬彬有礼的。无论交易成功与否，注重礼仪都是十分重要的。

4.1.1　礼仪的含义

“礼仪”一词，很早就被作为典章制度和道德教化使用。在古汉语中，“礼”主要包含三层意思：

(1)我国奴隶社会和封建社会的等级制度，以及与之相适应的一整套礼节仪式。如《论语・为政》：“殷因于夏礼，其损益，可知也”。《礼记・曲礼上》：“礼不下庶人，刑不上大夫。”

(2)表示尊敬和礼貌。所谓“礼者，敬人也”。

(3)礼物，即赠送的物品。《晋书・陆纳传》：“及受礼，唯酒斗，鹿肉一 ”。

“仪”既指容貌和外表，又指礼节和仪式。

从古今中外对于礼仪的描述中我们可以发现，所谓礼仪，从广义上讲，指的是一个时代的典章制度；从狭义上讲，指的是人们在社会交往中由于受历史传统、风俗习惯、宗教信仰、时代潮流等因素的影响而形成，既为人们所认同，又为人们所遵守，以建立和谐关系为目的的各种符合礼仪的精神、要求的行为准则或规范的总和。

【案例阅读 4.1】

古时候有一个男人，他想要去一座寺庙，于是来到了一个陌生的城镇。走着走着，他迷路了，不知道该往哪里走。这时，他身边刚好有一个老伯伯走过，他一把挡在老伯伯面前，大声吼道：“喂，老头儿！快告诉我××寺庙在哪里！还有多远啊！”老伯伯望了望他，平静地说：“无礼(五里)。”于是那个男人往前走了五里，可是还看不到他想到的那座寺庙。这时候，他寻思着老伯伯的话，突然明白了什么……

(本文由作者根据网络相关资源改写)

而在欧洲，“礼仪”一词最早见于法语的 etiquette，原意是“法庭上的通行证”。作为法庭，无论是在古代还是在现代，为了展示司法活动的威严性，保证审判活动能够合法有序地进行，总是既安排得庄严肃穆，又要求所有进入法庭的人员必须十分严格地遵守法庭纪律。例如，中华人民共和国刑事诉讼法和人民法院组织法等法规规定，为了保证法庭的特有气氛和特殊秩序，开庭之前应由书记员当庭宣读法庭纪律。这些纪律包括：不准大声喧哗，未经审判长许可不准提问，未经法庭许可不准摄影、录像等。

由于在社会交往中，人们也必须遵守一定的规矩和准则，才能体现人之所以为人的特有风范，才能保证文明社会得以正常维系和发展，所以，当 etiquette 一词进入英文后，便有了“礼仪”的含义，意即“人际交往的通行证”。后来，经过不断的演变和发展，“礼仪”一词的含义逐渐变得明确起来，并独立出来。

礼仪的上述含义主要表达了以下几层意思：

(1)礼仪是一种系统的行为准则或规范。所谓“入乡随俗，入境问禁”，就是说你要进入某一地域，你就要对那里的人的习俗和行为规范有所了解，并应该尊重并按照这样的习俗和规范去行动，这才是遵守礼仪的。

(2)礼仪是一定社会的人们约定俗成、共同认可的。在社会实践中，礼仪往往首先表现为一些不成文的规矩、习惯，然后才逐渐上升为大家认可的，能够用语言、文字、动作来进行准确描述和规定的行为准则，同时成为人们有章可循、可以自觉学习和遵守的行为规范。

(3)讲究礼仪的目的是实现社会交往各方的互相尊重，从而达到人与人之间关系的和谐。在现代社会，一个人只有在尊重他人的前提下，自己才会被他人尊重，人与人之间的和谐关系，也只有在这种互相尊重的过程中，才会逐步建立起来。所以，从某种意义上可以说，遵守礼仪是人获得自由的重要手段和途径之一。

【案例阅读 4.2】

有一次，列宁下楼，在楼梯狭窄的过道上，正碰见一个女工端着一盆水上楼。那女工一看是列宁，就要退回去给让路。列宁阻止她说：“不必这样，你端着东西已走了半截，而我现在空手，请你先过去吧！”他把“请”字说得很响亮，很亲切。然后自己紧靠着墙，让女工上楼了，他才下楼。这就是良好文明礼仪的体现。

(本文由作者根据网络相关资源改写)

综上所述，礼仪是礼节、仪式的统称，是指在人际交往中，以一定的、约定俗成的程序和方式来表现的自律、敬人的完整行为。它由一系列具体的礼节所构成，是一个表现礼貌的系统而完整的过程。

4.1.2 礼仪的原则

(1)系统整体：系统学习，讲究整体效应。系统整体原则是指礼仪本身是一个完整体系。首先，内容是系统的，因而在对外交往和公关交往中，我们一定不能忽视它的整体性。

(2)公平对等：礼仪不要以貌取人，不因财富多少取舍，重在人格平等，相互尊重。公平对等是指尊重交往对象。对任何交往对象，无论是老师还是学生，无论贫富，智商高低，学习成绩如何，都必须一视同仁，给予同等程度的礼遇。交往中应公平大方，不卑不亢，主动友好，热情又有所节制。

【案例阅读 4.3】

霍克就任澳大利亚总理期间,有一次在一家商场内与一位老人就养老金问题发生争执。霍克一时冲动,骂那位老人:"愚蠢的老家伙。"老人因此把他告到法院。霍克举行记者招待会,就自己不文明的语言,公开向这位老者道歉。他说:"那天我非常烦恼,但这不能成为我使用那种措辞的理由。如果我确实伤害了他的话,我愿意就此向这位先生道歉,诚请宽容我的不逊。"

(本文由作者根据网络相关资源改写)

(3)遵时守约。遵时守约是指要遵守时间,信守诺言。约会要事先发出邀请,不论是邀请方,还是应邀方,一旦答应,就应按时履约。有再正当的理由,失约后也应道歉。

(4)尊重习俗与风俗禁忌原则。尊重风俗与禁忌是指世界每个民族和地区都可能有自己独特的风俗以及禁忌,我们应当对此表示理解和尊重,不应当违反这些风俗禁忌。

对于海员来说,最禁忌的一个字是翻,但一次在饭店吃饭,桌上的鱼吃掉了上半,他们向服务员夸奖鱼做得好时,服务员就试图帮他们把鱼翻过来,但这一举动立刻引起了反感。

(5)和谐适度原则。和谐适度是要求使用礼仪一定要具体情况具体分析,因人、因事、因时、因地恰当处理。应用礼仪时特别要注意做到把握分寸。认真得体,不卑不亢,热情大方,有理、有利、有节,避免过犹不及。

【案例讨论 4.1】

有一位先生为一位外国朋友订做生日蛋糕。他来到一家酒店的餐厅,对服务员说:"小姐,您好,我要为我的一为外国朋友订一份生日蛋糕,同时打一份贺卡,你看可以吗?"服务员接过订单一看,忙说:"对不起,请问先生,您的朋友是小姐还是太太?"这位先生也不清楚这位外国朋友结婚没有,从来没有打听过,他为难地抓了抓后脑勺想想说:"小姐?太太?一大把岁数了,太太。"生日蛋糕做好后,服务员按地址到酒店客房送生日蛋糕,敲门,一女子开门,服务员有礼貌地说:"请问,您是怀特太太吗?"女子愣了愣,不高兴地说:"错了!"

服务员丈二和尚摸不着头脑,抬头看看门牌号,再回去打个电话问那位先生,没错,房间号码没错。再敲一遍,开门,"没错,怀特太太,这是您的蛋糕"。那女子大声说:"告诉你错了,这里只有怀特小姐,没有怀特太太。"啪一声,门被大力关上,蛋糕掉在地上。

请讨论:为什么这位先生好心送的蛋糕会被拒绝?

(资料来源:陆永庆,等.旅游交际礼仪[M].大连:东北财经大学出版社,2001)

任务 4.2 认识商务礼仪的概念及在商务谈判中的作用

在当今社会中,商务礼仪的要求逐步地增多。商务礼仪正日益成为从事商业活动人士必备的知识。在日趋激烈的世界市场竞争中,要赢得国际商务工作的优胜地位,除了拥有价廉物美的产品之外,国际商务谈判是决定企业国际贸易成败的关键。而礼仪也在商务谈判中占有重要地位,具有不可替代的作用。

【案例讨论 4.2】

小青是一位非常聪明的姑娘，性格开朗，大方，对人坦诚，喜欢帮助别人，心中装不下事情，特别是自己的一些事情总喜欢说与同事听，刚开始同事都很喜欢她，但时间长了，都开始躲着她，她很不理解，索性调到了另一个单位，可过了一段时间，又出现了相同的情况。小青非常苦恼，为什么我对别人那么真诚，别人会对我不喜欢呢？

请帮助小青找到她的问题并提出解决方法。

（本文由作者根据网络相关资源改写）

4.2.1 商务礼仪的概念

商务礼仪是商务活动中重要的一环，是指在商务活动中体现相互尊重的各种行为准则。商务礼仪用来规范我们日常商务活动的方方面面。商务礼仪的核心作用是为了体现人与人之间的相互尊重，具体体现在以下几个方面：

(1)规范行为。在商务交往中，人们互相影响、互相作用、互相合作。如果不遵循一定的规范，双方就缺乏协作的基础。在众多的商务规范中，礼仪规范可以使人明白怎样做、不应该怎样做，哪些可以做、哪些不可以做，同时有利于确定自我形象、尊重他人、赢得友谊。

(2)传递信息。礼仪是一种信息，通过这种信息可以表达出尊敬、友善、真诚等感情，使人感到温暖。在商务活动中，恰当的礼仪可以获得对方的好感、信任，进而有助于事业的发展。

(3)增进感情。在商务活动中，随着交往的深入，双方可能都会产生一定的情绪体验。它表现为两种情感状态：一是感情共鸣，另一种是情感排斥。礼仪容易使对方互相吸引，增进感情，建立和发展良好的人际关系。反之，如果不讲礼仪、粗俗不堪，那么就容易产生感情排斥，造成人际关系紧张，给对方造成不好的印象。

(4)树立形象。一个人讲究礼仪，就会在众人面前树立良好的个人形象；一个组织的成员讲究礼仪，就会为自己的组织树立良好的形象，赢得公众的赞赏。现代市场竞争除了产品竞争外，更体现在形象竞争中。一个具有良好信誉和形象的公司或企业，就容易获得社会各方的信任和支持，就可以在激烈的竞争中处于不败之地。所以，商务人员时刻注重礼仪，既是个人和组织良好素质的体现，也是树立和巩固良好形象的需要。

【案例阅读 4.4】

导游员王力接待一个美国旅游团，在旅游商店看到一位美国游客在看一幅“嫦娥奔月”的国画，并在考虑是否要购买，王力便走上前去，向他介绍中国国画的艺术和与之相关的背景知识，客人很感兴趣，最后，王力告诉这位美国游客，在华盛顿的宇航馆里也有一幅“嫦娥奔月”图，图旁的说明是：“在人类历史上，是谁第一个有到月亮上去的想法？是中国古代的嫦娥女士……”这位美国游客非常感谢王力的帮助，终于买下了这幅“嫦娥奔月”的国画。王力的介绍，把物品的文化价值与实用价值巧妙地结合起来，促成了这位美国游客的购买。

（资料来源：陆永庆，等．旅游交际礼仪[M]．大连：东北财经大学出版社，2001.）

4.2.2 商务礼仪在商务谈判中的作用

商务谈判是在人与人之间进行的,因此谈判的过程又是一个人际交往的过程。人际关系在谈判中往往起着十分微妙的作用。道德水平低,礼仪修养差的人和企业,是无信誉可言的,在商场上很难取得成功。而如果能够以诚相待,尊重对方,礼仪有加,感情融洽,谈判就可能取得理想的效果。因此,在谈判过程的始终都应非常注重商务礼仪。

【案例阅读 4.5】

曾任美国总统的老布什,能够坐上总统的宝座,成为美国"第一公民",与他的仪态表现分不开。在 1988 年的总统选举中,布什的对手杜卡基斯,猛烈抨击布什是里根的影子,没有独立的政见。而布什在选民心中的形象也的确不佳,在民意测验中一度落后于杜卡基斯 10 多个百分点。未料两个月以后,布什以光彩照人的形象扭转了劣势,反而领先 10 多个百分点,创造了奇迹。原来布什有个毛病,他的演讲不太好,嗓音又尖又细,手势及手臂动作总显出死板的感觉,身体动作不美。后来布什接受了专家的指导,纠正了尖细的嗓音、生硬的手势和不够灵活的摆动手臂的动作,结果就有了新颖独特的魅力。在以后的竞选中,布什竭力表现出强烈的自我意识,改变了原来人们对他的评价。配以卡其布蓝色条子厚衬衫,以显示"平民化",终于获得了最后的胜利。

(本文由作者根据网络相关资源改写)

1. 创造良好氛围,拉近双方距离

一个企业,如果能够热情周到、大方得体地接待客户,想对方之所想,帮助对方解决困难,解决疑问,尊重对方,就会使客户感到你是有诚意的,乐意同你打交道。在一个宽松和谐的氛围中谈判,就会自然地缩短双方的距离,容易找到一个双方均能接受、彼此都可受益的结合点。

2. 塑造良好形象,推动交易成功

在商务谈判中,交易双方可能并不了解,而个人形象往往是企业形象的代表。有这样一种常见的现象:在商务活动中,一方往往通过对方的仪容仪表、举止言谈来判断对方,并通过对方来分析他(她)所代表的企业的可信程度,进而影响与其交往的程度。由此可见,在商务活动中,双方人员的高尚道德情操,彬彬有礼的言谈举止,渊博的知识,得体的礼遇,都会给对方留下深刻的印象,并对企业产生好感,减少谈判阻力,推动交易成功。

3. 加深理解,促进友谊

在商务谈判中,双方都要维护各自的经济利益,难免会发生一些冲突。企业与企业、人与人之间因商务活动而产生的冲突,不是对抗,更不可把交易中的矛盾变为对某个企业或个人的攻击,而要把人和事区分开来。在商务谈判双方相持不下的时候,也要注意礼仪规范,通过理解和沟通,找出双方都能接受的方案,通过交易,双方建立友谊,成为长期的合作伙伴。即使交易不成,由于待人真诚,礼仪有加,双方也会沟通感情,建立友谊,日后会寻找其他的合作途径。

学习情境 5　商务谈判中的基本礼仪

【入门案例】

李恒在大学读书时学习非常刻苦，成绩也非常优秀，几乎年年都拿特等奖学金，为此，同学们给他起了一个绰号“超人”。大学毕业后，李恒顺利的获取了在美国攻读硕士学位的机会，毕业后又顺利进入美国公司工作。一晃 8 年过去了，李恒已成为公司的部门经理。

今年国庆节，李恒带着妻子女儿回国探亲。一天，在大剧院观看音乐剧，刚刚落座，就发现有 3 个人向他们走来。其中一个边走边伸出手大声地叫：“喂！这不是‘超人’吗”？你怎么回来了？”这时，李恒才认出说话的人正是他的高中同学刘平。刘平大学没考上，自己跑到南方去做生意，赚了些钱，如今回到上海注册公司当起了老板。今天正好陪着两位从香港来的生意伙伴一起来看音乐剧。这对生意伙伴是他交往多年的香港夫妇。

此时，李恒和刘平彼此都既高兴又激动。刘平大声寒暄之后，才想起了李恒身边还站着一位女士，就问李恒身边的女士是谁。李恒这才想起向刘平介绍自己的妻子。待李恒介绍完毕，刘平高兴地走上去，给了李恒妻子一个拥抱礼。这时刘平想起了该向老同学介绍他的生意伙伴。大家相互介绍、握手、交换名片和简单的交谈后，就各自回到自己的座位上观看音乐剧了。

（资料来源：陈刚平，周晓梅．旅游社交礼仪[M]．北京：旅游教育出版社，2000.）

【分析提示】

上述案例中，李恒和刘平的做法都有不符合商务礼仪之处，首先在公共场合不应大声喧哗。应低声打声招呼，必要时可以先离开公共场合谈话。其次在有宾客在场的时候不应该叫别人的外号。再次双方见面时要先将随行者分别介绍，再分别握手、交换名片，简单谈话。最后，男女之间第一次见面只能行握

任务 5.1　掌握商务活动中的基本礼仪和礼节

【案例阅读 5.1】

在第一次诺贝尔颁奖会后，一位记者采访了一位获奖者。记者问：“请问教授先生，你是在哪所大学，哪个实验室学到了你认为最重要的东西呢？”白发教授不假思索的回答道：“我是从幼儿园学到的。”在幼儿园学到饭前洗手，午后休息，不是自己的东西不拿，自己的东西要分一半给小伙伴，东西使用后要放整齐。教授的语言道出了一个真理：一个人的文明礼仪是从小通过训练养成的，同时也说明文明礼仪养成教育是影响一个人一辈子的教育。

（本文由作者根据网络相关资源改写）

5.1.1　商务活动中的基本礼仪

1. 服饰礼仪

(1)服饰礼仪的概念。服饰礼仪是人们在交往过程中为了相互表示尊重与友好，达到交往的和谐而体现在服饰上的一种行为规范。

服饰是一种文化，它反映着一个社会的文化水平和物质文明发展的程度。服饰具有极强的表现功能，在社交活动中，人们可以通过服饰来判断一个人的身份地位、涵养；通过服饰可以增进一个人的仪表、气质。因此，要想塑造达到商务活动的目的，首先就要掌握服饰打扮的礼仪规范，让和谐、得体的穿着来展示自己的才华和美学修养，以获得更高的社交地位。

【知识拓展5.1】

(1)男子进入室内场所应卸去帽子、大衣、手套等。而女子如戴着装饰性的手套、帽子、披肩、短外套等，都不用脱，因为这作为服饰的一部分，脱去就失去整体美了。

(2)女子在穿露肩、露胸和露背的晚礼服赴会时，在会场外，应把裸露的部分用披肩、斗篷等遮掩起来。进入会场后，披肩才可以脱下，可不必存放在存衣处。

(3)在宴会中，手套与手提包都不能放在餐桌上，手提包可以挂到架子上或放到餐椅靠背处。

(4)拿餐具时，手套应脱下，但喝鸡尾酒时可以只脱一只手套，脱下的手套可以放在手提包中或椅子后背处。

(5)结婚戒指不应戴在手套上，但装饰性戒指除外。

(本文由作者根据网络相关资源改写)

(2)服饰礼仪的原则。

①整洁原则。整洁原则是指服饰要整齐干净，这是服饰礼仪的最基本原则。一个穿着整洁的人会给人积极向上的感觉，同时也能传递对交往对象尊重的信号。整洁原则并不等同于时髦、前卫和高档，而是保持服饰的干净、得体、整洁有致。

②个性原则。个性原则是指在商务活动以及社交场合树立、突出个人形象的要求。我们在选择服饰进行装扮时，不仅要符合个人的气质，还要尽量突现出自己具有优势的一面，为此，必须对自我有正确、深入的了解和认识，选择自己合适的服饰，这样，可以让服饰突出自己的优势。但是坚持个性原则的同时还要注意不要盲目地追赶时髦、一味地模仿别人，注意相关礼仪及不同国家的习俗。

③和谐原则。和谐原则则指选择服装时不仅要与自身体型相协调，还要与自身的年龄、肤色相匹配。我们要借助于服饰，掩盖自身的一些不足，因此要根据自己的特点，选择适合自己的服饰，突出美感。

④T. O. P原则。T. O. P是英语Time、Place和Occasion三个词的词头字母，即时间、地点、场合，因此，T. O. P原则也就是指选择服饰的时候应该考虑到穿着的时间、地点和场合。

着装的时间原则，包含选择服饰时要注意每天的早、中、晚时间的变化；春、夏、秋、冬四季的不同和时代的变化。

着装的地点原则是指环境原则，即在不同的环境下进行的商务活动需要与之相适应的服饰打扮。

着装的场合原则是指场合气氛的原则，即选择服饰应该与当时当地的气氛融洽协调。

⑤服饰的配色原则。服饰色彩的搭配应遵循一般的美学常识。服装与服装、服装与饰

物、饰物与饰物之间的色彩应色调和谐，层次分明。饰物只能起到点缀的作用，而不应喧宾夺主。服饰色彩在统一的基础上应遵循肤色与服装、服装与饰品、肤色与饰品之间的色彩平衡。

(3)规范的服饰穿着。在正式场合中，我们不仅要按规定着装，如在重大的宴会、庆典、会见，尤其是涉外性活动，组织者所发请柬上有时专门注有着装要求，参加者就应按规定着装，而且还要符合正式场合的着衣配装的礼仪规范，以符合活动的性质。

【案例阅读5.2】

郑伟是一家大型国有企业的总经理。有一次，他获悉有一家著名的德国企业的董事长正在本市进行访问，并有寻求合作伙伴的意向。他于是想尽办法，请有关部门为双方牵线搭桥。

让郑总经理欣喜若狂的是，对方也有兴趣同他的企业进行合作，而且希望尽快与他见面。到了双方会面的那一天，郑总经理对自己的形象刻意地进行一番修饰，他根据自己对时尚的理解，上穿夹克衫，下穿牛仔裤，头戴棒球帽，足蹬旅游鞋。无疑，他希望自己能给对方留下精明强干、时尚新潮的印象。

然而事与愿违，郑总经理自我感觉良好的这一身时髦的"行头"，却偏偏坏了他的大事。

（资料来源：金正昆．涉外礼仪教程[M]．北京：中国人民大学出版社，1999.）

穿西装套装或套裙绝不能配布鞋或球鞋，而应配皮鞋，深色套装套裙可以配黑色皮鞋。但随着人们穿着品味的提高，女士不同颜色不同款式的套装越来越多，因此，在选择套装时，最好也应选择与套装相配的皮鞋。例如，棕色套装最好选棕色或棕黑色皮鞋。而穿带花色的套裙，最好选择一双与裙子主色相应的皮鞋，相反，如皮鞋颜色与上下装的颜色反差太大，看起来会使人感觉不舒服。

【案例讨论5.1】

一次某公司招聘文秘人员，由于待遇优厚，应聘者很多。文秘专业毕业的小刘同学前往面试，她的背景材料可能是最棒的：大学四年，在各类刊物上发表了3万字的作品，内容有小说、诗歌、散文、评论、政论等，还为六家公司策划过周年庆典，英语口语表达也极为流利，书法也堪称佳作。小刘五官端正，身材高挑、匀称。面试时，招聘者拿着她的材料等她进来。小刘穿着迷你裙，露出雪白的大腿，上身是露脐装，涂着鲜红的唇膏，轻盈地走到一位考官面前，不请自坐，随后翘起二郎腿，笑眯眯地等着问话，孰料，三位招聘者互相交换了一下眼色，主考官说："刘小姐，请回去等通知吧。"她喜形于色："好！"挎起小包飞跑出门。

（本文由作者根据网络相关资源改写）

请讨论：小刘能等到录用通知吗？为什么？假如你是小刘你打算怎样准备这次面试？

在社交场合，女士如着裙装，必须穿适当的袜子，不穿袜子出现在社交场合是很不礼貌的。女士穿长裙子，可选择中长肉色袜子，如穿超短裙或一步裙，应配穿连裤袜。总之，长筒袜的长度一定要高于裙子下部边缘。袜子的颜色应与自己的肤色相配，皮肤较白的人，可选择一些浅肉色的长筒袜，；皮肤较黑或粗躁的人，可以选深肉色的长袜，这样可以弥补肤色的缺陷。白色和黑色的长袜穿着应慎重，一般穿黑色裙装时可以配黑色长袜，可以显得更加神秘诱人。如穿淡颜色的裙子，切忌穿黑色长袜，而白色袜子在正式社交场合下穿不适宜，显得不够庄重。

【知识拓展5.2】

项链、耳环与脸型的搭配

(1)鹅蛋形：脸的宽度、长度都均匀适中，弧度也很优美，又称瓜子脸。理想脸型，各种款式及设计的耳环与项链均适宜。

(2)圆形：脸颊到下巴曲线呈圆弧形，是东方人最普遍的脸型。耳环适合佩戴垂悬式、细而长的款式设计；项链以中、长度的项链为佳，链条不宜太粗，让脸部线条变修长。

(3)方形：额头和下巴宽度相同。宜佩戴钮扣式或包耳式耳环，以圆形、椭圆形款式最佳；并搭配中、长度项链让脸部线条变柔和。

(4)三角形：下巴较短、颧骨较高。佩戴垂悬式耳环且底部较宽的设计，以及短项链，让颧骨线条变柔和。

(5)长方形：额头高、脸颊呈直线且脸型较长。佩戴钮扣式及包耳式耳环，以圆形或造型较宽的款式最佳；并搭配短项链，让脸部线条变短而柔和。

(本文由作者根据网络相关资源改写)

2. 谈吐礼仪

谈吐礼仪的目的是通过适当的言语传递尊重、友善、平等的信息，给人以美的感受。谈吐礼仪与一般语言的不同在于它不能使用侵犯他人的攻击性语言，而是通过文明、礼貌的语言建立起情感沟通的纽带。在使用轻松、诙谐、明快、幽默、委婉、庄严、赞美的语言所营造的自然、愉快、兴奋、亲切、可敬和舒畅的氛围中培植和增进友谊、增强交往。

(1)要有明确的目的性。这一原则要求说话人坚持“有意而言，意尽言止”、“话由旨遣”的原则。在商务活动中，明确谈话目的，是取得成功交谈的前提条件。如果谈话目的不明确，漫无边际，不仅浪费了时间，而且也是失礼的。

(2)谈话对象针对性和适应性原则。谈话要有强烈的对象意识，适应语言表达的环境——即适应语境，话因人而异，根据谈话对象的年龄、性别、职业、社会地位、文化知识水平及思想状况区别对待。话讲得好不好，不仅要看话语是否恰到好处地表达了自己的思想感情，更要看谈话内容是不是符合谈话对象的需要，对方是否乐于接受。好朋友碰到了不顺心的事，正在烦恼之中，这时，即使开一个很小的玩笑，也可能引起不快，宜表同情，多加劝导；与残疾人相处，更不宜说有伤对方自尊的话；喜庆场合，谈些天灾人祸，某人去世等倒霉话题不会受人欢迎；遇到正办丧事的人，只应讲些节哀的劝慰话。

(3)严守分寸性原则。在人际交往中，谈话要有分寸，要能够认清自己的身份、地位，仔细考虑措辞，明确哪些话该说，哪些话不该说，哪些话应该怎样说才能获得更好的交谈目的，是讲究谈话礼仪应注意的。同时还要注意讲话尽量客观，实事求是，不夸大其词，不断章取义。

(4)禁忌话题不谈不问原则。交谈时，一般不要涉及疾病、死亡灾祸等不愉快的事情，如果对方主动谈起，应诚意地表示关心、同情，说些有节制的劝慰语。年龄、婚姻、住址、收入、经历、宗教信仰等属于个人隐私的问题，交谈中一般不该径直深入询问。对方不愿意回答的问题不要追问，不刨根问底，不经意之间一旦提出对方反感的问题应表示歉意或立即转移话题。

【案例阅读 5.3】

在某地一家餐厅的午餐时间，来自中国台湾地区的旅游团在此用餐，当服务员发现一位 70 多岁的老人面前是空饭碗时，就轻步走上前，柔声说道："请问老先生，您还要饭吗?"那位先生摇了摇头。服务员又问道："那先生您完了吗?"只见那位老先生冷冷一笑，说："小姐，我今年 70 多岁了，自食其力，这辈子还没落到要饭吃的地步，怎么会要饭呢？我的身体还硬朗着呢，不会一下子完的。"由此可见，由于服务员用词不合语法，不和规范，不注意对方的年龄，尽管出于好心，却在无意中伤害了客人，这不能怪客人的敏感和多疑。

（资料来源：陈刚平，周晓梅．旅游社交礼仪[M]. 北京：旅游教育出版社．2000.）

3. 迎送礼仪

迎送是接待服务中最常见的礼仪活动。迎送活动的规格有高低，仪式有简繁，但几乎任何一次接待活动都不能缺少。迎送的对象按其性质分：有专程前来也有顺道路过；按其级别分职务各有高低；按人数分有大型的代表团也有数人乃至一人的。接待中通常根据其身份地位、来访性质及其与当地的关系等因素，安排相应的迎送活动。

【案例讨论 5.2】

在一个秋高气爽的日子里，迎宾员小贺，着一身剪裁得体的新制服，第一次独立地走上了迎宾员的岗位。一辆白色高级轿车向饭店驶来，司机熟练而准确地将车停靠在饭店豪华大转门的雨棚下。小贺看到后排坐着两位男士、前排副驾驶座上坐着一位身材较高的外国女宾。小贺一步上前，以优雅姿态和职业性动作，先为后排客人打开车门，做好护顶关好车门后，小贺迅速走向前门，准备以同样的礼仪迎接那位女宾下车，但那位女宾满脸不悦，使小贺茫然不知所措。通常后排座为上座，一般凡有身份者皆在此就座。优先为重要客人提供服务是饭店服务程序的常规，这位女宾为什么不悦？小贺错在哪里？

（资料来源：陈刚平，周晓梅．旅游社交礼仪[M]. 北京：旅游教育出版社，2000）

主客双方见面时，应互相介绍。按通常礼仪，应先把主人介绍给来宾，然后再把来宾介绍给主人，介绍顺序以职务的高低为先后。介绍人可由双方职务最高者或工作人员担任。如果主宾双方职务最高者本已认识，则最好由他们分别依次介绍各自人员。也可以由双方的工作人员介绍。介绍形式一般以口头介绍为主，如果人数不多，也可以用互换名片的形式。

接、送站前，应保持与机场(或车站、码头)的联系，随时掌握来宾所乘航班(或车次)的变化情况。如有晚点，应及时做出相应安排和调整。接站时，迎候人员应留足途中时间，提前到达机场(码头或车站)，以免因迟到而失礼。

【案例阅读5.4】

1962年，周恩来总理到西郊机场为西哈努克亲王和夫人送行。亲王的飞机刚起飞，我国参加欢送的人群便自行散开，各自找车准备返回，而周总理这时却依然笔直地站在原地未动，并要工作人员立即把那些登车的同志请回来。这次周总理发了脾气，他严厉起来了，狠狠地批评："你们怎么搞的，没有一点礼貌！各国外交使节还在那里，飞机还没有飞远，客人还没有走，你们倒先走了。大国这样对小国客人不是搞大国主义吗?"当天下午，周总理就把外交部礼宾司和国务院机关事务管理局的负责同志找去，要他们立即在《礼宾工作条例》上加上一条，即今后到机场为贵宾送行，须等到飞机起飞，绕场一周，双翼摆动三次表示谢意后，送行者方可离开。

(本文由作者根据网络相关资源改写)

如果来宾人数较多，为了在接站时避免混乱，应事先排定乘车号和住房号，并打印成表格。在来宾抵达后，将乘车表发至每一位来宾手中，使之明确自己所乘的车号。同时，也便于接待人员清点每辆车上的人数。住房表可随乘车号一同发放，也可以在前往下榻宾馆的途中发放。住房表可以使来宾清楚自己所住的房间，也便于来宾入住客房后相互之间联系。

【知识拓展5.3】

如果主人陪车，应请客人坐在主人的右侧。如是三排座的轿车，译员坐在主人前面的加座上；如是二排座，译员坐在司机旁边。上车时，最好客人从右侧门上车，主人从左侧门上车，避免从客人座前穿过。遇客人先上车，坐到了主人的位置上，则不必请客人挪动位置。如果陪客人同乘一辆车，要首先为客人打开轿车的右侧后门，并以手掌挡住车篷上沿，提醒客人不要碰头。等客人坐好后，方可关门。最后，公关人员应绕过车尾从左侧后门上车。

轿车上的座次有主次尊卑讲究。在中国的传统礼仪中，有这样的意识认为，车上最尊贵的位置是后排与司机的座位成对角线的座位，即后排右座。其余座位的主次尊卑次序是：后排左座、后排中座、前排右座。简言之，即右为上，左为下；后为上，前为下。如果客人随便坐在哪个座位上，这个座位就是上座，接待人员不要去纠正。如果两人乘车，可坐在后排；若三人乘车，而且是同性，可以前排坐一位，后排坐两位；如果三人男女皆有，那么可以全部坐在后排；一男二女的情况下，女士坐一侧，男士坐另一侧；二男一女的情况下，宜请女士居中，男士分别坐在两侧。抵达目的地时，接待人员要先下车，从车尾绕过去为客人打开车门，以手挡住车篷上沿，协助其下车。

(本文由作者根据网络相关资源改写)

4. 会谈礼仪

【案例阅读 5.5】

小程的公司应邀参加一个研讨会，该次研讨会邀请了很多商界知名人士以及新闻界人士参加。老总特别安排小程和他一道去参加，同时也让小程见识见识大场面。小程早上睡过了头，等他赶到，会议已经进行了二十分钟。他急急忙忙推开了会议室的门，"吱"的一声脆响，他一下子成了会场上的焦点。刚坐下不到五分钟，肃静的会场上又响起了摇篮曲，是谁在播放音乐？原来是小程的手机响了！这下子，小程可成了全会场的明星……没过多久，听说小程已经另谋高就了。不管是参加自己单位还是其他单位的会议，都必须遵守会议礼仪。因为在这种高度聚焦的场合，稍有不慎，便会严重有损自己和单位的形象。

（本文由作者根据网络相关资源改写）

(1)会议准备的注意事项。

①考虑周全，留意细节。要成功地举办一次会议，尤其是大型会议，须要考虑很多方面的问题，比如开会的时间是否能保证大家都能参加，会不会遇到外宾来访或者公司交货时间；不能出席的人是否有替代人选，与会人员的联络方式；会议的主席、主持、记录人员、现场服务人员等相关人员是否已经确定并通知；会议需要什么辅助器材，由谁负责；会议各个议程的时间预计有多久等等。

②选择合适的会议场所。会议场所的选择有很多种，一般会议可选择在自有的会议室召开，大型的、重要的会议一般专门租用饭店的会场。不管会议的场地如何选择，对会场的基本要求是一致的，即会场应该舒适宽敞，隔音效果好，采光通风良好，没有其他干扰，最好有窗帘并且遮光效果好，便于在放投影资料时看得清楚，插座、电源、白板、麦克风等设备齐全。

③保留会议的相关文字资料。在准备会议的过程中，有关会议的各个事项，如时间、地点、会议议程等都应该用文字记录下来，便于在后续工作中查看。有关会议的决定、通知等要打印出来发给相关人员，不能只进行口头通知。

(2)会议的礼仪性准备。

【案例阅读 5.6】

某次，中美两公司的合作会谈仪式上，合同已经达成签字，两方负责人正准备握手合影，美方代表突然拒绝合作，理由是中方代表的眼镜上污秽不堪，连自己卫生仪表都处理不好的人怎么能处理好美方几千万的工程呢？一次合作，一次机遇就这样功败垂成了。

在会谈时，往往人们会更注重选择合适的会谈场所、时间，注重会谈的位次、服饰以及会谈时所运用的语言，而忽视了那些有着重要意义的细节，比如"一副清洁的眼镜"，所以在礼仪规范上真的是"细节决定成败"。

（本文由作者根据网络相关资源改写）

在安排或准备洽谈会时，组织者和参加者应当注重仪表，组织者应当提前预备好洽谈的场所、布置好洽谈的座次，并且以此来显示对于洽谈的郑重其事和对于洽谈对象的尊重。

在仪表上，要有严格的要求，如男士不准蓬头垢面，不准留胡子或留大鬓角。女士应选择端庄、素雅的发型，化淡妆。前卫、时髦的发型、染彩色头发、化艳妆或使用香气浓烈的化妆品，都是洽谈会议礼仪的禁忌。

由于商务洽谈多在比较正式的场合进行，因此与会者应该穿着正统、简约、高雅、规范的礼仪服装。男士最好穿深色三件套西装和白衬衫、打素色或条纹式领带、配深色袜子和黑色系带皮鞋。女士应当穿深色西装套裙和白衬衫，配肉色长筒袜或连裤式丝袜和黑色高跟、半高跟皮鞋。

(3)会议的座次排列。

【案例阅读 5.7】

1995 年 3 月，在丹麦哥本哈根召开联合国社会发展世界首脑会议，出席会议的有近百位国家元首和政府首脑。3 月 11 日，与会的各国元首与政府首脑合影。照常规，应该按礼宾次序名单安排好每位元首、政府首脑所站的位置。首先，这个名单怎么排，究竟根据什么原则排列？哪位元首、政府首脑排在最前？哪位元首、政府首脑排在最后？这项工作实际上很难做。丹麦和联合国的礼宾官员只好把丹麦首脑(东道国主人)、联合国秘书长、法国总统以及中国、德国总理等安排在第一排，而对其他国家领导人，就任其自便了。好事者事后向联合国礼宾官员“请教”，答道：“这是丹麦礼宾官员安排的。”向丹麦礼宾官员核对，回答说：“根据丹麦、联合国双方协议，该项活动由联合国礼宾官员负责。”

(资料来源：马保奉．外交礼漫谈[M]．北京：中国铁道出版社，1996.)

①环绕式。就是不设立主席台，把座椅、沙发、茶几摆放在会场的四周，不明确座次的具体尊卑，而听任与会者在入场后自由就座。这一安排座次的方式，与茶话会的主题最相符，也最流行。

②散座式。散座式排位，常见于在室外举行的茶话会。它的座椅、沙发、茶几四处自由地组合，甚至可由与会者根据个人要求而随意安置。一般这种排位方式能够创造出轻松的会议氛围。

③圆桌式。圆桌式排位，指的是在会场上摆放圆桌，请与会者在周围自由就坐。举行多边洽谈时，按照国际惯例，一般要以圆桌为洽谈桌来举行“圆桌会议”。这样一来，尊卑的界限就被淡化。即便如此，在具体就座时，仍然讲究各方的与会人员尽量同时入场、同时就座。最起码主方人员不要在客方人员之前就座。

圆桌式排位又分下面两种形式：一是适合人数较少的，仅在会场中央安放一张大型的椭圆形会议桌，而请全体与会者在圆桌前就坐。二是在会场上安放数张圆桌，请与会者自由组合就座。

④主席式。这种排位是指在会场上，主持人、主人和主宾被有意识地安排在一起就坐。领导面向会场时，左为上，右为下。当领导同志人数为奇数时(图 5.1(a))，1 号首长居中，2 号首长排

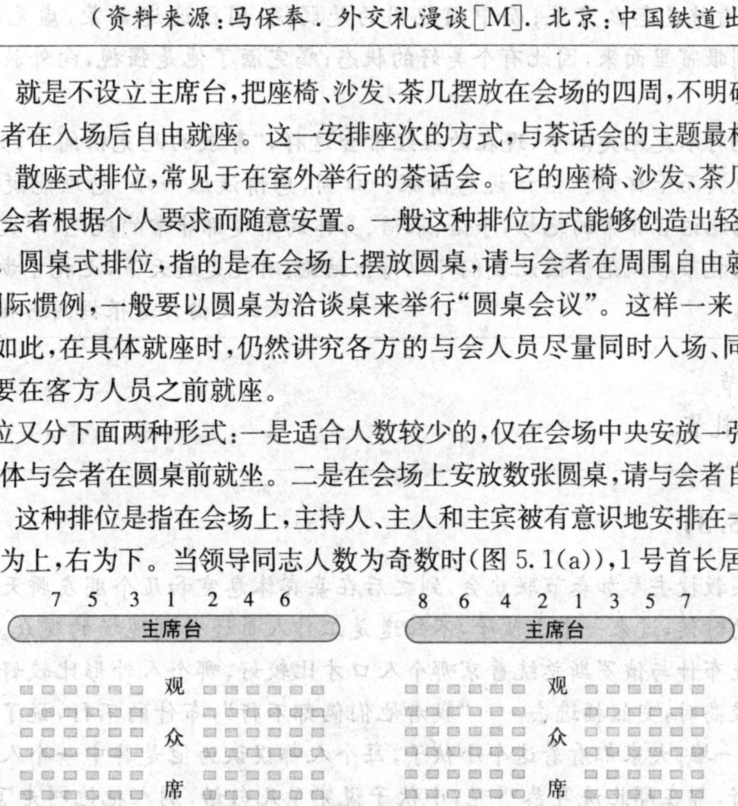

图 5.1　主席式排位

在1号首长左边,3号首长排右边,其他依次排列;当领导同志人数偶数时(图5.1(b)),1号首长、2号首长同时居中,1号首长排在居中座位的左边,2号首长排右边,其他依次排列。

5.1.2 商务活动中的基本礼节

【案例阅读5.8】

在1972年的时候,美国总统尼克松来到我国,和周总理进行深切的会谈,会谈结果非常明确,中美两国关系解冻,走向新纪元,签订了上海联合公报。当天晚上在人民大会堂举行国宴,周总理礼仪风范征服了尼克松。敬酒的时候,周总理语言相当得棒,身体语言那是更棒,他拿着酒杯来到尼克松总统旁边,他站在安全距离位,45°的角度,黄金分割法,端起酒杯对尼克松说:尼克松阁下,我代表中华人民共和国,你代表美利坚合众国,为了我们中美的友谊天长地久而干杯嘛!开始饮酒,然后一亮杯,就放下他的酒杯。实际上这一个小小的动作,里面有很多的礼仪风范。首先我来说说他的手,他知道手背对人,是不礼貌不尊重的;而手心也是不能对人的,因为手心是反对意见,所以手背、手心都不能对人,而他是用虎口对人。敬酒的时候虎口对着他人,虎口代表着文明、友好、尊敬、礼貌,因此你们看,很多名人、伟人走路是虎口对着正前方走,不会手背和手心对着前面走。

周总理的眼语做得特别的绝妙。眼睛是有语言的,充分表示了人的情感。一般来说,分为:平视、弱视、强视、鄙视、环视等,而周总理非常清楚这些。讲话的时候他用的是常视,怎么看就是怎么交流;而中间他用的是弱视,弱视迷迷蒙蒙,虚无缥缈,把外部的世界吸收到眼帘里面来,因此有个美好的状态;喝完酒了他是强视,向外放射光芒,炯炯有神。

周总理绝对不是凡夫俗子,现在的人经常会这样,"尊敬的尼克松阁下,为了我们中美的友谊天长地久而干杯嘛!俗话说感情深一口闷,感情浅舔一舔"总理能说这样的话吗?绝对不会。因此语言非常的绝妙,手语、眼语、身体的角度都非常的规范,炉火纯青,这就是周恩来总理的礼节和风范。因此我们可以得出结论:有礼走遍天下,无礼寸步难行。

(本文由作者根据网络相关资源改写)

1. 见面礼节

(1)介绍的礼节。

【案例讨论5.3】

有一次某教授去参加春节联欢会,到之后在嘉宾休息室和几个朋友聊天,正在他们聊得热火朝天的时候,过来一个小伙子,不知道是工作人员还是到现场的观众。当听到某教授聊美国总统布什与俄罗斯总统普京哪个人口才比较好,哪个人外形比较好,哪个人个人魅力指数比较高时,突然插进去——"我看他们俩都不行",布什的不行,说了一堆;普京的不行,也说了一堆;大家都看着这个小伙子,每个人都误认为他是其中一个人的熟人,所以都对他很友好,都在那儿洗耳恭听呢,小伙子说完了几句话,别人把他叫走了。叫走之后大家互相问:"他是谁的朋友?"每个人都说:"不认识他。"结果在场四五个人没一个人认识他,大家都不知道他是谁。

(本文由作者根据网络相关资源改写)

请问:小伙子的行为是否正确,这种行为容易产生怎样的结果?

①介绍礼节的使用场合。

正式的场合:在较为正式、郑重的场合,有两条通行的介绍规则:其一是将年轻的人先介绍给年长的人;其二是将先生先介绍给女士。在介绍过程中先提某人的名字是对此人的一种敬意。比如要将一位姓张的先生介绍给一位姓王的女士,就可以做如下介绍:"王××,让我把张××介绍给你好吗?" 然后给双方做介绍:"这位是王××,这位是张××。"假如,女方是你妻子,那你就先介绍对方,后介绍自己的妻子,这样才能不失礼节。如把一位年轻的女同志介绍给一位德高望重的长辈,则不论性别,均应先提这位长辈。在介绍时,最好是姓名并提,还可附加对被介绍人简短的说明,像职称、职务、学位、爱好和特长等。

非正式场合:如果是在一般的、非正式的场合,则不必过于拘泥礼节,假若大家又都是年轻人,就更应以自然、轻松、愉快为宗旨。介绍人一句:"我来介绍一下",然后即做简单的介绍,也不必讲究先介绍谁,后介绍谁的规则。最简单的方式恐怕莫过于直接报出被介绍者各自的姓名,当然,也不妨加上"这位是"、"这就是"之类的话以加强语气,使被介绍人感到亲切和自然。

向外人介绍自己的亲属时应尽量避免称呼上的含混,如介绍公婆时,若只简单地说:"我爸爸"、"妈妈",用意虽善,但很容易招致混淆,最好还是说:"这位是我婆婆。"介绍岳父母时则与此相类似。

②自我介绍的模式。

寒暄式,又叫应酬式。通常用于不得不做介绍,但是又不想跟对方深交之时所作的自我介绍。通常只需要报出自己的姓名。

公务式,用于工作之中在正式场合做的自我介绍。一般而言,公务式自我介绍的内容需要包括单位、部门、本人职务以及本人姓名。

社交式,通常用于在私人交往中,想跟别人交朋友,想进一步了解对方的情况,但是又不方便直白的进行交谈,这种情况下需要使用社交式自我介绍。一般社交式自我介绍通常包括自己的姓名、自己的职业、自己的籍贯、自己的兴趣爱好、自己跟交往对象双方所共同认识的人。

③为他人介绍的礼节。为他人介绍,又称第三者介绍,是经第三者为彼此不相识的双方引见、介绍的一种交际方式。他人介绍,通常是双向的,即对被介绍双方都各自做一番介绍。

在为他人做介绍时的先后顺序,是介绍者需要注意的关键问题。根据商务礼仪规范在处理为他人做介绍的问题上,必须遵守"尊者优先"的原则。先要确定双方地位的高低,然后先将地位低者介绍给地位高者。

根据规则,为他人做介绍时的礼节顺序有以下几种:

介绍上级与下级认识时,先将下级介绍给上级;

介绍长辈与晚辈认识时,应先将晚辈介绍给长辈;

介绍年长者与年幼者认识时,应先将年幼者介绍给年长者;

介绍女士与男士认识时，应先将男士介绍给女士；

介绍已婚者与未婚者认识时，应先将未婚者介绍给已婚者；

介绍同事、朋友与家人认识时，应先将家人介绍给同事和朋友；

介绍来宾与主人认识时，应先将主人介绍给客人；

介绍与会先到者与后来者认识时，应先将后到者介绍给先到者；

在为他人做介绍之前，要先征求双方被介绍者的意见。

被介绍者在介绍者询问自己是否有意识认识某人时，一般应欣然表示接受。如果不愿意，应向介绍者说明缘由，取得谅解。

当介绍者来为被介绍者进行介绍时，被介绍者双方均应起身站立，面带微笑，大大方方地目视介绍者或者对方，态度要不卑不亢。

介绍者介绍完毕，被介绍者双方应依照合乎礼仪的顺序握手，并且彼此使用"您好"、"很高兴认识您"、"久仰大名"、"幸会"等语句问候对方。

(2)握手的礼节。

【案例阅读 5.9】

有一次，某代表团来华访问，为期一周的访问活动相当顺利，每天都有专人陪同，精心照料代表团成员的饮食起居。在他们即将离华的前一天晚上，接待单位特地准备了一场小型的宴会为代表团饯行，谁知席间，当接待部门问到代表团团长此行有何感受，对接待是否满意时，对方回答说："你们的工作做得非常好，在中国的这几天我们都感觉很充实，但是，有一位先生似乎对我有意见，这让我很不开心。"话毕，对方用眼神示意坐在邻桌的一个小伙子。

应该就是这个刚毕业不久的年轻人"对代表团有意见"了，这让接待部门负责人大吃一惊，立刻找他问话，谁知小伙子也吓了一跳，一边矢口否认一边也觉得很委屈。后来，大家终于明白，原来打从代表团下飞机开始，每次小伙子与对方握手时，只是"象征性"地轻轻握一下，并且在握手时眼睛还看着其他地方——就是这个细节让代表团团长"很不开心"，因为在他看来，这样握手说明对方对自己很不重视，或者很有意见，因此接下来的几天都闷闷不乐，不知道究竟是怎么回事。其实，小伙子并不是真的对人家有意见，只因刚参加工作不久，不知道在行握手礼时还有这么多学问，再加上其他人也没有注意到他的疏忽，因此一错再错，"得罪"了代表团。

幸运的是，在临别前发现了这个"无心之失"，后来小伙子非常诚恳地向代表团团长道歉，最终挽回了局面。假设对方就这样满怀怨气地离开，而接待方又不明真相，很可能会影响到日后双方的交往。可见在礼仪问题上的确来不得半点马虎，很多时候，真有可能出现"一招不慎，满盘皆输"的局面。

(资料来源：陈刚平，周晓梅．旅游社交礼仪[M]．北京：旅游教育出版社．2000.)

行至距握手对象大约 1 m 处，双腿立正，上身略向前倾，伸出右手，四指并拢，拇指张开与对方相握，握手时用力适度，上下稍晃动 3～4 次，随即松开手，恢复原状。与人握手，神态要专注、热情、友好、自然，面带笑容，目视对方双眼，同时向对方问候。

男女之间握手，男方要等女方先伸手后才能握手，在女方不伸手，无握手的意思时，可以用点头或鞠躬致意；宾主之间，主人应向客人先伸手，以示欢迎；长幼之间，年幼的要等年长的先伸手；上下级之间，下级要等上级先伸手，以示尊重。多人同时握手禁止交叉，要等别人握完后再伸手。握手时精神要集中，双目注视对方，微笑致意，握手时不要看着第三者，更不能东张西望，这都是不尊重对方的表现。军人戴军帽与对方握手时，应先行举手礼，然后再握手。

握手时为了表示热情友好，应当稍许用力，但以不握痛对方的手为限度。在一般情况下，握手不必用力，握一下即可。男子与女子握手不能握得太紧，西方人往往只握一下妇女的手指部分，但老朋友之间可以例外。

握手时间的长短可根据握手双方亲密程度灵活掌握。初次见面者，一般应控制在3 s以内，切忌握住异性的手久久不松开。即使握同性的手，时间也不宜过长，但时间过短，会被人认为傲慢冷淡，敷衍了事。

【知识拓展5.4】

握手礼节的禁忌：

不要用左手相握，尤其是和阿拉伯人、印度人打交道时要牢记，因为在他们看来左手是不洁的。

在和基督教信徒交往时，要避免两人握手时与另外两人相握的手形成交叉状，这种形状类似十字架，在他们眼里这是很不吉利的。

不要在握手时戴着手套或墨镜，只有女士在社交场合戴着薄纱手套握手，才是被允许的。不要在握手时另外一只手插在衣袋里或拿着东西。

不要在握手时面无表情、不置一词或长篇大论、点头哈腰，过分客套。

不要在握手时仅仅握住对方的手指尖，好像有意与对方保持距离。正确的做法，是要握住整个手掌。即使对异性，也要这么做。

不要在握手时把对方的手拉过来、推过去，或者上下左右抖个没完。

不要拒绝和别人握手，即使有手疾或汗湿、弄脏了，也要和对方说一下“对不起，我的手现在不方便”。以免造成不必要的误会。

（本文由作者根据网络相关资源改写）

（3）名片礼节。

【案例阅读5.10】

某公司新建的办公大楼需要添置一系列的办公家具，价值数百万元。公司的总经理已做了决定，向A公司购买这批办公用具。

这天，A公司的销售部负责人打电话来，要上门拜访这位总经理。总经理打算，等对方来了，就在订单上盖章，定下这笔生意。

不料对方比预定的时间提前了2小时，原来对方听说这家公司的员工宿舍也要在近期内落成，希望员工宿舍需要的家具也能向A公司购买。为了谈这件事，销售负责人还带来了一大堆的资料，摆满了台面。总经理没料到对方会提前到访，刚好手边又有事，便请秘书让对方等一会。这位销售员等了不到半小时，就开始不耐烦了，一边收拾起资料一边说："我还是改天再来拜访吧。"

这时，总经理发现对方在收拾资料准备离开时，将自己刚才递上的名片不小心掉在了地上，对方却并没发觉，走时还无意从名片上踩了过去。但这个不小心的失误，却令总经理改变了初衷，A公司不仅没有机会与对方商谈员工宿舍的设备购买，连几乎到手的数百万元办公用具的生意也告吹了。

A公司销售部负责人的失误，看似很小，其实是巨大而不可原谅的失误。名片在商业交际中是一个人的化身，是名片主人"自我的延伸"。弄丢了对方的名片已经是对他人的不尊重，更何况还踩上一脚，顿时让这位总经理产生反感。再加上对方没有按预约的时间到访，不曾提前通知，又没有等待的耐心和诚意，丢失了这笔生意也就不是偶然的了。

（本文由作者根据网络相关资源改写）

名片是一个人身份的象征，当前已成为人们社交活动的重要工具。名片上一般印有公司名称、头衔及职务、联系电话、办公地址等，有些名片还印有个人照片。因此，名片的递送、接受、存放也要讲究社交礼仪。

①名片的递送礼仪。递送名片时，首先需要确认名片上是否印着你的姓名，特别是在进行集体交换名片时。

交换名片的顺序一般是："先客后主，先低后高"。当与多人交换名片时，应依照职位高低的顺序，或是由近及远，依次进行，切勿跳跃式地进行，以免对方误认为有厚此薄彼之感。递送时应将名片正面面向对方，双手奉上。眼睛应注视对方，面带微笑，将正面的字迹面向对方并大方地说："这是我的名片，请多多关照。"如果自己的姓名中有不常用的字，最好能将自己的名字读一遍，以便对方称呼。名片的递送应在介绍之后，在尚未弄清对方身份时不应急于递送名片，更不要把名片视同传单随便散发。

②接受名片的礼仪。接受名片时，应恭敬起身，面带微笑注视对方；接过名片时应说："谢谢"，但当对方说"请多多指教"时，可礼貌地应答一句"不敢当，……"，然后微笑阅读名片；当阅读名片时，可将对方的姓名和职衔轻轻念出，并抬头看看对方，使对方获得一种受重视的满足感，看不清的地方还应及时请教，决不可一眼都不看就收藏起来，这会让对方感到你缺少诚意。如果是初次见面，最好是将名片上的重要内容读出声来，需要重读的主要是对方的职务、学历、职称或对方的姓名。最后应回敬一张自己的名片，当自己身上未带名片时，应向对方表示歉意。在对方离去之前，或话题尚未结束，不必急于将对方的名片收藏起来。

如果交换名片后需要坐下来交谈，应将名片放在桌子左手边的位置，交谈十几分钟后再将名片放进皮夹，在交谈过程中切忌将别的物品压在名片上。切忌不能当着对方的面在名片上做谈话笔记，但事后在整理和收藏名片时，可以在名片反面记下认识对方的时间、场合、事由、其他在场人员等。

③索要名片的注意事项。

巧用交易法，又称交换法。先把自己的名片递给对方，以此求得对方的回应。如果没有回应，可以委婉地问一'句"以后我怎样与你联系？"对长辈、嘉宾或地位、声望高于自己的人，可以说"以后怎样才能向您请教？"对平辈和身份、地位相等的人，可以问"你能不能给我留个电话号码？我好再联系你。”这几种说法都带有“请留一张名片”的意思。

切忌像收集名片似的，直言索要，并且逢人便要。过分热衷于名片的交换，反而有失礼仪，使人敬而远之，甚至遭人鄙视。

无论他人以何种方式索要名片都不宜直言“不给”而拒绝他人。假若真的不想给对方名片，注意不要伤害对方的自尊心，如可以说“不好意思，我忘记带名片了。”或者说“非常抱歉，我的名片用完了。”

(4)电话联系礼节。

【案例阅读 5.11】

某杂技团计划于下月赴美国演出，该团团长刘明就此事向市文化局作请示，于是他拨通了文化局局长办公室的电话。

可是电话响了足足有半分钟，不见有人接听。刘明正纳闷着，突然电话那端传来一个不耐烦的女高音：“什么事啊？”刘明一愣，以为自己拨错了电话：“请问是文化局吗？”“废话，你不知道自己往哪儿打的电话啊？”“哦，您好，我是市歌舞团的，请问王局长在吗？”“你是谁啊？”对方没好气地盘问。刘明心里直犯嘀咕：“我叫刘明，是杂技团的团长。”

“刘明？你跟我们局长什么关系？”

“关系？”刘明更是丈二和尚摸不着头脑；

“我和王局长没有私人关系，我只想请示一下我们团出国演出的事。”“出国演出？王局长不在，你改天再来电话吧。”没等刘明再说什么，对方就“啪”地挂断了电话。

刘明感觉像是被人戏弄了一番，拿着电话半天没回过神来。在上述事例中，文化局的那位女同志在接听电话时态度懒散，语气生硬、粗鲁，给人以盛气凌人的感觉。这不仅影响到公务的正常办理，而且极大损害了国家公务员在人民群众心目中的形象和地位。

（资料来源：陈刚平，周晓梅．旅游社交礼仪[M]．北京：旅游教育出版社．2000.）

①接听电话的礼仪。

迅速接听：听到电话铃声，应迅速地拿起听筒，在三声之内接听。注意接听电话的语调，让对方感觉到你是非常乐意帮助他的，在你的声音当中能听出你是在微笑。

通话开始要问候，常用“您好”，然后自报家门或自我介绍。通话过程中，应当根据具体情况适时选择运用“谢谢”、“谢谢贵公司的信任”、“请问您还有其他需要吗”、“请”、“对不起”一类礼貌用语。如果主动结束通话一般应征求对方意见，如“就谈到这里，好吗？”“您看，这样行吗？”还要轻缓地挂上电话。

②拨打电话的礼仪。

选择恰当的时间打电话。有三个时段不宜打电话给别人：工作日早上 7 点以前、节假日 9 点以前，三餐时间，晚上 10 点以后。办公电话宜在上班时间 10 分钟以后和下班时间 10 分钟以前拨打。电话接通时必须先问候、确定对方的身份或名称，再自报家门，然后再告知自己找的通话对象以及相关事宜。结束通话，一般由打电话的一方提出，应客气地道别，说一声“谢谢，再见”。

任务5.2 学习商务谈判中的涉外礼仪

【案例阅读5.12】

一个企业经理人分享：在一次前往美国出差的机会中，洽谈公司派人驾车载他前往公司，于是这位企业家自然地往司机斜后方的座位一靠，舒舒服服地被司机送到了公司。但是在与对方公司洽谈商务时，对方公司的态度却极其不友善，这次的工作便在不融洽的气氛中宣告失败。这位不明就里的企业家一直到事后才明白，原来他一直视为司机的先生竟是对方公司的高阶主管！一线商机因为坐错了位子而惨遭破灭。

依国际礼仪而言，轿车的座位尊卑会依开车者为主人或司机而订，若驾驶者为司机，司机斜后方的座位是最大位，司机正后方的座位为第二，中间的座位为第三，而司机旁的座位则是最小位；若驾驶者换成了主人，驾车者旁边的座位便成了最大位，后方位子尊卑大小则与司机为驾驶者相同。因为驾车者身份的不同，车位的尊卑次序也会有所变更，若如同前述企业经理人因一时不察而误将主人当成了司机，坐上驾车者斜后方的位子，无心之过误了大事。

（本文由作者根据网络相关资源改写）

5.2.1 商务谈判中的一般涉外礼仪

礼仪在人们的交往过程中具有重要作用。首先，它可以沟通人们之间的感情，感受人格的尊严，增强人们的尊严感；其次，它有助于发展我国人民同世界各国、各地区人民的友谊。在涉外交往中，遵守国际惯例和一定的礼节，有利于我国的对外开放，有利于展现中国礼仪之邦的风貌；最后，健康、必要的礼仪可以赢得人们的尊敬和爱戴，广交朋友，避免隔阂和怨恨。如果一个人在日常生活、工作中，彬彬有礼，待人接物恰如其分，诚恳、谦恭、和善，就必定受到人们的尊重。

国际社交场合，服装大致分为礼服和便装。正式的、隆重的、严肃的场合着深色礼服（燕尾服或西装），一般场合则可着便装。目前，除个别国家在某些场合另有规定（如典礼活动，禁止妇女穿长裤或超短裙）外，穿着趋于简化。

在涉外交往中，着装应注意下列事项：

任何服装都应做到清洁、整齐、挺直。上衣应熨平整，下装熨出裤线。衣领、袖口要干净，皮鞋应上油擦亮。穿中山装要扣好领扣、领钩、裤扣。穿长袖衬衣要将前后摆塞在裤内，袖口不要卷起，长裤裤筒也不允许卷起。两扣西服上衣若系扣子，可系上边一个，若是一扣或多扣西服上衣。均应扣全。男同志在任何情况下均不应穿短裤参加涉外活动。女同志夏天可光脚穿凉鞋，穿袜子时，袜口不要露在衣、裙之外。

参加各种涉外活动，进入室内场所均应摘去帽子和手套，脱掉大衣、风雨衣等送入存衣处。西方妇女的纱手套、纱面罩、帽子、披肩、短外套等，作为服装的一部分允许在室内穿戴。在室内外，一般不要戴黑色眼镜。有眼疾须戴有色眼镜时，应向客人或主人说明，并在握手、交谈时将眼镜摘下，离别时再戴上。

此外，有些国家还有一些传统的见面礼节，如在东南亚信仰佛教的国家见面时双手合十致意；日本人行鞠躬礼；我国传统的拱手行礼。这些礼节在一些场合也可使用。

涉外交往在谈话时，内容不能涉及疾病死亡等不愉快的事情，也不要提起一些荒诞离奇、耸人听闻、淫秽的话题。不应径直询问对方的履历、工资收入、家庭财产等私人生活方面的问题。对方不愿回答的问题不应究根寻底，对方反感的问题应表示歉意或立即转移话题。在谈话中一定不要批评长辈、身份高的人，不要议论当事国的内政，不要耻笑讽刺对方或他人，不要随便议论宗教问题。

5.2.2 各国的风俗和禁忌

【案例讨论5.4】

国内某家专门接待外国游客的旅行社，有一次准备在接待来华的意大利游客时送每人一件小礼品。于是，该旅行社订购制作了一批纯丝手帕，是杭州制作的，还是名厂名产，每个手帕上绣着花草图案，十分美观大方。手帕装在特制的纸盒内，盒上又有旅行社社徽，显得是很像样的小礼品。中国丝织品闻名于世，料想会受到客人的喜欢。旅游接待人员带着盒装的纯丝手帕，到机场迎接来自意大利的游客。欢迎词致得热情、得体。在车上他代表旅行社赠送给每位游客两盒包装甚好的手帕，作为礼品。

没想到车上一片哗然，议论纷纷，游客显出很不高兴的样子。特别是一位夫人，大声叫喊，表现极为气愤，还有些伤感。旅游接待人员心慌了，好心好意送人家礼物，不但得不到感谢，还出现这般景象。

请问：中国人总以为送礼人不怪，这些外国人为什么怪起来了？

（资料来源：王连义．怎样做好导游工作[M]. 北京：中国旅游出版社，1993.）

1. 欧美国家的风俗和禁忌

(1)不抽烟也要带打火机。在国外每个男人都要带打火机，不论你是否吸烟。因为有女士拿出香烟，无论到任何地方，只要有男士在场，女士拿出香烟后，不必自己点上，而可以大大方方等着男士来服务。而女士就不必为男士点火，无论男士把香烟衔在嘴里多久，也不可能有个女士来为你点上火。

(2)对孩子们也需要打招呼。大多数的国家，对孩子们的招呼都用招手或接吻来表达。不要缩头缩尾的，要郑重其事地伸出手来。如果孩子先吻你，你也一定要回吻他，以表礼尚往来。但是也有些例外，如果南斯拉夫等国家，孩子们不可主动要求大人握手或去吻大人，他们的家教本来就是如此。知道了这个习惯后，应该多替孩子们考虑考虑，最好找个适当的机会，由自己先伸出手去，绝不可忽视孩子的存在。

(3)当场记住人名。在欧洲或美国，彼此认识了之后，都要直接称呼对方的名字才可以，在说话时，不应用"你"称呼对方，这很不礼貌。就是称呼第三者时，也不指着那一边说"他"，同样的，无论对方也好，第三者也罢，称呼时都不应用第二、第三人称的代名词来表示。应该说："布朗先生，你的观感如何？"这种说法比较直接，也比较明确。所以一认识对方，就要说出对方的名字来，且必须牢牢记住，不要有"刚才那个人姓什么？"的情形出现。

2. 亚洲国家的风俗与禁忌

(1)日本。在日本初次见面的问候礼，鞠躬30°，告别礼是45°，诚恳亲切。与日本人初次见面一般不握手。日本人在公开场合一般不使用"不行"、"不同意"等拒绝性词语，而是委婉的谢绝。日本人有极强的时间观念，因此，约会时要准时到场。与日本人打招呼，要称呼对方的姓。在日本送礼极为普遍，每年的"岁暮"、"中元"是送礼最多的时候。到日本人家里做客，可带去较好的进口苏格兰酒、白兰地酒，给孩子带电子玩具。日本人来中国，他们很喜欢中国的丝绸、土特产品、字画、茅台酒。日本人既讲究送礼，也讲究还礼，不过日本人送还礼都是通过运输公司的服务员上门的。送、收礼的人互不见面。在赠物时忌讳“9”和“4”这两个数字，因为在日语里发音同“苦”和“死”。日本人不喜欢偶数(8 例外)，9、13 等奇数也不受欢迎。还忌讳 3 人合影。日本人一般不当面打开礼品包装，当然你接到日本人送的礼物时，也不要主动打开看，除非对方要求你打开。

(2)印度。印度是东西文化共存的国度。“印度教”是印度的国教，印度教规定：牛为神，称为“圣牛”。因此，印度教徒不吃牛肉。印度上层人士，由于深受西方生活方式的影响，生活习惯与英国人相似。见面时，人们总以双手合十，轻轻鞠躬，表示见面礼。印度人几乎都用右手的拇指、食指和中指抓饭，忌讳使用左手。

(3)韩国。在韩国，吃饭时不能交谈，不能随便发出声音。韩国商务人士与不了解的人来往，要有一位双方都尊敬的第三者介绍或委托，否则不容易得到对方的信赖。韩国人以文化悠久为荣，进入他们的住宅或韩国式饭店须脱鞋。相处时少谈当地政治、多谈文化艺术。韩国人不喜欢直接说或听到“不”字，所以常用“是”字表达他们有时是否定的意思。此外，韩国人比较敏感，也比较看重感情，只要感到对方稍有点不尊重自己，生意就会告吹。韩国人重视业务中的接待，宴请一般在饭店进行。吃饭时所有的菜一次上齐。饭后的活动，有的是邀客人到歌舞厅娱乐、喝酒，拒绝是不礼貌的。

3. 非洲国家的风俗和禁忌

非洲各民族有着不同的语言、习惯，文化比较简单，他们爱好音乐，善于舞蹈，喜欢自由活动。非洲大陆可分为三个地区，这三个地区各国都有自己的文化传统。北非地区阿拉伯人的比例大，因此大都遵守阿拉伯人的礼仪。中非国家有着各种各样的黑人传统。在南非地区，由于长期是荷兰及英国的殖民地，所以继承了荷兰和英国的文化。

4. 北美洲国家的风俗和禁忌

从心理品质和性格上来讲，美国人比较浪漫，喜欢新奇，自由平等观念较强。在日常他们不拘泥形式，见面时一般施点头礼、鞠躬礼、举手注目礼、握手礼、接吻礼。美国人谈话爱用手势表达自己的意思，非常简练。例如，伸出大拇指或食指与拇指捏在一起，形成一个圆圈表示“好”、“可以”；在餐馆吃完饭结账时，用手做写字的动作；把中指和食指相交，表示祝你好运；分手时，抬起手臂挥一挥。

在打招呼时，美国人喜欢直呼对方的名字，认为“太太”、“小姐”、“先生”等太客套了，没有必要。美国妇女性格开朗，举止大方，即使素不相识，谈笑也毫无拘束。他们爱打扮，服装喜欢标新立异，但在工作时间内，穿着还是很严肃的。

给美国人送礼最好在圣诞节。不要送带有你公司标志的便宜货，好像你是在做广告。可以采用请朋友吃饭、喝酒、到别墅去共度周末的“送礼”形式。

学习情境 6　商务礼仪的应用

【入门案例】

巴西一家公司到美国去采购成套设备。巴西谈判小组成员因为上街购物耽误了时间。当他们到达谈判地点时，比预定时间晚了45分钟。美方代表对此极为不满，花了很长时间来指责巴西代表不遵守时间，没有信用，如果老这样下去的话，以后很多工作很难合作，浪费时间就是浪费资源、浪费金钱。对此巴西代表感到理亏，只好不停地向美方代表道歉。谈判开始以后似乎还对巴西代表来迟一事耿耿于怀，一时间弄得巴西代表手足无措，说话处处被动。无心与美方代表讨价还价，对美方提出的许多要求也没有静下心来认真考虑，匆匆忙忙就签订了合同。等到合同签订以后，巴西代表平静下来，头脑不再发热时才发现自己吃了大亏，上了美方的当，但已经晚了。

而同样是面对这种迟到的情况，日本的谈判代表是如何做的：日本有一家著名的汽车公司在美国刚刚"登陆"时，急需找一家美国代理商来为其销售产品，以弥补他们不了解美国市场的缺陷。当日本汽车公司准备与美国的一家公司就此问题进行谈判时，日本公司的谈判代表路上塞车迟到了。美国公司的代表抓住这件事紧紧不放，想要以此为手段获取更多的优惠条件。日本公司的代表发现无路可退，于是站起来说："我们十分抱歉耽误了你的时间，但是这绝非我们的本意，我们对美国的交通状况了解不足，所以导致了这个不愉快的结果，我希望我们不要再为这个无所谓的问题耽误宝贵的时间了，如果因为这件事怀疑到我们合作的诚意，那么，我们只好结束这次谈判。我认为，我们所提出的优惠代理条件是不会在美国找不到合作伙伴的。"日本代表的一席话说得美国代理商哑口无言，美国人也不想失去这次赚钱的机会，于是谈判顺利地进行下去。

（本文由作者根据网络相关资源改写）

【分析提示】

本案例中美国谈判代表成功地使用挑剔式开局策略，迫使巴西谈判代表自觉理亏在来不及认真思考的情况下匆忙签下对美方有利的合同。但是与此同时我们更需要注意的是，这也是一个关于国际的商务谈判，其中就没有很好的运用我们上文中所提出的观点应该在谈判之前了解对方的文化，并且应该想好一旦迟到的情况下应该如何是好，如何应对这种文化上的差异。

任务6.1 商务礼仪应用规则

6.1.1 角色定位

角色定位是指在一定的系统环境下(包括时间)，在一个组合中拥有相对的不可代替性的定位，就是角色定位。"角色"不一定是一个人，可以是一个群体。在现在这个瞬息万变的信息社会，每个人都扮演着各种各样的社会角色。如何把握和运用角色语言，更好地沟通人际关系，成了人们交往中不可忽视的重要问题。

1. 树立正确的角色意识，言谈和举止不可以越位

一旦开始了具体的语言交往，说话人就像演员登上舞台一样，在说话中所扮演的角色立即被具体明确地规定下来，并被要求严格地按照角色语言说话。如果说出别的角色应说的话，则会导致越位。在一次商务谈判时，双方在议价过程中，当一方报出的价位正好是另一方预设的底线时，一位年轻人迫不及待地抢在领导开口前说道："这个价位正是我们所期待的……"，一句话错失了己方可能获得更多利益的机会。

2. 明确角色职责，所言不可失位

人际交往中，无论是正式场合，还是非正式场合，一旦进行语言交流，就离不开角色的限

制。说话者应有适当的心理状态，语言必须符合自己的角色地位、角色身份。反之，游离于自己的角色位置之外，势必造成交流的受阻，甚至冲突。

3. 清楚角色转换，所言不可错位

现实生活中，每个人都是在多层次的关系网中生活，而且，随着人际交往的场合的不同，交流对象的不同，一个人可能担任多种角色，是多维的。拿一个有家室的人员来说，他在儿子面前是爸爸，在爸爸面前是儿子，在工作单位可能是领导，也可能是领导的下属。这就要求多维角色的人员不仅要有角色意识，而且要随时随地注意角色的转换，调整好自己的心态，所言不可角色错位。

6.1.2　双向沟通

沟通按照是否进行反馈，可分为单向沟通和双向沟通。

双向沟通中，发送者和接受者两者之间的位置不断交换，且发送者是以协商和讨论的姿态面对接受者，信息发出以后还需及时听取反馈意见，必要时双方可进行多次重复商谈，直到双方共同明确和满意为止，如交谈、协商等。

6.1.3　首轮效应

首轮效应，又称首因效应，是指一个人或一个单位留给他人的客观印象是如何形成的问题。换而言之，它是一种有关个人形象、单位形象的成因及其塑造的理论。首轮效应的关键在于：人们在日常生活中初次接触某人、某物、某事时所产生的第一印象，通常会在对该人、该物、该事的认知方面发挥明显的、甚至是举足轻重的作用。对于人际交往而言，这种认知往往直接制约着交往双方的关系。在商务谈判中，首轮效应通常表现在以下几方面：

(1)仪容。一个人如果仪容整洁、神采奕奕、相貌端庄，就会给人以好感。而他如果蓬头垢面、无精打采、外形丑陋的话，自然便难以为他人所欣赏。

(2)仪态。包括人们的举止与表情。在同样的情况下，人们的身体语言所传递的信息，较之于口头语言和书面语言，通常会更真实、更准确。

(3)服饰。在现实生活里，一个人的服饰，不仅仅是其遮羞御寒之物，而且体现着一个人的素质修养、生活阅历和审美品位。

(4)语言。在人际交往中，语言是最重要的一种交际工具。利用语言，除了可以传递信息之外，亦可向交往对象表现出自己对其尊重与否。所以对于商务谈判人员来说，重要的不是会不会说话，而是如何才能把话说好。

【案例阅读 6.1】

某局新任局长宴请退居二线的老局长。席间端上一盘油炸田鸡，老局长用筷子点点说：“喂，老弟，青蛙是益虫，不能吃。”新局长不假思索，脱口而出：“不要紧，都是些老田鸡，已退居二线，不当事了。”老局长闻听此言顿时脸色大变，连问：“你说什么？你刚才说什么？”。新局长本想开个玩笑，不料说漏了嘴，触犯了老局长的自尊，顿觉尴尬万分。席上的友好气氛尽被破坏，幸亏秘书反应快，连忙接着说：“老局长，他说你已退居二线，吃田鸡不当什么事。”气氛才有点缓和。

（本文由作者根据网络相关资源改写）

(5)应酬。不论是在工作中,还是在私人交往中,人们都免不了要接触其他人,并且与对方进行一定程度的交际应酬。应酬之时的态度表现,往往会留给交往对象以极其深刻的印象。

6.1.4 亲和效应

亲和效应是指人们在交际应酬里,往往会因为彼此间存在着某种共同之处或近似之处,从而感到相互之间更加容易接近。而这种相互接近,则通常又会使交往对象之间萌生亲切感,并且更加相互接近,相互体谅。交往对象由接近而亲密、由亲密而进一步接近的这种相互作用,有时被人们称为亲和力。

人们在人际交往中往往存在一种倾向,即对于自己较为亲近的对象,会更加乐于接近。这里的“较为亲近的对象”,往往是指那些与自己存在某些共同之处的人。这种共同之处,可以是血缘、姻缘、地缘、学缘或者业缘关系,可以是志向、兴趣、爱好、利益,也可以是彼此共处于同一团体或同一组织。

因此,谈判人员为了使自己的热情获得对方的正面评价,有必要在交往或服务过程中积极创造条件,努力形成双方的共同点,从而使双方都处于“自己人”的情境中。

任务6.2 商务礼仪在谈判各阶段中的应用

6.2.1 商务礼仪在谈判准备阶段中的应用

商务谈判之前首先要确定谈判人员,与对方谈判代表的身份、职务要相当。谈判代表要有良好的综合素质,谈判前应整理好自己的仪容仪表,穿着要整洁正式、庄重。男士应刮净胡须,穿西服必须打领带。女士穿着不宜太性感,不宜穿细高跟鞋,应化淡妆。布置好谈判会场,采用长方形或椭圆形的谈判桌,门右手座位或对面座位为尊,应让给客方。谈判前应对谈判主题、内容、议程做好充分准备,制订好计划、目标及谈判策略。

6.2.2 商务礼仪在谈判之初的应用

谈判之初,谈判双方接触的第一印象十分重要,言谈举止要尽可能创造出友好、轻松的良好谈判气氛。作自我介绍时要自然大方,不可露傲慢之意。被介绍到的人应起立一下微笑示意,可以礼貌地道:“幸会”、“请多关照”之类。询问对方要客气,如“请教尊姓大名”等。如有名片,要双手接递。介绍完毕,可选择双方共同感兴趣的话题进行交谈。稍作寒暄,以沟通感情,创造温和气氛。

谈判之初的姿态动作也对把握谈判气氛起着重大作用,目光注视对方时,目光应停留于对方双眼至前额的三角区域正方,这样使对方感到被关注,觉得你诚恳严肃。手心冲上比冲下好,手势自然,不宜乱打手势,以免造成轻浮之感。切忌双臂在胸前交叉,那样显得十分傲慢无礼。谈判之初的重要任务是摸清对方的底细,因此要认真听对方谈话,细心观察对方举止表情,并适当给予回应,这样既可了解对方意图,又可表现出尊重与礼貌。

6.2.3 商务礼仪在谈判中的应用

这是谈判的实质性阶段,主要是报价、查询、磋商、解决矛盾、处理冷场。

报价:要明确无误,恪守信用,不欺蒙对方。在谈判中报价不得变换不定,对方一旦接受价格,即不再更改。

查询:事先要准备好有关问题,选择气氛和谐时提出,态度要开诚布公。切忌气氛比较冷淡或紧张时查询,言辞不可过激或追问不休,以免引起对方反感甚至恼怒。但对原则性问题应当力争不让。对方回答查询时不宜随意打断,答完时要向解答者表示谢意。

磋商：讨价还价事关双方利益，容易因情急而失礼，因此更要注意保持风度，应心平气和，求大同，容许存小异。发言措词应文明礼貌。

解决矛盾：要就事论事，保持耐心、冷静，不可因发生矛盾就怒气冲冲，甚至进行人身攻击或侮辱对方。

处理冷场：此时主方要灵活处理，可以暂时转移话题，稍做松弛。如果确实已无话可说，则应当机立断，暂时中止谈判，稍微休息后再重新进行。主方要主动提出话题，不要让冷场持续过长。

6.2.4 商务礼仪在谈判后签约中的应用

签约仪式上，双方参加谈判的全体人员都要出席，共同进入会场，相互致意握手，一起入座。双方都应设有助签人员，分立在各自一方代表签约人外侧，其余人排列站立在各自一方代表身后。

助签人员要协助签字人员打开文本，用手指明签字位置。双方代表各在己方的文本上签字，然后由助签人员互相交换，代表再在对方文本上签字。

签字完毕后，双方应同时起立，交换文本，并相互握手，祝贺合作成功。其他随行人员则应该以热烈的掌声表示喜悦和祝贺。

项目小结

通过对本项目的学习，能够使学生掌握并了解商务礼仪的基本理念、个人形象礼仪、日常交际礼仪、常用公务礼仪、仪式礼仪、餐饮礼仪、语言交际礼仪、应聘礼仪、商务娱乐休闲活动礼仪、商务涉外礼仪等。使学生能够掌握各种礼仪的使用场合、使用要求以及应注意的细节，从而能够使其在学习、工作和生活中更好的“以礼待人、以礼达人”。

主要概念

礼仪；商务礼仪；服饰礼仪；首轮效应

知识与技能训练

第一部分 知识训练

一、名词解释

1. 礼仪
2. 商务礼仪
3. 服饰礼仪
4. 为他人介绍
5. 和谐适度原则

二、填空题

1. 沟通按照是否进行反馈，可分为________和________。

2. 和谐适度是要求使用礼仪一定要具体情况具体分析，________、________、________和________恰当处理。

3. 谈判的实质性阶段，主要是________、________、________、________和________。

4. 谈判之初的姿态动作也对把握谈判气氛起着重大作用，目光注视对方时，目光应停留于对方________。

5. 交往对象由接近而亲密、由亲密而进一步接近的这种相互作用，有时被人们称为________。

三、单项选择题

1. 正规商务中，下列关于着装的说法不正确的是（ ）。

A. 上班时间不能穿时装和便装

B. 个人工作之余的自由活动时间不穿套装和制服

C. 工作之余的交往应酬，最好不要穿制服

D. 公务场合夏天男性可穿短袖衬衫配西裤，女性穿衬衫加套裙

2. 现代商务礼仪中，在商务信函的处理上，我们应该做到（ ）。

A. 商业谈判主要是以面谈为主，信函交往可以顺便一些

B. 只要将涉及商业谈判内容的部分交代清楚就行，其他的不必予以太多重视

C. 注重写作格式和称呼规范，一丝一毫也不能轻心大意

D. 看对象，熟悉的人可以随便些。

3. 在接待客人中（客人第一次来），上下楼梯有时不可避免，下面符合正确商务礼仪做法的是（ ）。

A. 上楼时让领导、来宾走在前方，下楼时将相反

B. 上楼时让领导、来宾走在后方，下楼时一样

C. 上下楼时都让领导、来宾走在前方

D. 和领导来宾并排走

4. 参加日本人的婚礼时，有人送了一束白色的百合花，你觉得这种做法（ ）。

A. 符合礼仪规范，因为白色百合花代表百年好合，爱情纯洁美好

B. 不符合礼仪规范，因为在日本百合花只有在丧事时使用

C. 如果换成其他颜色或搭配一些其他类型祝愿类花就会更好

D. 主人喜欢就可以

5. 如果你与别人交往中用跷拇指去称赞对方，会使得（ ）人产生不愉快。

A. 美国　　B. 希腊　　C. 英国　　D. 澳大利亚

四、多项选择题

1. 商务着装基本规范（ ）。

A. 符合身份　　B. 善于搭配

C. 遵守惯例　　D. 区分场合，因场合不同而着装不同

2. 商务礼仪中有很多与三有关的要求，下列表述正确的是（ ）。

A. 服饰三要素：色彩、款式、面料

B. 接待三声：来有迎声、问有答声、去有送声

C. 热情三到：眼到、心到、手到

D. 微观上商务礼仪有三个基本特征：规范性、对象性、技巧性

E. 沟通中三个循序渐进的方面：①自我定位；②定位他人；③遵守惯例

F. 领带的三种时尚：男人的酒窝 Men' Dimple、不用领带夹(除非经常挥手致意的 VIP 和穿制服并使用特制领带夹的公务人员)、领带下端箭头在腰带扣的上端(西服一般不扣最下面的扣子，合身的西服最下面扣子正好在腰带扣处，这样领带不至于露出下端)

3. 对于座次的描述正确的有(　　)。

A. 后排高于前排　　B. 两侧高于中央

C. 中央高于两侧　　D. 内侧高于外侧

E. 前排高于后排　　F. 外侧高于内侧

4. 自我介绍应注意的有(　　)。

A. 先介绍再递名片

B. 先递名片再做介绍

C. 初次见面介绍不宜超过 5 分钟

D. 初次见面介绍不宜超过 2 分钟

E. 先介绍自己，再让对方介绍

F. 先让对方做完自我介绍，自己再做介绍

5. 西餐宴会上女主人的行为表述正确的有(　　)。

A. 在西餐宴会上女主人是第一次序

B. 女主人就座其他人才能就座，女主人打开餐巾表示宴会开始

C. 女主人拿起刀叉其他人才可以吃

D. 女主人把餐巾放在桌子上表示宴会结束

五、简答题

1. 现代商务活动中，学习社交礼仪有什么作用？

2. 刚到 DC 公司上班的小吴，接到王总的指示，准备在元旦前夕宴请有业务联系的部门领导，请问小吴应做哪些准备？

3.(女)第一次和客户进行谈判，着装的基本规则有哪些？

第二部分　技能训练

一、案例训练

[训练目的]

通过该训练任务，有助于学生：

1. 了解商务谈判礼仪的相关资料，拓展、丰富的礼仪知识，加深对商务谈判礼仪的深入理解。

2. 运用相关商务礼仪知识分析从事商务活动人员的活动，有效地将知识转化为技能。

[训练步骤及要求]

1. 教师选择恰当案例，拟定需要讨论分析的问题。

2. 确定案例训练组织形式：分组集体讨论会(4～6 人)。

3. 老师主持课堂案例讨论，各小组选出一名代表阐明本小组的分析要点。

4. 教师进行最后点评与总结。

5. 各小组在讨论分析案例的基础上按以下要求撰写、提交“案例分析报告”，文字表述要

精练、观点明确。

《商务谈判礼仪情景》案例分析报告

时　　间：
分 析 者：
班　　组：
问题分析：
➢问题一：
➢问题二：

［实训考核］ （百分制）

评分维度	出　　勤	参与的主动性	内容的充实性	分析的逻辑性	知识的应用性	创　新　性
百 分 比	10%	15%	20%	15%	20%	20%

［案例介绍］

请运用商务谈判礼仪相关知识，对下列行为进行评价。

1. 一位外国女士，看到中国古代的落地钟非常漂亮，认为他的中国朋友一定会喜欢，就买了一台送给他的客户。

2. 求职电话什么时候打都可以。

3. 电视电话会议只要看电视或只要打个电话就可以了。

4. 电子商务不需要注重写作能力。

5. 当别人夸奖自己时越谦虚越好。

6. 当进行正式宴会时，一定要在主人宣布开饭之后再动手吃饭。

7. 逢年过节送沙特阿拉伯的朋友葡萄酒是最受欢迎的。

8. 拒绝邀请只说声对不起而不交代理由是不礼貌的。

9. 年轻人穿西装可以搭配休闲鞋。

10. 脱下的大衣应放在椅背上。

［问题讨论］

1. 上述情景是否符合商务礼仪的要求？

2. 若有违反请指出其违反之处并予以纠正。

二、项目训练

［实训项目］ 团队项目：模拟一个商务活动的场景

［实训目的］

通过该实训项目的操作，使学生了解在不同的商务活动中需要遵守的商务礼仪以及相对应的细节，明确商务人员了解和掌握商务礼仪的必要性和重要性，找出其存在的问题，并提出可行的解决措施，

［实训要求］

教师先制定一定的商务活动场景，根据教学班级的分组情况，按一定数量的小组分别选择不同的场景进行设计和表演。

[实训操作步骤]

1. 对教学班级的学生进行项目分组(6～8 人),明确组内分工。
2. 教师设计有关的商务活动场景。
3. 学生对该商务活动场景进行分析,并设计相关的情节。
4. 各项目小组根据场景进行表演。
5. 同学互评,教师点评。
6. 本次实训综合成绩评定。

[实训考核] (百分制)

1. 实训准备工作(10 分)。
2. 各项目小组对本次实训的组织、分配、管理等过程(20 分)。
3. 各项目小组对选定场景进行表演(45 分)。
4. 项目小组的团队合作精神(15 分)。
5. 同学互评,教师点评(10 分)。

项目3 商务谈判中的沟通

学习目标

◆ 知识目标

通过本项目的学习，使学生能够根据所掌握的商务谈判中沟通的技巧、沟通时所需注意的事情，积极掌握谈判的主动权，能有效地进行商务谈判；同时具有根据不同文化风俗恰当运用各种沟通方法。

◆ 技能目标

通过本项目的学习，使学生掌握商务谈判中的各类沟通方式，掌握商务谈判中有声语言、无声语言和书面语言的含义与分类，掌握沟通的技巧。为学生走上工作岗位后，在处理有关商务谈判沟通时提供有益的参考与借鉴，并为其奠定从事商务活动的坚实基础。

学习情境7 有声语言的沟通

【入门案例】

一个农夫在集市上卖玉米。因为他的玉米棒子特别大，所以吸引了一大堆买主。其中一个买主在挑选的过程中发现很多玉米棒子上都有虫子，于是他故意大惊小怪地说："伙计，你的玉米棒子倒是不小，只是虫子太多了，你想卖玉米虫呀？可谁爱吃虫肉呢？你还是把玉米挑回家吧，我们到别的地方去买好了。"

买主一边说着，一边做着夸张而滑稽的动作，把众人都逗乐了。农夫见状，一把从他手中夺过玉米，面带微笑却又一本正经地说："朋友，我说你是从来没有吃过玉米咋的？我看你连玉米质量的好坏都分不清，玉米上有虫，这说明我在种植中，没有施用农药，是天然植物，连虫子都爱吃我的玉米棒子，可见你这人不识货！"接着，他又转过脸对其他的人说："各位都是有见识的人，你们评评理，连虫子都不愿意吃的玉米棒子就好么？比这小的棒子就好么？价钱比这高的玉米棒子就好么？你们再仔细瞧瞧，我这些虫子都很懂道理，只是在棒子上打了一个洞而已，棒子可还是好棒子呀！我可从来没有见过像他这么说话的虫子呢！"

他说完了这一番话语，又把嘴凑在那位故意刁难的买主耳边，故作神秘状，说道："这么大，这么好吃的棒子，我还真舍不得就这么便宜地卖了呢！"

一席话，顺此机会，把他的玉米棒子个大，好吃，虽然有虫但是售价低这些特点表达出来了，众人被他的话语说得心服口服，纷纷掏出钱来，不一会儿工夫，农夫的玉米销售一空。

（本文由作者根据网络相关资源改写）

【分析提示】

说话要讲究艺术，这似乎是一个非常简单的问题，因为生活中，语言是人与人之间交流的一种最基本的手段。但同样一句话，不同的人说，效果会不同，反过来说和正过来说效果也不同。

商务谈判的过程其实就是谈判各方运用各种语言进行洽谈沟通的过程。可以说，谈判的成功与否在很大程度上取决于语言是否成功地运用。谈判双方既有合作的一面，又有冲突的一面，谈判的任何一方在与对方合作的同时，都力图赢得最大利益，谈判双方无疑都需要适当的语言来表达，使己方在利益冲突中占据主要支配的地位。但正如谈判专家科恩·赫伯特所言，成功的谈判"非以一方独得而赢，而以双方各有所得而赢"。美国著名谈判咨询顾问C.威恩·巴罗和格莱恩.P.艾森也在合著《谈判技巧》书中指出"谈判是一种双方致力于说服对方接受其要求时所运用的一种交换意见的技能，其最终目的就是要达成一项对双方都有利的协议"，因此，为了取得商务谈判的成功，谈判双方对谈判语言策略地运用更加重视，既要维护自身的最大利益，又要尊重对方的利益存在，通过语言策略的成功运用来达成有效协议，实现"双赢"。

任务7.1 有声语言的含义及种类

有声语言即口语，它是谈判的主体语言，因为谈判桌是一个"唇枪舌战的战场"，是一个口头语言高度集中的地方。人们在谈判实践中所使用的有声语言包括专业语言、法律语言、外交语言、文学语言和军事语言。有声语言还包括伴随有声语言而产生的副语言（该部分内容将在下一节中进行讲解），副语言有两方面的内容：一是指谈判过程中伴随说话而产生的一些发音特征和语言现象，如语音、语气、语调和节奏等；二是指伴随话语而发出的一些有声而无固定语义的祈使词，如啊、哟、呀、吗、吧等。作为一名谈判人员，应当善于驾驭这些有声语言，必要时还应善于进行语言的伪装。

(1)专业语言。它是指有关商务谈判业务内容的一些术语，不同的谈判业务，有不同的专业语言。例如，产品购销谈判中有供求市场价格、品质、包装、装运、保险等专业术语；在工程建筑谈判中有造价、工期、开工、竣工、交付使用等专业术语，这些专业语言具有简单明了、针对性强等特征。

(2)法律语言。它是指商务谈判业务所涉及的有关法律规定用语，不同的商务谈判业务要运用不同的法律语言。每种法律语言及其术语都有特定的含义，不能随意解释使用。法律语言具有规范性、强制性和通用性等特征。通过法律语言的运用可以明确谈判双方的权利、义务和责任等。

(3)外交语言。它是一种弹性较大的语言，其特征是模糊性、缓冲性和幽默性。在商务谈判中，适当运用外交语言既可满足对方自尊的需要，又可以避免失去礼节；既可以说明问题，还能为进退留有余地。但过分使用外交语言，会使对方感到缺乏合作诚意。

【案例阅读7.1】

建国之初，中国鉴于受帝国主义的封锁和包围，采取“一边倒”的政策，靠在以苏联为首的社会主义阵容上。赫鲁晓夫上台之后，大搞修正主义，苏联渐渐显出了大国沙文主义的嘴脸，向中国提出了一些不切实际的有损中国主权的要求，被中国拒绝。然而，赫鲁晓夫仍不罢休。1959年国庆他竟亲自到中国来谈判已被拒绝的要求。在会谈中休息时，赫鲁晓夫自作聪明地对周恩来说：“我们两人有共同之处，都是国家的总理。但是，我们两人也有不同之处：我出身于工人家庭，而你出身于剥削阶级家庭。这不是挺有意思的吗？”赫鲁晓夫在谈判中没有捞到好处，他想在闲谈中赢得一点什么。周恩来莞尔一笑，不加思索地说：“我们两人还有一个共同点，就是我们都背叛了自己的阶级。”

（本文由作者根据网络相关资源改写）

(4)文学语言。它是一种富有想象的语言，其特点是生动活泼、优雅诙谐、适用面宽。在商务谈判中恰如其分地运用文学语言，既可以生动明快地说明问题，还可以缓解谈判的紧张气氛。

(5)军事语言。它是一种带有命令性的语言，具有简洁自信、干脆利落等特征。在商务谈判中，适时运用军事语言可以起到坚定信心、稳住阵脚、加速谈判进程的作用。

任务7.2 商务谈判中有声语言的技巧及其作用

商务谈判中的有声语言主要是通过谈判者之间的听、问、答、辩、叙、说服等基本方法来完成的，沟通有效与否取决于以上方面的综合表现。以下将阐述听、问、答、辩、叙述、说服等各方面的技巧。

7.2.1 听的技巧

听的技巧是指谈判者要善于倾听，要有耐心地听对方的发言，不要急于表达自己的观点，阐述自己的情况，反驳对方的不同意见。其实成功的谈判者50%以上的时间是用来听的，他们仔细倾听，获取大量的宝贵信息，增加谈判的筹码。

商务谈判中，最忌讳的是打断别人的说话，没有听清对方表达的意思就急于表达自己的想法。首先从商务礼仪来讲，这是不礼貌的。当然，适时的话语转换和穿插是必要的。其次从沟通效果来说，非但没有加速谈判，反而会拖延谈判进程。

其次在倾听中很重要的一点是听话要听音，中国人谈话不大喜欢直接表白内心想法，往往要从谈话字面中去琢磨内在的含义。如果不了解这一规矩，那可要闹出笑话来。

对于倾听的第三个要点，就是我们倾听时的状态，你需要表现出耐心、认真的态度，并且要与谈话者有眼神的交流。总而言之，要表现的积极、热忱，让对方感觉到你的用心程度。

作家高阳在描述“红顶商人”胡雪岩时，就曾经这样写道：“其实胡雪岩的手腕也很简单，胡雪岩会说话，更会听话，不管那人是如何言语无味，他能一本正经，两眼注视，仿佛听得极感兴趣似的。同时，他也真的是在听，紧要关头补充一两语，引申一两义，使得滔滔不绝者，有莫逆于心之快，自然觉得投机而成至交”。

【案例阅读 7.2】

美国一位著名谈判专家有一次替他邻居与保险公司交涉赔偿事宜。谈判是在专家的客厅里进行的，理赔员先发表了意见："先生，我知道你是交涉专家，一向都是针对巨额款项谈判，恐怕我无法承受你的要价，我们公司若是只出 100 元的赔偿金，你觉得如何？"

专家表情严肃地沉默着。根据以往经验，不论对方提出的条件如何，都应表示出不满意，因为当对方提出第一个条件后，总是暗示着可以提出第二个，甚至第三个。

理赔员果然沉不住气了："抱歉，请勿介意我刚才的提议，我再加一点，200 元如何？"

"加一点，抱歉，无法接受。"

理赔员继续说："好吧，那么 300 元如何？"

专家等了一会儿道："300？嗯……我不知道。"

理赔员显得有点惊慌，他说："好吧，400 元。"

"400？嗯……我不知道。"

"就赔 500 元吧！"

"500？嗯……我不知道。"

"这样吧，600 元。"

专家无疑又用了"嗯……我不知道"，最后这件理赔案终于在 950 元的条件下达成协议，而邻居原本只希望要 300 元！

（本文由作者根据网络相关资源改写）

谈判是一项双向的交涉活动，每方都在认真地捕捉对方的反应，以随时调整自己原先的方案，一方干脆不表明自己的态度，只用"不知道"这个可以从多种角度去理解的词，竟然使得理赔员心中没了底，价钱一个劲儿自动往上涨。

7.2.2 问的技巧

提问在商务谈判中扮演着十分重要的角色。提问有助于信息的搜集，引导谈判走势，诱导对方思考，同时对方的回答也可相对形成有效的刺激。

(1)使用间接的提问方式。间接提问使表达更客气，更礼貌。在商务谈判中，提问几乎贯穿谈判的全过程，大多数的提问都是说话人力求获得信息，是有益于说话人的。这样，根据礼貌等级，提问越间接，表达越礼貌。

(2)使用选择性的提问方式。某商场休息室里经营咖啡和茶，刚开始服务员总是问顾客："先生，喝咖啡吗？"或者是："先生，喝茶吗？"其销售额平平。后来，老板要求服务员换一种问法，"先生，喝咖啡还是茶？"结果其销售额大增。原因在于，第一种问法容易得到否定回答，而后一种是选择式，大多数情况下，顾客会选一种。

【案例阅读 7.3】

你想到一家公司担任某一职务，你希望年薪 2 万元，而老板最多只能给你 1.5 万元。老板如果说"要不要随便你"这句话，就有攻击的意味，你可能扭头就走。而实际上老板往往不那样说,而是这样跟你说:"给你的薪水,那是非常合理的。不管怎么说,在这个等级里,我只能付给你1万元到1.5万元,你想要多少?"很明显,你会说"1.5万元",而老板又好像不同意说:"1.3万元如何。"你继续坚持1.5万元。其结果是老板投降。表面上,你好像占了上风,沾沾自喜,实际上,老板运用了选择式提问技巧,你自己却放弃了争取2万元年薪的机会。

(本文由作者根据网络相关资源改写)

(3)把握好提问的难易度。刚开始发问时,最好选择对方容易回答的问题,例如,"这次假日玩得愉快吗?"这类与主题无关的问话,能够松弛对方紧张谨慎的情绪。如果一开始就单刀直入提出令人左右为难的问题,很可能使场面僵化,争端白热化,得不偿失,因此可以采用先易后难的提问方式。

(4)使用恭维的表达方式。在商务谈判的初期很难把握对方的真实意图,很难提出有效的问题,谈判很难有实质性的进展,当务之急就是了解对方的真实意图等相关信息。从语言策略讲,通过赞美有可能探测对方谈判意图,获得相关信息;从心理策略讲,赞美可以缩短谈判双方的心理距离,融洽谈判气氛,有利于达成协议。但是运用赞美恭维的谈判战略时,需要注意以下几点:①从态度上要真诚,尺度上要做到恰如其分,如果过分吹捧,就会变成一种嘲讽;②从方式上要尊重谈判对方人员的个性,考虑对方个人的自我意识;③从效果上要重视被赞美者的反应,如果对方有良好反应,可再次赞美,锦上添花,如果对方显得淡漠或不耐烦,己方则应适可而止。

7.2.3　答的技巧

如何才能做出较好的回答,最重要的还是记下最可能提出的那些问题。在谈判之前,先扮演一个挑剔的角色去对问题做出联想表演,准备如何回答那些难对付的问题。你考虑的时间越长,想出的回答会越完美。但是,我们无法预知对方可能提出的所有问题,更多的时候谈判的回答是一场即兴表演。在谈判中,谈判人员的每一句话都负有责任,都将被对方看做是一种承诺。回答不当易使己方陷于被动,这都要求谈判者回答问题时要有艺术性和技巧性。

对于谈判过程中对方提出的问题,我们有时不便向对方传输自己的信息,对一些问题不愿回答又无法回避。所以巧妙的应答技巧,不仅有利于谈判的顺利进行,还能活跃谈判气氛。

(1)使用模糊的语言。模糊语言一般分为两种表达形式:一种是用于减少真实值的程度或改变相关的范围,如有一点、几乎、基本上等;另一种是用于说话者主观判断所说的话或根据一些客观事实间接所说的话,如恐怕、可能、对我来说、我们猜想、据我所知等。在商务谈判中对一些不便向对方传输的信息或不愿回答的问题,可以运用这些模糊用语闪烁其词、避重就轻,以模糊应对的方式解决。

(2)使用委婉的语言。商务谈判中有些话语虽然正确,但对方却觉得难以接受。如果把言语的"棱角"磨去,也许对方就能从情感上愉快地接受。如少用"无疑、肯定、必然"等绝对性词语,改用"我认为、也许、我估计"等,若拒绝别人的观点,则少用"不、不行"等直接否定,可以用"这件事,我没有意见,可我得请示一下领导。"等托词,可以达到特殊的语用效果。

(3)使用幽默含蓄的语言。商务谈判的过程也是一种智力竞赛、语言技能竞争的过程,而幽默含蓄的表达方式不仅可以传递感情,还可以避开对方的锋芒,是紧张情境中的缓冲剂,可以为谈判者树立良好的形象。例如,在谈判中若对方的问题或议论太琐碎无聊,这时,可以肯定对方是在搞拖延战术。如果我们对那些琐碎无聊的问题或议论一一答复,就中了对方的圈套,而不答复，就会使自己陷入“不义”，从而导致双方关系的紧张。我们可以运用幽默含蓄的文学语言这样回应对方：“感谢您对本商品这么有兴趣，我绝对想立即回答您的所有问题。但根据我的安排，您提的这些细节问题在我介绍商品的过程中都能得到解答。我知道您很忙，只要您等上几分钟，等我介绍完之后，您再把我没涉及的问题提出来，我肯定能为您节省不少时间。”或者说“您说得太快了。请告诉我，在这么多的问题当中，您想首先讨论哪一个？”来营造良好的谈判气氛。

【案例阅读 7.4】

有一次，一个贵妇人打扮的女人牵着一条狗登上公共汽车，她问售票员，“我可以给狗买一张票，让它也和人一样坐个座位吗？”售票员说：“可以，不过它也必须像人一样，把双脚放在地上。”售票员没有否定答复，而是提出一个附加条件：像人一样，把双脚放在地上，去限制对方，从而制服了对方。

（本文由作者根据网络相关资源改写）

7.2.4 叙述的技巧

商务谈判中的叙述就是基于己方的观点、立场和方案等，通过阐述来表达关于参加本次谈判的基本观点和意见，使对方有所了解。从内容上可分为开场阐述和总结陈述两种。开场阐述是各方对己方谈判观点的第一次陈述，通过对谈判观点的介绍，说明己方参加投票的基本立场及要求。总结陈述则是在谈判的各个阶段或全部谈判结束前作的陈述。一方面它要对取得的成果进行肯定性总结，另一方面还要为接下来的谈判打好基础。

7.2.5 辩的技巧

在商务谈判中，由于利益、立场的差别，会不可避免地出现观点的对立，辩论则能使这种对立得到沟通和解决。谈判中的讨价还价就集中体现在辩上。

【案例阅读 7.5】

约翰工作已经 3 年了，工作很努力。有一天，约翰盘算，如果加把劲，这一年的工作任务能够超额完成，这又是一个加薪的好机会。约翰跑去跟经理说：汤姆，今年工作难度挺大，我需要一些动力。如果我年底能够完成工作任务，能否给我加薪？汤姆拍拍约翰的肩膀：如果你超额完成工作任务，我会给你多加些。约翰说：好吧，如果我完成 120%，给我加薪 10%，怎么样？不过看来我得为公司拼出老命了。汤姆高兴地说：就这么定了，我还希望给你颁奖呢。

（本文由作者根据网络相关资源改写）

7.2.6 说服的技巧

谈判中能否说服对方接受自己的观点，是谈判能否成功的一个关键。说服是谈判过程中最艰苦、最复杂，同时也是最富有技巧性的工作。那么在谈判过程中，谈判者应当如何说服对方，顺利达成协议呢？下面我们从两个方面论述这个问题。

(1)创造说服对方的条件。

①要说服对方改变初衷，应当首先改善与对方的人际关系。

②在进行说服时，还要注意向对方说明你之所以选择他为说服对象的理由，使对方重视与你交谈的机会。

③把握说服的时机。

(2)说服的一般技巧。取得对方的信任，不要只说自己的理由；从谈话一开始，就要创造一个说"是"的良好氛围，而不要形成一个"否"的气氛；努力寻求双方的共同点；强调彼此利益的一致性；不要直接批评、责怪、抱怨对方；要诚挚地向对方说明，如果接受了你的意见将会有什么利弊得失；说服要耐心；说服要由浅入深，从易到难；不可用胁迫或欺诈的方法说服；运用经验和事实说服对方。

7.2.7　协调的技巧

成功的商务谈判都是谈判双方出色地协调的结果。对于成功的谈判，人们常常用这样一个例子来描述：某一家庭有两个男孩，有一天兄弟俩为吃一块蛋糕而争吵起来，谁都想多吃一点，而不愿平分，为此闹得不可开交。他们的父亲向他们建议：由一个孩子先来切蛋糕，他愿意怎么切就怎么切，另一个孩子则拥有优先挑选的权力。两个孩子都觉得这个建议挺公正，就接受了，结果，兄弟俩高兴地分完蛋糕。这样，既满足了双方的需求，又维护了双方的关系，同时又毫不费事地解决了矛盾，所以谈判的效率很高。

商务谈判的过程是谈判双方运用各种语言进行洽谈的过程。在这个过程中，商务谈判对抗的基本特征，如行动导致反行动、双方策略的互含性等都通过谈判语言集中反映出来。因此，语言技巧的效用往往决定着双方的关系状态，以至谈判的成功。其地位和作用主要表现在以下几个方面：

(1)语言技巧是商务谈判成功的必要条件。美国企业管理学家哈里·西蒙曾说，成功的人都是一位出色的语言表达者。同时成功的商务谈判都是谈判双方出色运用语言技巧的结果。在商务谈判中，同样一个问题，恰当地运用语言技巧可以使双方听来饶有兴趣，而且乐于合作；否则可能让对方觉得是陈词滥调，产生反感情绪，甚至导致谈判破裂。面对冷漠的或不合作的强硬对手，通过超群的语言及艺术处理，能使其转变态度，这无疑为商务谈判的成功迈出了关键一步。因此，成功的商务谈判有赖成功的语言技巧。

(2)语言技巧是处理谈判双方人际关系的关键环节。商务谈判对抗的行动导致反行动这一特征，决定了谈判双方的语言对彼此的心理影响及其对这种影响所做出的反应。在商务谈判中，双方人际关系的变化主要通过语言交流来体现，双方各自的语言都表现了自己的愿望、要求，当这些愿望和要求趋向一致时，就可以维持并发展双方良好的人际关系，进而达到皆大欢喜的结果；反之，可能解体这种人际关系，严重时导致双方关系的破裂，从而使谈判失败。因此，语言技巧决定了谈判双方关系的建立、巩固、发展、改善和调整，从而决定了双方对待谈判的基本态度。

(3)语言技巧是阐述己方观点的有效工具，也是实施谈判技巧的重要形式。在商务谈判过程中，谈判双方要把己方的判断、推理、论证的思维成果准确无误地表达出来，就必须出色地运用语言技巧这个工具，同样，要想使自己实施的谈判策略获得成功，也要出色地运用语言技巧。

任务7.3　谈判语言运用的原则

7.3.1　客观性原则

谈判语言的客观性是指在商务谈判中，运用语言技巧表达思想、传递信息时，必须以客观事实为依据，并且运用恰当的语言，向对方提供令人信服的依据。这是一条最基本的原则，是其他一切原则的基础。离开了客观性原则，即使有三寸不烂之舌，或者不论语言技巧有多高，都只能成为无源之水、无本之木。

坚持客观性原则，从供方来讲，主要表现在：介绍本企业情况要真实；介绍商品性能、质量要恰如其分，如可附带出示样品或进行演示，还可以客观介绍一下用户对该商品的评价；报价要恰当可行，既要努力谋取己方利益，又要不损害对方利益；确定支付方式要充分考虑到双方都能接受、双方都较满意的结果。

从需方来说，谈判语言的客观性，主要表现在：介绍自己的购买力不要水分太大；评价对方商品的质量、性能要中肯，不可信口雌黄，任意褒贬；还价要充满诚意，如果提出压价，其理由要有充分根据。

如果谈判双方均能遵循客观性原则，就能给对方真实可信和"以诚相待"的印象，就可以缩小双方立场的差距，使谈判的可能性增加，并为今后长期合作奠定良好的基础。

7.3.2 针对性原则

谈判语言的针对性是指根据谈判的不同对手、不同目的、不同阶段的不同要求使用不同的语言。简言之，就是谈判语言要有的放矢、对症下药。提高谈判语言的针对性，要求做到：

(1)根据不同的谈判对象，采取不同的谈判语言。不同的谈判对象，其身份、性格、态度、年龄、性别等均不同。在谈判时，必须反映这些差异。从谈判语言技巧的角度看，这些差异透视得越细，洽谈效果就越好。

【案例阅读 7.6】

1991 年的一个夜晚，美国一名谈判大师在家中接到一个电话，对方称自己在科威特石油公司的兄弟被伊拉克总统萨达姆扣为人质，他想聘请他为谈判顾问，说花多少钱都愿意赎回他的兄弟。这位谈判大师告诉对方，他不用花一分钱赎金就能救回他的兄弟。

他联系了一名 CBS(哥伦比亚广播公司)的著名记者，问其是否愿意陪他去巴格达一趟，与萨达姆展开谈判，如果他愿意，就把独家采访权给他。时逢美伊激战正酣，真是天逢良机，记者非常乐意，但 CBS 总编却不同意记者冒险上战场，于是这位谈判大师又拿出第二套方案：在伊拉克临国约旦采访萨达姆。结果，萨达姆喋喋不休地对着电视说了两个小时之后释放了人质，而这正是那段时期萨达姆所放出的唯一的人质。

(本文由作者根据网络相关资源改写)

(2)根据不同的谈判话题，选择运用不同的语言。

(3)根据不同的谈判目的，采用不同的谈判语言。

(4)根据不同的谈判阶段，采用不同的谈判语言。

如在谈判开始时，以文学、外交语言为主，有利于联络感情，创造良好的谈判氛围。在谈判进程中，应多用商业法律语言，并适当穿插文学、军事语言。以求柔中带刚，取得良效。谈判后期，应以军事语言为主，附带商业法律语言，以定乾坤。

7.3.3 逻辑性原则

谈判语言的逻辑性，是指商务谈判语言要概念明确、谈判恰当，推理符合逻辑规定，证据确凿、说服有力。

在商务谈判中，逻辑性原则反映在问题的陈述、提问、回答、辩论、说服等各个语言运用方面。陈述问题时,要注意术语概念的同一性,问题或事件及其前因后果的衔接性、全面性、本质性和具体性。提问时要注意察言观色、有的放矢,要注意和谈判议题紧密结合在一起。回答时要切题,一般不要答非所问,说服对方时要使语言、声调、表情等恰如其分地反映人的逻辑思维过程。同时,还要善于利用谈判对手在语言逻辑上的混乱和漏洞,及时驳倒对手,增强自身语言的说服力。

提高谈判语言的逻辑性,要求谈判人员必须具备一定的逻辑知识,包括形式逻辑和辩证逻辑,同时还要求在谈判前准备好丰富的材料,进行科学整理,然后在谈判席上运用逻辑性强和论证严密的语言表述出来,促使谈判工作顺利进行。

7.3.4 规范性原则

谈判语言的规范性,是指谈判过程中的语言表述要文明、清晰、严谨、准确。

(1)谈判语言,必须坚持文明礼貌的原则,必须符合商界的特点和职业道德要求。无论出现何种情况,都不能使用粗鲁的语言、污秽的语言或攻击辱骂的语言。在涉外谈判中,要避免使用意识形态分歧大的语言,如"资产阶级"、"剥削者"、"霸权主义"等。

(2)谈判所用语言必须清晰易懂。口音应当标准化,不能用地方方言或黑话、俗语之类与人交谈。

(3)谈判语言应当注意抑扬顿挫、轻重缓急,避免吞吞吐吐、词不达意、嗓音微弱、大吼大叫,或感情用事等。

(4)谈判语言应当准确、严谨,特别是在讨价还价等关键时刻,更要注意一言一语的准确性。在谈判过程中,由于一言不慎导致谈判走向歧途,甚至导致谈判失败的事例屡见不鲜。因此,必须认真思索,谨慎发言,用严谨、精练的语言准确地表述自己的观点、意见。

上述语言技巧的几个原则,都是在商务谈判中必须遵守的,其旨意都是为了提高语言技巧的说服力。在商务谈判的实践中,不能将其绝对化,单纯强调一方面或偏废其他原则,须坚持上述几个原则的有机结合和辩证统一。只有这样,才能达到提高语言说服力的目的。

学习情境8 无声语言的沟通

【入门案例】

20世纪80年代末,有家中国企业想与美国一家企业合作,但是因为长期的观念问题,中国企业代表在谈判中一直保持严肃态度。谈判中,美方谈判代表态度非常热情,但中方代表始终板着脸,面无表情,这种不冷不热的严肃态度让美方企业有了误解,认为中国企业来美国考察是真,合作是假。随即计划终止谈判,但美方老板仍然不想放弃,咨询了几位华裔朋友后,他得到了一个好办法,美方老板举行了一个小型聚会,参加人员都是中美双方谈判代表,而聚会上以中国菜为主,背景音乐也是中国的音乐,甚至连餐具也使用了中国的筷子。这一举动让中国代表一下子有了宾至如归的感觉,心理防线也没有了,大家愉快地度过了一个晚宴,大家的关系也亲近了很多。通过交流,美方代表也感觉出中方代表内心有强烈的合作意愿,此后,谈判进程加快了很多,最终双方顺利合作。

(资料来源:孙庆和,张福春.实用商务谈判大全:告诉你最简单最有效的双赢谈判战术[M].北京:企业管理出版社,2005.)

【分析提示】

在谈判过程当中，经常会遇到僵局，打破僵局应视事而论，有时无声语言的应用能起到很好的作用，正所谓“此时无声胜有声”。在该案例中，美方谈判代表适时的改变谈判环境，抓住中方代表的心理，消除大家心中的疑虑，使得谈判得以顺利继续。

任务 8.1 无声语言的意义

无声语言的历史要比语言交际悠久得多，然而长期以来，人们对有声语言关注有加，却低估了无声语言因素在交际中不可或缺的作用。20 世纪 50 年代以来，无声语言研究取得了突破性进展，无声语言的重要性也体现得更为突出。无声语言不仅指人们的面部表情、手势和其他身体语言，还包括许多其他信号，比如空间利用、声音暗示、穿着打扮和其他装饰等许多方面；无声语言是语言交际的重要补充，而且能传递语言行为难以表达的内涵、意念和感情，是一种重要的交际手段。

人们用发音器官说话，用整个身体进行交谈。在语言交流出现困难时，无声语言交流的重要性就尤为明显了，而此时的无声语言就成为有效传达信息的主要方式。美国人类学家 E. T. Hall 指出：“无声语言所显示的意义要比有声语言多得多，而且深刻得多。”Samovar 等在对无声语言在交际活动中的比重做了进一步的研究，认为在面对面的交际中通过语言传达的信息仅占 35%，而无声语言行为（主要是身势语）所传达的信息高达 65%。（Samovar et al.，1981）这些都表明人类交际是语言交际和非言语交际的结合，无声语言是整个交际中不可或缺的组成部分。

在商务谈判的过程中，谈判双方进行的是智慧与谋略的较量，双方的心态也会随着谈判的紧张程度而跌宕起伏，并不可避免地会通过面部表情、身体动作等无声语言形式表现出来。结合语言交流，观察谈判对方的无声语言表现，准确地把握其心态变化，对掌握谈判大局十分关键。了解当地无声语言模式，有助于客方谈判者调整谈判风格，给谈判对方留下真诚的印象，也有助于在该文化中更有效地策划谈判方案。谈判中积极有效的无声语言交流方式，能够促进跨文化商务活动的顺利进行。因此，在商务谈判教学过程中，引导学生积极进行无声语言行为的跨文化比较尤为必要。

任务 8.2 无声语言的种类

无声语言形式多样，分类方法众多。其中，毕继万将无声语言分为以下四大类：①体态语（body language）：包括基本姿态、基本礼节动作以及人体各部分动作所提供的交际信息。②副语言（paralanguage）：包括沉默、话轮转接和各种无声语言声音。③客体语（object language）：包括皮肤的修饰、身体气味的掩饰、衣着和化妆、个人用品所提供的交际信息。④环境语（environmental language）：包括空间信息、时间信息、建筑设计与室内装修、声音、灯光、颜色、标识等。客体语的差异性主要体现在个体差异或性别差异方面，可另成文进行探讨。另外，因文化不同，商务谈判沟通中也存在不同的交际规范，举手投足间往往就反映出不同的文化特征，这种特征的差异还常常引起文化误解和交际障碍。因此，要在跨文化谈判中进行有效的交际，不仅要听其言知其行，要观其行知其言，还要充分了解各种无声语言的含义。

8.2.1 体态语

体态语研究人们交际时身体各部分动作的模式所表示的含义，包括眼神、面部表情、手势及体姿等无声语言代码，它是无声语言在商务谈判中最主要的表现形式。

1. 目光接触(eye contact)

眼神是心灵之窗，心灵是眼神之源。通过眼神的千变万化，表达丰富多彩的内心世界。"眼睛是心灵的窗户"，人的喜怒哀乐都可以从眼神的微小变化中反映出来，不方便说话时人们会"使眼色"。不同文化在目光表达上也存在着较大差异。例如，对美国商人来说，敢于正视对方，才是诚实和正直的标志，是感兴趣的表现，而拒绝或尽量避免和谈话者的目光接触，则被看做不友好的表现，即所谓"Never trust a person who can't look you in the eyes"。但是，在日本情况恰恰相反，日本商人认为目光接触越少，越表示对对方的尊敬。因此，在谈判时，一动不动地盯着对方，是不礼貌的，但是在交谈中没有目光的接触，可能被认为不感兴趣，甚至不信任，严重时还可能带来不好的印象。所以，在和不同文化的人进行交际的时候，要考虑目光接触的"度"问题。

2. 面部表情(facial expression)

人是感情动物，情感流露是人的本性，我们说的笑逐颜开、怒发冲冠都是感情流露在面部上的表现。面部表情是内心世界的一面镜子。"眉开眼笑"、"横眉竖眼"等都是说感情流露在面部上的表现。在商务谈判中观察对方表情，可以捕捉对方所流露的内心情感。同样，适时的面部表情也可以促进语言的表达。面部表情也是受文化背景约束的，以微笑这种最基本的面部表情为例，在商务谈判中，美国人认为微笑是对方一种非常热情的表征，所以美国人喜欢笑逐颜开；法国人对微笑却比较谨慎，他们只有在有明显的理由时才笑；日本人在谈判过程中基本上不笑，只有在最后签约时才面露微笑，对一个日本人来说，在谈判桌上随意微笑是不严肃的表现，甚至是恶意的嘲笑。

沉默，作为面部表情的一种，存在于任何商务交际中。沉默是一种艺术，并不一定是一种消极行为。此时无声胜有声，沉默中包含着许多令人回味的信息和情感。

3. 手势表达(gesture)和体姿(posture)

手势表达和体姿被称做人进行表达的第二张嘴巴。手势语经常被用来强调某一观点，加强语气。恰当地使用手势语能够吸引对方的注意力。相反，你也可以用表示消极的手势语来表示自己的不满、愤怒。同样，相同的手势在不同文化中所蕴涵的意思也不尽相同。

一位英国商人在伊朗做生意，经过几个月的唇枪舌战，最终签订了正式合同。他签完合同后，转向他的伊朗同事做了一个大拇指朝上的动作。他的这个动作立即引起一阵骚动，对方的总裁立即拂袖而去。这个英国人还丈二和尚摸不着头脑，他的伊朗同事也因尴尬而难以启齿。

实际上理由简单。大拇指朝上在英国表示"好，不错，做得好"的意思，但是在伊朗文化中它表示"不满意"，甚至是"卑鄙下流"的意思。当这个英国人知道真相后，感慨地说"这是我一生中最尴尬的时刻，我感觉自己像孩子一样在没有节制地胡言乱语，虽然我的伊朗同事原谅了我的无知，但是原先建立起来的良好关系已经不复存在了。这是我一生中需要记住的教训。"

在商务谈判中，成功地辨别体势语以及这些体势语在不同文化中所蕴涵的不同含义是一门艺术，因为不同的体势在不同的国家有着不同的含义。文化在一定程度上决定着我们用什么样的体势表达喜、怒、哀、乐等内心世界。在一种文化中表达高兴的体势，在另一种文化中，可能被视为恶意的侮辱。在国际商务谈判中出现文化错误比出现语言错误所造成的后果要严重得多，小到引起客人之间的矛盾和误会，影响一份合同的签订，关系的破裂，大到影响国家的经济利益甚至政治利益。

姿势也因文化的不同而有所不同。例如，在美国，人们为舒服，可能会把脚翘起来，可是在泰国、中东的一些国家这个动作却被看做是对对方的蔑视。我们在具体运用这些无声语言手段进行交际的时候还要根据文化的不同，具体问题具体分析，不能不顾文化的差异而乱用。

8.2.2 环境语

时间的意义也因文化而异，不同的时间观念也直接影响着跨文化谈判。对时机的判断往往影响到谈判风格。中国传统文化遵照的是一种环形时间观念。道家思想认为，万事万物都始于“道”，经过生长变化之后又复归于“道”，起点亦是终点。在这种观念的影响下，中国人使用时间灵活性较强，不十分重视预约。与东方人的环形时间观念不同，西方人信奉的是线形时间观念，认为时间是一条有始有终的直线。他们规划时间非常精确，做任何事都严格按照日程安排，时刻保持着一种对时间的紧迫感。在两种不同观念的支配下，中西方人的处事方式也不同。例如，美国人将时间看做金钱一般重要，会见开始时他们愿意开门见山进入谈判议题，会谈中，他们不喜欢保持沉默或者中止谈判，他们习惯了集中精力，按日程安排一步步达成最终的协议。而中国人注重感情交往，乐于通过宴请对手，在餐桌上推杯换盏边吃边谈，中国人信奉欲速则不达，如果时机不成熟，则按兵不动。而美国人和欧洲人都认为应该在双方协议好的一段时间内完成具体任务。

【案例阅读 8.1】

有时候，在和谈判对手你来我往之间，常会感到自己置身于不利处境中，一时又说不出为什么。明知是对手故意设计的，用来干扰和削弱我方的谈判力。例如，座位阳光刺眼，看不清对手的表情；会议室纷乱嘈杂，常有干扰和噪音；疲劳战术，连续谈判；并在我方疲劳和困倦的时候提出一些细小但比较关键的改动让你难以觉察。例如，突然的噪音，不良的环境，使人容易疲劳。更甚的是，利用外部环境形成压力，例如，我国知识产权代表团首次赴美谈判时，纽约好几家中资公司都“碰巧”关门，忙于应付所谓的反倾销活动，美方企图以此对我代表团造成一定的心理压力。

遭到“阳光刺眼”策略时，我们应该立即提出拉上窗帘或者更换座位。而我们经常会碍于面子，默默忍受，没有即时提出。

（资料来源：方其．商务谈判：理论、技巧、案例[M].2版．北京：中国人民大学出版社，2008.）

不同文化背景的人对空间的支配和运用都有自己的既定模式，因此也构成了空间上的文化差异。人类的空间行为主要指的是体触，体触也受文化规则的制约。西方文化中较注重个人隐私，英语国家的人在交谈时不喜欢离得太近，一般朋友和熟人交谈时，要避免身体的任何部位与对方接触，而中国人的这种概念则比较淡薄。Hall 对美国人的空间交际提出了四种界限：①亲密距离（intimate distance，0～45 cm），适用于家庭成员或恋人之间；②私人距离（personal distance，45～120 cm），属于朋友、亲戚或熟人之间交际时保持的距离；③礼貌距离（social distance，120～360 cm），用于与不熟悉的人进行非个人性事务的场合中；④一般距离（public distance，360～750 cm），如在公共场所、非正式的聚会时的距离（Hall，Edward T. & Hall，Mildred Reed，1983）。作为跨文化交际者应谨慎对待体触行为中所包含的意义及其文化差异。最常见的体触行为有握手、拥抱和亲吻等。作为见面和告辞时的友好礼节，握手已被大多数国家接受。但中西方的握手方式也不大一样，如美国男人之间的握手向来都是紧紧地且十分有力，而中国人在握手时往往轻握一下，因为用力握手意味着挑衅。在中国，没有拥抱与亲吻的礼节；而在欧美国家，在公共场合和社交场合，关系亲近的女子之间可以吻脸，男子之间是拥肩相抱，男女之间一般是贴面颊。

关于个人距离的远状态，霍尔博士确定为 2.5～4 英尺(1 英尺＝0.3048 米)，并称为肉体支配的极限，在这个距离上，你不能轻而易举地触摸到你的伙伴，所以，它给每一位接触者都带来了某种独处权利。不过，要进行某种程度的个人讨论的话，这种距离还是够近的。两人在街上相遇时，他们通常就在这种距离上停下来，互相交谈。而在一个社交性的聚会上，他们可能会彼此离得近一些，达到个人距离的近状态。

距离的远近传达出了种种信息，从"我与你保持一臂之隔"到"我允许你比其他客人离我稍近些"。当你和一位熟人是处于远的个人关系时，走得过近会被认为是盛气凌人；或者，取决于性别的安排，会被认为是个人喜欢的象征。你用距离来做出了一种声明，但这种声明如果要传达出某种意义，就必须用其他行动来加强它。

8.2.3 副语言

在副语言中，语调是语言动作的最高级，最有说服力的一种形式。它通过对有声语言的停顿、轻重、高低的选用，表达出不同的意愿；其次是语气，它根据不同的场合、不同的谈判对象，表达出谈判者的情感态度。同样一句话，谈判者讲时语气谦逊平和，会博得对手的好感，若出口时语气嚣张傲慢，则会引起对方的反感，而语气的加强则能显示出谈判者的信心和决心。另外，在谈判过程中应针对不同的情况，在有声语言中自觉或不自觉地加入一些祈使词，如啊、哦、哟等，会使语言的表达显得自然委婉，在听话时，时常加入这类祈使词，可表示对对方的尊重，调动对方的谈话兴趣。

谈判中，口若悬河、滔滔不绝、夸夸其谈并非就一定能收到好的谈判效果。有时候学会闭嘴也是十分重要的，因为它可以使谈判人员对某些思考不成熟的问题少谈或不谈，以免被对手抓住辫子和漏洞，同时，它也可以使自己保持头脑冷静，甚至还可以使激动的对手冷静下来，所以，有时候沉默在谈判中能起到意想不到的效果。现实商务活动中我们经常看到沉默是金、以退为进的成功谈判范例。例如，据载，爱迪生发明了电报后，有一商人欲买其制造技术；谈到价格时，爱迪生总是支支吾吾，没能说出口，结果该商人耐不住，以 5 倍于爱迪生原以为偏高的价格与之达成协议。虽然爱迪生是无意识的，但这也充分显示了沉默在谈判中的妙用。

沉默是副语言的一种常见形式，存在于任何商务交际中。但是在不同的文化中，沉默的含义不尽相同，甚至差别很大。例如，在美国、德国、法国，沉默是一种消极行为，而对日本人来说，关键时刻保持沉默是最明智的(There is no wisdom like silence)。一个典型案例是：一个美国公司和一个日本公司在谈判，美国公司首先报出了产品的价格，日本公司按照本国的习惯沉默了半分钟。美国公司对这种沉默感到不安，以为日本公司觉得报价太高，于是就主动降低价格。日本公司对此既高兴不已又迷惑不解，因为他们本来是可以接受原来的报价的。由此可见，沉默作为一种副语言交际形式，在商务谈判中有时会起到意想不到的效果。

话轮转换与话语穿插是谈判中经常出现的另一种无声语言形式。不同文化在交流过程中的话轮转换习惯也不尽相同。一些文化认为插话是会谈中正常的一部分，而另一些相对保守的文化认为打断对话是不礼貌的。研究人员在研究了瑞典人和西班牙人的商务谈判模式后，发现西班牙谈判方打断对方的次数通常是瑞典人的五倍。日本人与阿拉伯人谈判时，谦恭的日本人不仅避免插话，而且在轮到他们说话之前，常常停顿五秒或十秒。阿拉伯人会认为日本人停顿是忘了词或是没了主意，而日本人则会认为他们健谈的对手粗俗无礼，日本人似乎把话语间的沉默看得和话语内容本身一样重要。因此，只有在了解对方无声语言谈判模式的基础上，谈判双方才可以更好地调整谈判风格以期建立良好的谈判关系。

8.2.4 情感

在谈判的过程中，既存在信息的传递，又存在着感情的联结。这种感情纽带隐藏于谈判语言沟通之中，我们常听见“言商时，不谈友情”这种说法，如果仅就“谈判时不以原则做交易”而言，它无疑是正确的。然而谈判各方都是活生生的人，而人又是一个“感情动物”，因此，谈判中的感情互动是一个现实的原则。这种感情互动表现在谈判中各方对各自人格的尊重，谈判的各方尽可以为自己的利益而锱铢必较，但对于对方的人格必须充分地尊重。如果违反这一点，常常可以使一个唾手可得的成功转眼之间就失去了。这种感情互动，还表现在即使谈判破裂，大家也可做朋友的大将风度上，在这种时候，切忌言语中将自己沮丧的情绪流露出来，因为以后也许还有机会与对方进行合作。

【案例阅读8.2】

一次，隶属于两个商业组织的犹太人约定谈判。到了会场，发现其中一个团体十人中竟多了一位，其中肯定有一人是不邀自来的。为不伤及情面，于是另一方有礼貌地说：“我们这次双方约定各为十名成员。如果有到我处来参观赴宴的，我们在另一个房间专门有美酒佳肴款待。”很快对方有一人快步走了出去。这时大家都震惊了，因为他是最有名望、大家知道一定会受到邀请的那人。他为了不给未受邀请的人难堪，宁愿牺牲自己的机会和声誉。很快误会澄清了，是对方有一个职员来送急电，并非参与谈判的。双方在互谅互敬的友好氛围中，缔结了永久的合作关系。

（资料来源：《中华文摘》2009年第5期）

另外，说服是谈判桌上的重要活动，也是商务谈判精华语言的体现。说服与被说服是谈判中的一对矛盾，它们共同推动着谈判向前发展，很多人误认为拥有好的口才即能成功说服他人，但拥有好的口才仅仅是说服成功的必要条件之一，成功有效的说服是理与情的有效结合。常言道“通情达理”，只有“通情”才能“达理”，换句话说，对一个人“晓之以理”的前提是“动之以情”，情通则理达，情不通则理难晓，谈判中说服对手时，不能机械地强行让对手接受某种规范或条件，而是自觉地运用情感的力量，这既显得自然又符合情理。

学习情境9 书面语言的沟通

【入门案例】

一次，犹太人和日本人洽谈了一笔合同。“好像谈判时交货日期定的是某月某日，先生您记得有误吧?”时间一到，对方想拖后耍赖。犹太人微微一笑，说道：“是吗？也许我们记错了,可这张记录是这样的。"在清楚地记载着时间、地点、见证人、谈话内容的原始记录面前,对方哑口无言。

(资料来源:《中华文摘》2009 年第 5 期)

【分析提示】

犹太人的博闻强记并不是天生的。他们一方面精于心算,另一方面又非常勤奋,时时动笔。只要是看中的东西,他们都要记录,以增加他们的知识。犹太人爱做记录,却并不随身携带笔记本。而是买到香烟抽完后,把烟盒里的锡箔纸抽出来,在背面做记录,给人很随意的感觉。回家后,他们还要重新整理。在谈判中,犹太人也是用这样方法做记录。日期、金额、期限、地点,样样都清晰明白,没有失误。谈判中的这种记录实际上是犹太人商业交易的备忘录。

任务9.1 书面语言沟通的含义与作用

书面语言是指以字和义结合而成,以写和读为传播方式的语言,是口头语言的文字符号形式等。较生活化的口语而言,书面语言相对要更加正式,也更严谨。书面语言也可使所要表答的意思更清晰,有条理,最方便的一点就是大脑所记不住的可以以书面的形式记录下来,如此一来,书面语言便成了人们记录难以记住的东西的载体了。书面语言是将声音转化为文字,靠文字记录书写的一种语言符号系统,是隐含着语音而无声响的语言。书面语言既无声响,就不能靠听觉去感知,它是靠视觉所能感知的语言形式。因此阅读是理解书面语言最重要的形式。理解书面语言应该是理解语言所表达的内容和理解语言表现形式的统一体。

在商务谈判中,书面语言是指商务谈判中的文字语言,主要是指用来制定谈判计划、拟定谈判方案、记录谈判内容、形成谈判文件的语言符号。它还包括谈判各方之间为达成协议进行交流协商的书函,因为通常一项商务协议并非通过一次面对面的谈判就能达成,它还需要通过各方之间的书面信函进行反复的磋商才能成功。书面谈判语言起到了立字为据的作用。

任务9.2 书面语言的应用

在商务谈判过程的谈判前、谈判中、谈判后三个环节经常需要使用书面语言进行双方或多方的沟通,书面语言的载体可以多元化,目前主要采用的书面语言载体主要有纸质的书面语言,利用 E-mail 等工具进行传输的电子文档形式。

1. 谈判前

在谈判前,谈判双方需进一步了解对方,因而经常会有一些询问活动,在互联网经济发达的现今,谈判双方经常利用网络进行初期的沟通,一方面可以即时了解信息,另外一方面也可以节约纸张,更为环保。在谈判前,谈判双方都积极收集对方的信息,在积累一定的信息之后,双方就以书面语言的形式整理出对方和己方必要的商业信息。在谈判之前,双方都会制定书面的谈判计划、拟定谈判方案,积极做好谈判的准备工作。以书面语言的形式进行整理信息,可以较为全面的做好各方面事项的准备,更好地梳理谈判人员的谈判思绪,令谈判人员更快地掌握谈判的内容。

2. 谈判中

在谈判进行过程中,书面语言主要应用在记录谈判内容和互换公司的宣传资料或产品项目介绍等。谈判过程中谈判内容的记录非常重要，需要仔细、认真、迅速的做好记录，内容的记录也可以是一种谈判策略，在谈判过程中，记录人员应不停地记录对方所谈内容，所记录内容均可以作为佐证的材料和依据，经常会给对方造成一定的心理压力。在谈判过程中，不得不提的是合同的谈判，它是谈判的重中之重。

合同谈判是为实现某项交易并使之达成契约的谈判。所谓合同，必须具有最基本的“要件”，即“标的、费用、期限”。一旦这几个要件达成协议，合同谈判也就“基本”结束。准合同是带有先决条件的合同。这些先决条件是指决定合同要件成立的条件，如许可证落实问题，外汇的筹集，等待律师审查或者等待正式文本的打印、正式签字等。从自然关系上说，准合同是合同的前身，在内容格式上完全相同，只是一个为草本，一个为正本而已；但从法律上说，两者有根本的区别。准合同可以在先决条件丧失时自动失效，而不必承担任何赔偿责任；但合同则必须执行，否则就是“违约”。

当然合同谈判并不是一次就形成的。多数情况下，交易双方要反复多次协商，进行各种意向性、协议性谈判。直到条件成熟，才进入合同签约阶段。由于合同谈判是交易双方进入实质性交涉阶段。所以，合同谈判具有以下几个特点：

(1)谈判目标明确，涉及实质问题。经过前几轮的意向谈判，双方对谈判中的合同目标已十分明确，或经过前几轮谈判的相互探测、摸底，双方对要达成协议的目标比较清楚、比较具体，因此，双方很可能在谈判时很快就进入实质问题的磋商，如产品交易中的价格、付款方式、交货期限投资项目中的利率、期限、宽限期等，这时，双方的协商就是讨论合同条款，所以，都千方百计地发挥各自的优势，运用各策略技巧，取得妥协，达成合约。

(2)合同谈判是以法律形式确双方交易的有效性。谈判如果能进签约阶段，则进入实质性阶段，它标志着双方合作的开始，也为交易提供了可能性和保障性。如果有一方在交易中不执行合同条款，则会以违约进行处罚。正因为如此，双方对谈判中的合同条款考虑都十分慎重，决不轻易许诺、妥协、让步。此外，合同谈判都是正式谈判，场合正规，气氛严肃，私下接触不是主要的协商形式。

(3)合同谈判人员较为重要。签订合同要符合法律程序，具有合法性。合同形式是指合同当事人之间确定相互权利和义务关系的行为方式，对双方当事人都具有法律约束力，以此确保双方按照合同规定的条款履行各自的权利和义务，保证交易的顺利实现。合同的成立是以签字的书面形式体现的。要确保合同为有效合同，双方的签字必须是法人或者是委托代理人。

所以，在合同谈判中，双方的主谈人基本都是企业或项目负责人或授权代理人，具有拍板决定权。只有这样，才能敲定合同的主要条款，对合同的主要内容谈判中多有律师出席。

3. 谈判后

谈判结束之后，谈判双方已就各项合同条款进行了协商，此时需要用书面的形式将合同条款进行最终的固定，完成本次的业务谈判。

在谈判之余，企业间为加紧双方的联系、促进企业间的友谊，在逢年过节的时候也会经常的利用纸质贺卡或电子贺卡等形式进行沟通。

商务合同范本见附录 A。

学习情境10 商务谈判中需注意的语言问题

【入门案例】

案例1:

小王:赵总,你好,我是大华公司的销售人员小王,这是我们产品的资料,你看你们是否感兴趣?

赵总:放我这吧!我感兴趣的话给你打电话。

小王:你看看,我们的设备质量好,而且价格也便宜……

赵总:对不起,我还有个会,我会和你联系的,好吗?

小王:……

(小王刚走,赵总顺手将小王的资料扔进了垃圾桶。)

案例2:

老李:赵总,您好,我是大华公司的销售人员老李,这是我们产品的资料,你看你们是否感兴趣?

赵总:放我这吧!我感兴趣的话给你打电话。

老李:如果用我们的设备,会比你现在用的W型号的设备效率提高30%,而且节能10%……

赵总:效率提高30%?你讲讲。

老李:……

赵总:好、好、好!我将认真考虑你们的设备。

(本文由作者根据网络相关资源改写)

【分析提示】

小赵的准备明显不足,他不清楚客户到底需要的是什么,也不知道如何打动客户,而老李显然事先经过调查,知道客户的需求所在,老李所说的正是赵总在苦苦寻找的解决问题的方案。因此拜访客户前一定要充分准备。通过查资料,询问知情人等方式掌握必要的客户需求,会对拜访工作有很大帮助。

任务10.1 商务谈判中常见的语言问题

1. 感情运用不当,夸大事实

在商务谈判过程中,当事人双方应以诚相待,在建立良好信任的基础上展开合作谈判关系,最终解决分歧,达成一致。但在事实案例中,我们不难发现其中的某一方为了达到利益需求而盲目投其所好,过分夸大事实,胡编乱凑,捕风捉影,为的只是使自己充分达到对方所喜好的要求。而这样往往会让人觉得没有真实感,而使你在谈判中失败。

2. 话题过于广泛,缺乏针对性

商务谈判中,谈判语言有针对性才能对准目标,有的放矢,才能切中要害。而在商务谈判过程中,很多人往往忽视了这最重要的一点,可能是一时兴起,也可能是被对方的语言所迷惑,而跟着对方走。这样的情景看上去谈判者好像自己感觉良好,认为自己和对方已经建立起良好的感情关系，可忽视了自己最终的目的。例如一些关键的谈判内容，像重点介绍商品的质量、性能；或侧重介绍本企业的经营状况，或反复阐明商品价格的合理等，而最终导致谈判失败。

3. 谈判过程条理不清，缺乏逻辑性

谈判者在谈判开始之初，就应该准备好自己的谈判步骤，这样有利于自己逐步深入，在谈判过程中了解对方的意图，并且及时更换策略，最终达到目的。有些谈判人员却忽视了语言逻辑条理性的重要性，在谈判过程中没有抓住重点，而且话题具有跳跃性，甚至重复已经达成一致的话题，这样不仅可能暴露自己的弱点而且还会乱了自己的阵脚，使对方趁机而入；不可能说服对方，最终导致谈判失败。

4. 语言运用不规范

谈判中最忌讳随意表达自己的看法，或者没有抓住语言传达给人的感觉。谈判人员过于口语性的表达会让人觉得这不是生意而是一场游戏，或者让对方对你的公司实力产生怀疑而终止合作关系，更糟的是他会抓住你的弱点而使你无反击之力。常见的如整个过程中语调没有变化，这样会让人心烦意乱，而且突出不了重点。

还有的如语调过大，方言口音过重，乱用比喻，用词不准确等都可能导致谈判的失利。

任务 10.2　识别商务谈判中的谎言

一般来说，识别谎言有三种方法，即观察非语言行为（观察人们所做的动作，他们是否出现笑容，视线转移，说话的声音和音调的变化、语速，是否口吃等）、观察语言行为（分析说话的内容所呈现出来的规律和反常）以及通过检查人的生理反应（血压、心率、手掌出汗等）。

10.2.1　非语言行为识别

1. 非语言行为识别的有效性

心理学家假设，人们在没有语言信息证实谎言的时候，会对非语言行为给以更多的关注，因为人们控制他们的非语言行为比控制语言行为更为困难，所以非语言行为所提供的“线索”会泄露人们想要隐瞒的信息。

大多数商务谈判者认为．谈判就是以语言为主要工具所进行的沟通和交流，所以注重谈判的语言的内容及其逻辑性和说服力，其谈判的技巧以及使用技巧的注意力都集中于如何使用语言上，从而忽略了对非语言行为的关注和“包装”，而恰恰是非语言行为“背叛”了谈判者的真实情感，泄露了谈判者真实的谎言，尤其是在谈判桌上这种高心理压力之下。

即使有一些老练的谈判者会意识到他们的非语言行为会泄露他们的真实意图，并且去尝试控制他们的行为。但是这种尝试控制的行为同样会带来反常的举动，也会泄露“秘密”。

2. 非语言行为的主要类型(见表 10.1)

表 10.1　非语言行为的主要类型和描述

行为类型	具体描述
声音	(1)口吃 (2)口误：字或句的重复，句子不完整，说漏嘴等 (3)音调：音调的变化，如升高或降低 (4)语速：在一定的时间内所说出的字数 (5)潜伏期：提问和回答问题之间的沉默时间 (6)停顿的频率：说话中停顿的频率 (7)停顿的时间：说话中沉默期的长度

续表

行为类型	具体描述
面部特征	(1)注视:看着谈话对象的面部 (2)笑容:微笑或大笑 (3)眨眼
动作	(1)头部运动:点头和摇头 (2)腿脚运动 (3)躯体运动 (4)改变姿势:改变坐姿的运动 (5)手挠头部 (6)手部和胳膊运动

3. 商务谈判中说谎者的可能行为描述

(1)说谎会导致说谎者心理情绪上的变化。如恐惧感和负罪感,从而引起说谎者注视的转移,动作的增加,如口误,口吃,或者音调的变化。谎言越恶劣,引起的情绪越强烈,这些行为指示谎言的准确性越高。

(2)一些内容复杂的谎言会延长说谎者的思考过程。加重思考的负担。并因此延长说谎者的表达时间和影响说谎者表达的准确性。注视转移的增加,手和手臂动作的减少,语速变慢,停顿更多等都是复杂谎言之中和之后的非语言行为。

(3)如果说谎者意识到上述(1)和(2)的行为会泄露他们的谎言而尝试控制他们的上述行为。同样会导致一些非语言行为:动作僵硬,尽量减少说话时的停顿、错误和中止,语言过分流畅等。

上述三种非语言行为能否准确指示说谎者的谎言,还取决于谈判的性质(如是否是主场谈判,是否是高风险谈判,是否是高收益谈判,谈判者是否是老练而富有经验的谈判者,谈判双方的地位的对比等)。

10.2.2 谎言的语言行为识别

自20世纪80年代后,心理学家们开始尝试使用SVA(陈述有效性)技术来研究测定谎言;近年来又开始用真实监控技术来收集相关数据。研究的成果表明,尽管不存在典型的语言欺骗行为。但一些语言确能区别虚假和真实的陈述(见表10.2)。

表10.2 语言行为的类型及其描述

语言行为类型	描述
1. 消极的陈述	人、物或观念的厌恶和消极的陈述
2. 无关的信息	与所问的问题无关或与正在阐述的论题无关
3. 过分笼统的陈述	使用过分简单或笼统的词或字来回答问题或表明态度,如"总是"、"从不"、"没有人"、能"等
4. 自我提及	使用"我"、"我的"、"我们的"
5. 问题的细节	关于事件的细节描述
6. 说话的长度	说话的字数

商务谈判中的说谎者主要有以下几种可能语言行为描述:

(1)说谎会导致说谎者心理情绪上的变化,如恐惧感和负罪感。这种恐惧感和负罪感的结果使得谎言者不愿意把自己和他们的谎言直接联系起来,因此他们会提供间接的、过分笼统和概括的或者不明确指向自己的信息或问题的答案。

(2)恐惧感和负罪感也会导致说谎者的不合作态度，而不合作态度也会使他的回答更加简短和概括。

(3)由于说谎者缺乏有关谎言问题的真切的个人体验，他的陈述不仅会比较简短，而且在大多数情况下他不会提及他自己。

(4)与上一点有关，说谎者的陈述也会缺乏细节，即使有一些细节，大多是泛泛而谈，并且空洞和缺乏新意。

(5)在谈判中的一些关键和核心环节，如价格问题、质量问题等，过多的信息表达和过于流畅的表达方式将值得怀疑。

(6)在谈判之前就可以预见到的主要谈判内容和环节，判断其谎言的可能性可依据上述第(5)条的方法；如果是己方在谈判过程中，突然向对方提出来的问题或要求，判断谎言的可能性可依据上述第(1)至第(4)条。

由于并不存在典型的或标准的衡量谎言的语言行为。上述提供的识别谎言的方法只能算是一种思路或是方向，不可以教条式地照搬挪用，必须结合具体的谈判情境来分析。比如老练的谈判者，他们不会产生恐惧感，也不大会产生负罪感；口才很好的谈判者，他们的陈述总是那么富有逻辑，富有新意，那么头头是道。

项目小结

通过本项目的学习，要求学生能正确理解商务沟通的基本概念，掌握商务沟通的基本理论和原理、了解商务沟通的一般程序、合同规范，熟悉商务谈判的沟通技巧及谈判礼仪，并能通过案例学习，揭示商务谈判的内在规律，初步具备商务谈判设计、策划、实施、订约、及履约的能力，并能在实践中灵活运用

主要概念

有声语言；语言技巧；无声语言；体态语；书面语言；合同谈判

知识与技能训练

第一部分　知识训练

一、名词解释

1. 有声语言
2. 无声语言
3. 体态语
4. 书面语言
5. 合同谈判

二、填空题

1. 人们在谈判实践中所使用的有声语言包括________、________、________和________。

2. 提问有助于信息的搜集，________，诱导对方思考，同时________也可相对形成有效的刺激。

3. Hall对美国人的空间交际提出了四种界限：________、________、________和________。

4. 在商务谈判过程的________、________和________三个环节经常需要使用书面语言进行双方或多方的沟通。

5. 在副语言中，________是语言动作的最高级，最有说服力的一种形式。它通过对有声语言的停顿、轻重、高低的选用，表达出不同的意愿；其次是________，它根据不同的场合、不同的谈判对象，表达出谈判者的情感态度。

三、单项选择题

1. 外交语言是一种弹性较大的语言，其特征具有模糊性、(　　)和幽默性。

A. 缓冲性　B. 清晰性　C. 严肃性　D. 技巧性

2. 听的技巧就是指谈判者要善于(　　)，要有耐心地听对方的发言，不要急于表达自己的观点，阐述自己的情况，反驳对方的不同意见。

A. 理解　B. 倾听　C. 辩解　D. 叙述

3. 回答的技巧是使用委婉的语言、幽默含蓄的语言和(　　)。

A. 模糊的语言　B. 严肃的语言　C. 缓冲的语言　D. 沉默的语言

4. 在副语言中，(　　)是语言动作的最高级，最有说服力的一种形式。

A. 语气　B. 尾声词　C. 语调　D. 沉默

5. 在商务谈判中，(　　)用来制定谈判计划、拟定谈判方案、记录谈判内容、形成谈判文件的语言符号。

A. 无声语言　B. 副语言　C. 合同语言　D. 书面语言

四、多项选择题

1. 在商务谈判中，问的技巧主要有(　　)。

A. 使用间接的提问方式　B. 使用选择性的提问方式

C. 把握好提问的难易度　D. 使用恭维的表达方式

2. 以下哪些是谈判语言运用的原则(　　)。

A. 客观性原则　B. 针对性原则　C. 逻辑性原则　D. 幽默性原则

3. 商务谈判中，常见的语言问题有(　　)。

A. 感情运用不当，夸大事实　B. 话题过于广泛，缺乏针对性

C. 谈判过程条理不清，缺乏逻辑性　D. 语言运用不规范

4. 商务谈判沟通中，识别谎言的方法有(　　)。

A. 观察非语言行为　B. 观察语言行为

C. 观察谈判组其他人员表情　D. 检查人的生理反应

5. 合同谈判具体有(　　)特点。

A. 运用规范语言谈判　B. 谈判目标明确，涉及实质问题

C. 以法律形式确定双方交易的有效性　D. 合同谈判人员较为重要

五、简答题

1. 语言技巧的作用是什么？

2. 谈判沟通中赞美有什么作用？需要注意什么？

3. 请描述商务谈判中的说谎者的语言行为。

第二部分　技能训练

一、案例训练

［训练目的］

通过该实训项目的操作，使学生了解模糊语言在商务谈判沟通中的作用与具体的应用。明确商务人员了解和掌握沟通方式的必要性和重要性。

［训练步骤及要求］

1. 教师选择恰当案例，拟定需要讨论分析的问题。

2. 确定案例训练组织形式：分组集体讨论会(3～5 人)。

3. 老师主持课堂案例讨论，各小组选出一名代表阐明本小组的分析要点。

4. 教师进行最后点评与总结。

5. 各小组在讨论分析案例的基础上按以下要求撰写、提交“案例分析报告”，文字表述要精练、观点明确。

案例分析报告
时　　间：
分 析 者：
班　　组：
问题分析：
➢问题一：
➢问题二：

［实训考核］（百分制）

评分维度	出　勤	参与的主动性	内容的充实性	分析的逻辑性	知识的应用性	创　新　性
百 分 比	10%	15%	20%	15%	20%	20%

［案例介绍］

从下述案例的谈话中挑出模糊表达的词语，并进行分析。

史密斯：王先生，我想知道你方报盘。

王先生：好的，史密斯先生。我方一直替你留着该盘，80 打羊毛套头衫，每打 160 美元。

史密斯：价格太高了！我们很难做开。

王先生：听你这么说，我感到吃惊。你要知道，自去年以来，羊毛套头衫的价格上涨幅度很大，可我们的价格却无大的变动，相比而言，是很优惠的。

史密斯：对此，我恐怕难以同意你的说法。日本入市价格就较低一些。

王先生：不过，经营此衫的商家都知道，中国的质量是上乘的。从质量方面来考虑，我认为价格是合理的。

史密斯:毫无疑问,贵方的产品质量是高,但现在市场竞争激烈,我知道有些国家在降价。

王先生:我方的产品是以质量取胜,有很少产品能在性价比上竞争过我方。

史密斯:但是要说服我的客户接受你们的价格是很难的。

王先生:坦率地说,如果不是鉴于我们的友好关系,我本来不考虑以此价来报实盘的。

史密斯:看来我别无选择,只好接受了。

王先生:我很高兴我们能谈妥价格。

二、项目训练

[实训项目] 团队项目:识别谈判谎言

[实训目的]

通过该实训项目的操作,使学生了解谎言在谈判中的应用,说谎者在说谎时的表现及掌握识破谎言的技能。

[实训要求]

教师先制定一定的商务活动场景,根据教学班级的分组情况,按一定数量的小组分别选择不同的场景进行设计和表演。

[实训操作步骤]

1. 对教学班级的学生进行项目分组(6～8 人),明确组内分工。
2. 教师设计有关的商务活动场景。
3. 学生对该商务活动场景进行分析,并设计相关的情节。
4. 各项目小组根据场景进行表演。
5. 同学互评,教师点评。
6. 本次实训综合成绩评定。

[实训考核] (百分制)

1. 实训准备工作(10 分)。
2. 各项目小组对本次实训的组织、分配、管理等过程(20 分)。
3. 各项目小组对选定场景进行表演(45 分)。
4. 项目小组的团队合作精神(15 分)。
5. 同学互评,教师点评(10 分)。

项目 4　商务谈判队伍的组织和管理

学习目标

◆ 知识目标

通过本项目的学习，使学生能够掌握谈判队伍的构建理论和方法、了解选择谈判人员的方法、理解谈判人员具备的素质和能力并且掌握管理谈判队伍的方法和应注意的问题。

◆ 技能目标

通过本项目的教学，使学生能够结合实际，为企业确定谈判人员规模、人员选派的标准，在确定谈判人员规模、人员选派标准的基础上，为企业选择合适的谈判人员。

学习情境 11　谈判人员的选择

【入门案例】

素质和能力决定他的成功

1918 年的一天，希尔顿酒店的创始人老希尔顿带着 5 000 美元，越过州界，进入得克萨斯州，决定到充满石油发财机会的锡施戈镇去冒险。他走进靠近火车站的一家银行，问经理："你们这家银行要多少钱才出售？"对方答："75 000 美元。"75 000 美元对 5 000 美元的差额竟是如此悬殊。然而希尔顿似乎并没有为手中的钱不够而烦恼，他顾不得同对方讨价还价，就急忙来到火车站拍电报给那家银行的业主，表示准备以 75 000 美元的价格购买该银行。

电报发出后，希尔顿悠然自得地漫步在大街上，想象着今后自己如何经营这家银行，梦想着成为"银行业王国"的国王。然而，当他重新踏进银行大门时，迎接他的并不是银行主的允诺，而是报务员交给他的一份电报，电文说："售价已涨到 80 000 美元，不必争论。"这无异于当头一棒。希尔顿气得涨红了脸。差点儿把电报纸朝报务员脸上摔过去。最后，他强忍住怒火，对那脸上充满惊异之色的报务员说了一句，"他可以保留他的银行。"然后就大踏步地走了出去。

夜色降临了，他横过街道向一座写着"莫希利旅店"的两层红砖楼房走去，想在这里住宿一夜。希尔顿跨进旅店大门，看到走廊里站满了人，挤到柜台前：争着让值班员办理住宿登记手续。正当他准备开口要一个房间时，只见那个值班员猛然合上他的旅店登记簿，说："客满了！"

顿时，许多人目瞪口呆，没等希尔顿想出办法，就看到那些人像小孩抢座位一样，争夺着走廊里仅有的几张椅子。等他也想挤进这行列时，座位已经被占满了。希尔顿只好靠着一根褪了漆的柱子站着，盘算着下一步该怎么办。一位板着面孔的绅士出现了，他推推这个，又推推那个，力图赶走坐在椅子上的人。最后，他走到希尔顿面前，对不起，朋友，请在8个小时后，当我们腾空这个地方的时候再来。"希尔顿几乎要发火，短短的几个小时，一连串倒霉的事都发生在他身上。他刚想发作，却又灵机一动地问："你的意思是说，你让他们睡8个小时，就做第二轮生意吗？""是的，一天到头，每24小时做3轮生意，如果我允许，他们可以付款，睡在工具室的餐桌上。""你是这家旅店的主人？"他平静地问："你是不是说，这家旅店准备出售？""……是的，何人付出50 000美元现金，就可以获得这座旅店，连同这里所有设备。"希尔顿马上接口说：先生，你已经找到一个买主了！"用了3个小时，希尔顿查阅了莫希利旅店的账簿，发现这个想要发石油财的人是个十足傻瓜。经过一番唇枪舌剑，最后店主愿以45 000美元的价格出售，比原来的开价降低了10%。

（资料来源：刘文广．商务谈判[M]．北京：高等教育出版社，2004.）

【分析提示】

希尔顿对形势的准确把握和临场的紧急策划与决定，使他从此一步步走上了旅店国王的宝座。他的机遇是偶然的，他现场的正确发挥却是必然的。他虽然没有预先计划，但他所拥有的这份素养却发挥了作用。

任务11.1　谈判小组的构建

11.1.1　谈判小组的规模

谈判小组的人数，应根据谈判项目的实际需要和谈判性质来确定，不宜过多。一般情况下，可以一个人也可以多人；应该根据实际业务的需要而定。小金额、老客户、内容简单一般可以一个人；大金额、新客户、内容复杂就需要多人参与。

1. 一个人谈判的缺点和优点

缺点：

(1)既要陈述自己的交易条件，又要观察对方的反应。

(2)倾听对方并做好笔录，而且边筹划边回答对方的问题。

(3)要及时衡量各种交易条件对己方的利害得失，并做好相应的对策。

(4)既要进行整个谈判的记录，又要明确各项交易条件和进行签约。

(5)有时候说不清楚，而且为对方行贿提供了机会。

优点：

(1)战术灵活，便于调整。

(2)全力以赴，主动性好。

2. 两个人以上谈判的缺点和优点

缺点：有时候意见不好统一。

优点：

(1)可以运用谈判小组的战略战术。

(2)可以进行分工，一个人讨价还价，另一个人可针对不同情况采取不同的对策。

(3)一个人身体不支,可由另一个人继续洽谈,这在国外谈判中尤为重要。

(4)遇到困难,可以集思广益,这在国外谈判或通信设施很差的情况下更能体现出它的优点。

(5)人多势众,提高士气。

一般的谈判小组直接上谈判场的人以3～4名为宜,并要使谈判代表的身份与对方代表的身份相对等。如果谈判涉及的内容较广泛复杂,需要由各方面的专业技术人员参与,可以考虑把谈判小组分为两部分:一部分主要从事背景资料的准备,人数可以适当多一些;另一部分直接上谈判场,这部分人数以与对方相当为宜。

谈判小组一经形成,就要制定相应的谈判工作规范,明确成员的职责分工,弄清应注意的事项和应遵循的准则。如有必要,还应对谈判小组成员在专业知识、谈判技巧和策略、行为礼仪等方面进行必要的培训。

谈判小组成员与对方的关系,也应在准备过程中加以考虑。有时熟人好办事,而有时反而不利于谈判的顺利进行。对此谈判的组织者应予以足够的重视。

11.1.2 商务谈判人员的构成

在现代社会中,商务谈判所涉及的面很广。从它所涉及的知识领域来讲,包括商业、贸易、金融、技术、法律、保险和海关等多方面的内容。谈判所处的环境是错综复杂的,面对谈判对手的挑战,需要收集多方面的资料,这些是个人的精力、能力难以胜任的。因此,在大多数情况下采用小组谈判。小组谈判的好处在于可以有许多不同知识和背景的人参与谈判,取得知识结构上的互补和综合的整体优势,能够集思广益,使对方感到有更多的压力。

【案例阅读 11.1】

一位谈判“专家”,双方刚落座不久,寒暄已毕,席尚未温,此君就好客了:“今天先休息休息,不谈了吧,我们这儿的风景名胜很多。”当谈判相持不下,势成僵局,此君忽然又好客了“不谈了,不谈了,今天的卡拉OK我请。”于是莺歌燕舞之际,觥筹交错之间,心情舒畅,感情融洽了,僵局打破了,一些场外交易也达成了。此君奉行的这一套,据说极为有效,许多次谈不下的业务,经他这么三拖两拖,不断延期,居然不长时间就完成了。

(本文由作者根据网络相关资源改写)

1. 谈判人员的配备

从国内、国际贸易的实务看来,一般情况下,商务谈判需要的人员包括:

(1)商务方面。由熟悉商业贸易、市场行情、价格形势的贸易专家担任。商务人员要负责合同条款和价格等条件的谈判,帮助谈判方确定合同文本,负责经济贸易的对外联络工作。

(2)技术方面。由熟悉生产技术、产品标准和科技发展动态的工程师担任。在谈判中负责对有关生产技术、产品性能、质量标准、产品验收和技术服务等问题的谈判,也可为商务谈判中价格决策做技术顾问。

(3)财务人员。由熟悉财会业务和金融知识、具有较强的财务核算能力的财会人员担任。主要职责是对谈判中的价格核算、支付条件和支付方式,结算货币等与财务相关的问题把关。

(4)法律人员。由精通经济贸易各种法律条款，以及法律执行事宜的专职律师类人员担任。职责是保障合同条款的合法性、完整性、严谨性，也负责涉及法律方面的谈判。

(5)语言方面。由精通外语、熟悉业务的专职或兼职翻译担任。主要负责语言与文字翻译工作，沟通双方意图，配合谈判运用语言策略。在涉外商务谈判中翻译的水平将直接影响到谈判双方的有效沟通和磋商。

2. 配备谈判人员时应注意的问题

(1)应尽量选择“全能型的专家”。所谓“全能”指的是通晓技术、商务、法律、金融和语言知识的人员。作为谈判人员，特别是经常参与重大项目谈判的人员，应努力将自己培养成具备这四个方面知识的全才，同时又特别精通其中的某一方面。如果一个谈判人员，只知商务和法律方面的知识，而对技术方面一窍不通，在谈判时涉及技术条款方面，就会显得很被动，本方谈判人员之间的配合也就比较困难，无疑降低了本方的谈判实力。如果本方技术人员、商务人员、法律人员各持己见，谈判工作就更加难以协调，对谈判工作极为不利。

(2)谈判小组中应配备至少一个懂业务和技术术语的翻译。即使本方其他人员均精通对方语言最好也配备一名专职译员。因为谈判是一项十分紧张，耗费大量脑力的活动。谈判的整个过程是不断根据临场的信息组织调整思路的过程，尽管谈判人员通晓外语且在谈判前有较充分的准备，但仍会在谈判中遇到一些语言问题。配备翻译使谈判人员可以得到改正失误的机会或借口。再者利用译员复述的这段时间观察对方的反应，决定下一段的措辞和验证己方运用策略的效果。有经验的谈判专家认为译员复述这段时间正是主谈进行观察、思考的有利时机。

(3)在配备人员时，还应从业务洽谈实际情况出发，配备一名领导人员负责协调整个谈判工作。

一般此人往往是在公司的业务经理中产生的。他应具备两个条件；一是应有的专业技术知识，而且他的领导能力要强；二是对谈判出现的利害得失具有高度责任心。谈判小组的负责人并不一定要是所谈业务的技术专家，但他必须尽可能全面掌握谈判所涉及的各方面的知识。这样才能有自己独到的见解，并采取更有效的工作方法。

【案例阅读11.2】

一天上午，某公司在一家五星级酒店的多功能会议厅召开会议。其间，该公司职员李小姐来到商务中心发传真，发完后李小姐要求借打一个电话给总公司，询问传真稿件是否清晰。

“这里没有外线电话”。商务中心的服务员说。

“没有外线电话稿件怎么传真出去的呢?”李小姐不悦地反问。

服务员：“我们的外线电话不免费服务。”

“我已预付了20元传真费了。”李小姐生气地说。

服务员：“我收了你的传真费，并没有收你的电话费啊！更何况你的传真费也不够。”

李小姐说：“啊，还不够？到底你要收多少呢？开个收据我看一看。”

"我们传真收费的标准是：市内港币 10 元/页；服务费港币 5 元；3 分钟通话费港币 2 元。您传真了两页应收港币 27 元，再以 1∶1.08 的比价折合成人民币，我们要实收人民币 29.16 元。"服务员立即开具了传真和电话的收据。

李小姐问："传真收费还是电话收费是根据什么规定的？

"这是我们酒店的规定。"服务员出口便说。李小姐："请您出示书面规定。"

"这不就是价目表嘛。"服务员不耐烦地回答说。李小姐："你的态度怎么这样？"

"您的态度也不见得比我好呀。"服务员反唇相讥。

李小姐气得付完钱就走了。心想：五星级服务，难道就是这样的吗？

（资料来源：薛建红．旅游服务礼仪[M]．郑州：郑州大学出版社，2002.）

11.1.3 确定谈判小组的规模、人员选派的原则

1. 根据项目的大小和难易程度来确定谈判小组的阵容

在确定谈判小组阵容时，应着重考虑谈判主题的大小、难易程度和重要性等因素以决定选派的人数。如果是一对一谈判，那么对于参与谈判的人来讲要求很高。谈判人员应将自己训练成为多方面的专家，一旦谈判项目需一人上阵，就可发挥作用。但是当项目很大时，应考虑选派一个小组来参与谈判。至于谈判阵容及参加人员的多少及类型，可因项目不同而定。通常情况下，有关商品交易的谈判，可由主管该项目的业务人员参加。如果是重要的交易应总经理作为主谈。对于技术引进的谈判，可由业务人员、技术人员，法律工作者共同组成谈判小组，在统一领导下，分工负责，协同工作，完成任务。

2. 依据项目的重要程度组织谈判小组

一些内容复杂的大型交易，如技术引进项目，合资经营项目，以及在外地投资项目等，必须组织一个强有力的谈判小组。

3. 依据对手的特点配备谈判人员

一般对手的谈判成员是由雇主聘请技术咨询顾问，负责审查欲购商品的质量、技术性能指标，并提出修改意见，以满足其特殊要求；同时聘请法律顾问洽谈商务条件，然后运筹出最佳方案提交雇主裁定。所以己方配备的谈判人员必须与之匹配，聘请精通技术的工程技术人员和精通各种贸易和商务条款的专业人员，负责运筹技术、商务和法律方面的业务。对于专业化谈判小组的人员来讲，必须懂技术、精通国际贸易，并能用英语直接与客商谈判。

4. 依据谈判的分工特点配备谈判人员

谈判小组具体规模应多大，在通常情况下，谈判小组中的人数不宜过多。作为一个高效的谈判集体，其内部必须进行适当而严密的分工协作，内部的意见交流必须畅通无阻。要达到这种有效工作要求，谈判小组的规模过大是不行的。在谈判中，既需要充分发挥个人的独创性和独立应变能力，又需要内部协调统一、一致对外。此外，从谈判经验告诉我们，即使是大型项目的谈判，其所涉及的专业知识很广，但在谈判的不同阶段，牵涉到的主要知识种类是有限的，这意味着谈判并不需配备具有各种专业知识的人同时参加，只要对谈判小组成员进行调整，就可以完成任务。有时也可以请某方面的专家、学者作为谈判小组的顾问，这样更能提高谈判的效率。

11.1.4 判断合格谈判小组的标准

1. 小组内成员是否能够知识互补

知识互补包含两层意思：一是谈判人员具备自己专长的知识，都是处理不同问题的专家，在知识方面相互补充，形成整体的优势。二是谈判人员书本知识与工作经验的知识互补。谈判队伍中既有高学历的青年知识学者，也有身经百战具有丰富实践经验的谈判老手。高学历学者可以发挥理论知识和专业技术特长，有实践经验的人可以发挥见多识广、成熟老练的优势，这样知识与经验互补，才能提高谈判队伍整体战斗力。

2. 小组内成员是否个性协调

谈判队伍中的谈判人员个性要互补协调，将不同个性的人的优势发挥出来，互相弥补其不足，才能发挥出整体队伍的最大优势。性格活泼开朗的人，善于表达、反应敏捷、处事果断，但是性情可能比较急躁，看待问题也可能不够深刻，甚至会疏忽大意；性格稳重沉静的人办事认真细致，说话比较谨慎，原则性较强，看问题比较深刻，善于观察和思考，理性思维比较明显，但是他们不够热情，不善于表达，反应相对比较迟钝，处理问题不够果断，灵活性较差。如果这两类性格的人组合在一起，分别担任不同的角色就可以发挥出各自的性格特长，优势互补，协调合作。

3. 小组内成员是否分工与合作

谈判小组中的每个人都要有明确的分工，每个人都有自己特殊的任务，不能工作越位，角色混淆。遇到争论不能七嘴八舌争先恐后发言，该谁讲谁讲，要有主角和配角，要有中心和外围，要有台上和台下。当然，分工明确的同时要注意大家都要为一个共同的目标而通力合作，协同作战。

任务11.2 谈判人员的选择

【案例阅读11.3】

G先生入住一家五星级酒店，头天晚上11时左右曾委托总台李小姐叫醒，但李小姐未能准时叫醒客人，从而耽误了航班，引起了客人的投诉。下面是大堂副理(A)与客人(G)的一段话：

A:G先生，您好！我是大堂副理(A)，请告诉我发生了什么事？

G:什么事你还不知道？我耽误了飞机，你们要赔偿我的损失。

A:您不要着急，请坐下来慢慢说。

G:你别站着说话不腰疼，换你试试。

A:如果这件事发生在我身上，我肯定会冷静的，所以我希望您也冷静。

G:我没你修养好，你也不用教训我。我们没什么好讲的，去叫你们经理来。

A:叫经理来可以，但你对我应有起码的尊重，我是来解决问题的，可不是来受你气的。

G:你不受气，难道让我这花钱的客人受气，真是岂有此理。

A:……

（本文由作者根据网络相关资源改写）

11.2.1 选择谈判人员的要求

1. 选用品质可靠的人员

商务谈判工作往往是在单独一人的情况下进行的，谈判中所涉及的很多购销条件，在一定限度内可由谈判人员自己掌握。因此，谈判者必须忠诚可靠，并能赢得客户对他的信任。如果一位商务人员欺诈客户和自家企业，而从中获得好处，其后果是可以想象的。但是，这类人的品质事先却难以衡量，道德和个人的人格问题，必须要经过一定时间的接触才能有所认识。一般的办法是征询过去与他有关的人的看法，如他的介绍人、同事及领导等，在可能的情况下，应向他以前的老客户询问。

2. 选用具有独立工作能力而又具有合作精神的人员

商务谈判人员依靠自身的力量，发掘自身的力量，是一项必不可少的品质，他需独立工作，上司很少会给他以直接的帮助和指导。所以要能不受任何外界干扰，顶住压力，独立做出自己的决断。商务谈判人员是否具有积极主动、自愿肯干的精神，是一项十分重要的条件。谈判是一个团队的工作，需要相互配合，才能形成战斗力。因此既要有独立工作的能力又不要放弃合作精神，这两者是完全可以相融的。

3. 选用具有相当智力与谈判水平的人员

商务谈判人员的知识范围、智力水平和谈判能力，是一项必不可少的重要条件。如谈判者要有相当程度的记忆力，相当广泛的知识面，必须对公司的每项产品或服务有深入的认识，对各种潜在的客户有深切的了解，还必须谈吐自如、举止适度。因此，在选用谈判人员时，必须要考核在这几方面是否能与他所担当的工作相适应。

4. 选用愿去各地出差的人员

很多人都知道商务工作是件美差，但却不知道它的辛苦，特别是长时间出差在外。所以，在选用商务谈判人员时，须向其说明要出差时间是多久，特别是外埠出差。如果忽略了这点，很可能使谈判者产生一些个人问题（如产生家庭纠纷），他的工作成绩也将受到严重的影响。有的人不能或不愿出差，这对商务工作无益；但也有的人特别愿意出差，尤其是长期在外。不过在这方面也是会出问题的，这类人闲不住，遇事就往外跑，不管是否有必要或不管事情大小，必然要增加成本。

5. 具有良好的判断力而且可以听取各方意见的人员

能够洞悉问题的症结所在，并且能够注意到可能影响谈判结果的潜在因素。有忍受冲突和面对暧昧态度的耐心。对待事物能分清主次，抓住重点，合理掌握时间进度。

【案例阅读 11.4】

两种谈判人员不能选

1. 不能选用遇事相要挟的人

很多企业和公司的领导人，常以某人手里是否有客户、有关系为条件而选用商务人员，实际上这是很片面的。这类人员确实能够在短期内给公司带来可观的收入；但这类人却常常居功自大，无限向上边要条件，如果不能如愿，随时可能离去，并将他的客户带走。

2. 不能选用私心过重的人

由于商务谈判人员对企业的里里外外所知甚多，工作性质比较特殊，因此，容易产生个人私利。如果商务谈判人员发展到这种程度，管理者便无法掌握了，他甚至可以把商业秘密转卖给竞争者。此类事件在国内外企业界经常发生，是个很好的教训。

（本文由作者根据网络相关资源改写）

11.2.2　对谈判人员的正确认识

有时候企业所选择的谈判人员总是很有才干的，但是不应期望他一夜之间即给公司带来很多的好处，这样想往往是危险的。被选用的商务人员不论有多么丰富的经验，也需相当的时间来了解公司的情况，并探寻解决问题的方法。如果领导者期望自己的谈判者成为一流的人才，就不要忘了给他以支持、激励和有效的训练，这是最现实的做法，否则期待必然落空。

任务11.3　谈判人员应具备的素质与能力

【案例阅读11.5】

假如你是住在大城市，比如纽约，你们的球队能参加职业联赛是理所当然的事。但如果你住在像明尼亚波利那样的小城市，跻身职业联赛可就成了天大的事。如果失去球队，市民都将无所适从，可就在8年前，克拉伦斯差点失去加盟联赛的球队。

原因在于体育场——一个非常落伍的户外多用途体育场。受明尼苏达州漫长的寒冷冬天的影响，在足球季约后半季和棒球季的前几个星期这段时间，无论是多么现代化的场所，只要是户外设施，都毫无用武之地。

面对这种情况，克拉伦斯保住球队的唯一办法，就是建个新的体育馆。

克拉伦斯是个天生的运动狂热者，他实在是不想再回到以前那种坐在板凳上喊加油的日子，可他又没有雄厚的财力让他实现买下一个球队的奢望。

为了保住他们的球队，克拉伦斯参与了一项公共工程计划——建造一座耗资巨大的体育馆。后来，克拉伦斯凭借他过人的才华还成了这项计划的主席。刚开始兴建时，估计2年就够了，但这项计划花了克拉伦斯整整8年的时间。在这段时间中，克拉伦斯常常备感艰辛、不安、烦躁，充满挫折感。

是什么使克拉伦斯一直坚持下来了呢？

梦想！

从开始兴建直到体育馆落成的那天，克拉伦斯就有个梦想——他要做第一个开球者，不是市长、不是州长、不是任何其他人，是克拉伦斯！在心里，他已经想过，并实现了无数次了。当然，现实中他也确实做到了！

从克拉伦斯的身上，我们可以了解到：梦想你自己成功的景象，是激励你达成目标的最有效的方法。

（本文由作者根据网络相关资源改写）

11.3.1　谈判人员具备的素质

1. 气质性格方面

谈判人员应具备适应谈判需要的良好的气质和性格。有些性格特征是不利于谈判的，例如，性格内向、孤僻多疑、不善表达、冷漠刻板、急躁粗暴、唯我独尊、嫉妒心强、心胸狭窄等。良好的气质性格应具备以下特征：大方而不轻佻、爽快而不急躁、坚强而不固执、果断而不粗率、自重而不自傲、谦虚而不虚伪、活泼而不轻浮、严肃而不呆板、谨慎而不拘谨、老练但不世故、幽默但不庸俗、热情但不多情。

2. 心理素质方面

在谈判过程中会遇到各种阻力和对抗，也会发生许多突变，谈判人员只有具备良好的心理素质，才能承受住各种压力和挑战，取得最后的成功。

谈判人员应具备的良好心理素质主要有以下几个方面：

(1)自信心。自信心是谈判者最重要的心理素质。所谓自信心是指谈判者相信自己企业的实力和优势，相信集体的智慧和力量，相信谈判双方的合作意愿和光明前景。自信心的获得建立在充分调查研究的基础上，建立在对谈判双方实力的科学分析的基础上，而不是盲目的自信，更不是藐视对方轻视困难，固执自己错误的所谓自信是有害的。自信心需要培养。

(2)自制力。谈判过程中难免会由于双方利益的冲突而形成紧张、对立、僵持、争执的局面，如果谈判者自制力差，出现过分的情绪波动，就会破坏良好的谈判气氛，造成自己举止失态、表达不当，使谈判不能进行下去，或者草草收场，败下阵来。谈判者具备良好的自制力，在谈判顺利时不会盲目乐观，喜形于色；在遇到困难时也不会灰心丧气，怨天尤人；在遇到不礼貌的言行时，也能够克制自己不发脾气。

(3)懂得尊重。在谈判中只有互相尊重，平等相待，才可能保证合作成功。所以谈判者首先要有自尊心，维护己方的尊严和利益，面对强大的对手不妄自菲薄，奴颜献媚，更不会出卖尊严换取交易。但同时谈判者还要尊重对方，尊重对方的利益，尊重对方的意见，尊重对方的习惯，尊重对方的正当权利。

(4)坦诚的态度。坦诚的谈判者善于坦率地表明自己的立场和观点，真诚地与对方合作赢得对方的了解和信任。虽然谈判双方都有自己的机密和对策，但是谈判的前提是双方都有合作的愿望。开诚布公，真诚待人的态度是化解双方矛盾的重要因素。

(5)能够承受压力。谈判是一个较量的过程，双方都将面对各方面的压力，所以要有相当高的心理承受压力的素质。尤其是面对拖延、时间紧张、失败的时候更是如此。

3. 思想意识方面

(1)政治思想素质。必须忠于职守，遵纪守法，廉洁奉公，维护国家，忠于祖国，正确处理好国家、企业和个人三者的利益。

(2)讲究信誉。注意维护企业和个人的信誉形象，诚信待人。

(3)合作的思想。互惠互利是谈判的原则，善于借助一切可借助的力量实现自身利益，善于将竞争与合作有机统一起来。

(4)团队意识。谈判组织成员之间应该团结一致、齐心协力。集体的利益高于个人的利益。

(5)效率意识。谈判者力争花最少的时间和精力取得最好的谈判结果。

4. 知识方面

通晓相关知识是任何一个以国际商务活动为职业的人开展工作的基础，对于一个谈判者而言也不例外。通常，除了国际贸易、国际金融、国际市场营销这些必备的专业知识外，谈判者同时要把心理学、经济学、管理学、法学、财务学、历史学等方面的知识纳入自己的专业范畴。谈判是一个人与人之间、团体与团体之间利益关系的协调磋商过程。这种协调需要谈判者有较强的洞悉与体察对方心理状态及其应变的能力，并能借此做出针对性的反应。

这种协调不仅反映为谈判一方与对手之间的一种外部的相互适应过程，往往更多地反映为谈判一方内部的观点、意见、立场的统一过程以及对谈判策略、谈判方式及谈判进程的选择与控制等。因此，对谈判队伍的组织协调与控制必须借助于科学的方法来指导。谈判既然是对现存利益的分割或对未来共同创造利益的分享，那么资金的筹措与利用的效率，包括价格、利率的变动等就成了直接影响谈判双方利益的敏感因素，所以懂得一些经济学、金融学理论及其操作技巧是谈判者能统揽全局，进而做到知己知彼、进退自如的前提。政治学、经济学、国际商法方面的知识也是国际商务谈判者的知识结构中十分重要的组成部分。政治与经济是不可分离的。经济是基础，政治又反作用于经济，这是社会存在与社会意识对立统一的关系所决定的，无论是发达国家还是发展中国家都是如此。

5. 身体素质

谈判是既消耗体力又消耗脑力的活动，没有健康的身体是很难胜任谈判工作的。根据上述要求，选择谈判人员应考虑适当的年龄跨度。应该有充沛的精力，一般在35～55岁年龄跨度内，正是思路敏捷，精力旺盛的阶段。其特点是已积累了一定经验，事业心、责任心和进取心也较强。当然，由于谈判内容、谈判要求不同，年龄结构可灵活掌握。

以上为谈判人员在素质方面应具备的条件，一个具有良好素质的谈判人员，对于完成谈判有好处，是谈判取得成功的基石。

11.3.2 谈判人员具备的能力

1. 敏锐的洞察力

谈判人员在谈判的过程中应该注意观察对方的行为，从而发现对方的想法。一般就手势来说，张开双手表示接纳；紧握双拳意味着防范；当对方的手使劲握着桌边，证明你的观点击中其要害，或表明你的观点将遭攻击。就面部表情来说，如嘴唇紧闭，眉角下垂，瞪大眼睛盯着你，则表明对方充满敌意并且极具攻击力；若眼睛突然往下看，脸部转向旁边，多表明拒绝或厌烦你的讲话。需要指出的是，判断言行举止是一个十分复杂的问题，要结合当时的具体情况做综合判断。因此需要谈判人员自身具有敏锐的洞察力，否则单凭经验判断会得出错误的结论。

2. 独立自主地处理问题的能力

谈判人员要有随时与谈判伙伴协调配合的本领。谈判小组是由个人组成的集体，因此既要表达自己，又要通过自己表达集体。谈判的风云变幻，即可能出现各种意想不到的事情，要求谈判人员要处变不惊，沉着冷静具有大将风度，这样才能妥善、理智地处理好问题。否则，感情用事将使得谈判人员做出不合理的决策，也给对方以可乘之机。

3. 坚定不移的毅力和忍耐力

谈判人员应具有百折不挠的精神及不达目的决不罢休的自信心和决心。讨价还价、磋商活动也是毅力和耐力的拉锯战，谈判人员的这种个性特征将使己方的利益得到最大的保证。一般刚强型的谈判人员具有这种个性，他们在取得谈判经验后发挥会越来越好。

4. 良好的社交能力和表达能力

谈判实质上是人与人之间思想观念、意愿感情的交流过程，是重要的社交活动。谈判人员应该善于与不同的人打交道，也要善于应对各种社交场合。这就要求谈判人员塑造良好的个人形象，掌握各种社交技巧，熟悉各种社交礼仪知识，所以谈判人员应该有较强的文字表达和口语表达能力。要精通与谈判相关的各种公文、协议合同、报告书的写作，计算机技术的掌握，同时要善于言谈、口齿清晰、思维敏捷、措辞周全，善于驾驭语言，有理、有利、有节地表达己方观点。在涉外商务谈判中要熟练掌握外语的听、说、写、译能力。

要善于了解不同地区的谈判人员的特点，掌握他们在谈判风格上的差别，宗教信仰方面的异同，针对这些方面的不同情况与谈判对手和平共事。而且要富有幽默感，谈判经常会出现低潮或僵局，谈判人员的风趣幽默则能淡化僵局，缓和气氛，使谈判顺利进行。

5. 逻辑思维和判断能力

要思路开阔敏捷，判断力强，决策果断。对方往往会用许多细枝末节的问题来纠缠你，而把主要的或重要的问题掩盖起来，或故意混淆事物之间的前后、因果关系。作为谈判人员就应具备抓住事物的主要矛盾和主要方面的能力。同时要思路开阔，不要为某一事物或某一方面所局限，而要从多个方面去考虑问题。提高这方面的能力就要善于倾听对方的意见并把握对方的意图。谈判是双方相互交换意见，但有些人思维敏捷，冲动性强，往往对方的话刚说一半，他就自以为领会了对方的意思，迫不及待地发表自己的意见，这也是不可取的，造成误解对方，反而给对方提供一些可乘之机。

6. 组织、应变的能力

谈判是一项需要密切配合的集体活动，每个成员都要在组织中发挥出自己的特殊作用。所以谈判人员要有组织、协调的能力，分清主次，抓住重点，合理掌握时间，才能发挥出最大的战斗力；谈判中会发生各种突发事件和变化，谈判人员面对突变的形势，要有冷静的头脑、正确的分析、迅速的决断，善于将原则性和灵活性有机结合，机敏地处理好各种矛盾，变被动为主动，变不利为有利。

7. 创新能力

谈判人员要具备丰富的想象力和不懈的创造力，勇于开拓创新，拓展商务谈判的新思路、新模式，创造性地提出新的谈判方法和思路。

总之，合格的谈判人员必定具备上述的多种素质和能力，一个完美的谈判家，应该心智机敏，且具有无限耐性，能巧言掩饰，但不欺诈行骗，能取信于人，而不轻视他人；能谦恭节制，但又刚毅果断；能施展魅力，而不为他人所惑；拥巨富，藏娇妻，而不傲。

学习情境 12　谈判团队的组织和管理

【入门案例】

在宁波东港大酒店员工餐厅的通道上，一位二十来岁的姑娘，肩上斜套着一块宽宽的绸带，上面绣着：礼仪礼貌规范服务示范员。每当一位员工在此经过，示范员小姐便展露微笑问候致意。餐厅里，喇叭正在播放一位女员工朗诵的一篇描写饭店员工文明待客的散文诗。不一会儿，另一位员工在广播中畅谈自己对礼仪礼貌的认识和体会。原来东港大酒店正在举办“礼仪礼貌周”，今天是第一天。

东港大酒店自被评为四星级饭店以后，一直处于营业的高峰期，个别员工过于劳累，原先的服务操作程序开始有点走样，客人中出现了一些关于服务质量的投诉，饭店领导觉察到这一细微变化后，抓住苗头进行整改，在员工中间开展“礼仪礼貌周”活动。“礼仪礼貌周”定于每月的第一周，届时在员工通道上有一位礼仪礼貌示范员迎送过往的员工，每天换一位示范员，连总经理们都轮流充当服务员，在员工中引起很大反响。为配合“礼仪礼貌周”，员工餐厅在这一周利用广播媒介，宣传以礼仪礼貌为中心的优质服务，有发言，有表演，有报道和介绍，内容生动活泼，形式丰富多彩，安排相当紧凑，员工从中获得很大启迪和教育。饭店同时在员工进出较频繁的地方张挂照片，宣传文明服务的意义，示范礼仪礼貌的举止行为，介绍礼仪礼貌方面表现突出的员工。

又一个"礼仪礼貌周"开始了。一月一度的"礼仪礼貌周"活动在东港大酒店已成为一项雷打不动的制度，整个饭店的礼仪礼貌水平大大提高。

（资料来源：蒋一凤．酒店管理180例[M]．上海：上海东方出版中心，1997.）

【分析提示】

团队管理在商务活动中具有十分重要的地位。好的团队管理有利于商务团队的团结，有助于使团队意识在员工头脑中牢牢扎根，通过不断的强化活动，使团队固有的理念和概念成为员工的一种自觉行为。

任务12.1 谈判小组的负责人

谈判小组的负责人（组长）一般情况下也是主谈，或称谈判首席代表，在谈判的某一阶段，或针对某一个或几个方面的议题，由他为主进行发言，阐述己方的观点和立场。因此，主谈是谈判班子的核心，是谈判工作能否达到预期目标的关键性人物。

12.1.1 谈判负责人的条件

谈判组织负责人应当根据谈判的具体内容、参与谈判人员的数量和级别，从企业内部有关部门中挑选，可以是某一个部门的主管，也可以是企业最高领导。谈判组织负责人有时并不一定是己方主谈人员，但他是直接领导和管理谈判队伍的人。应具备如下条件：

（1）人品要好。这是最重要的条件，可以保证企业的安全和最根本的利益的实现。

（2）具备组织和果断的决策能力。指挥员的能力对谈判的成败具有至关重要的作用。如果己方领导人的能力低于对方的领导人，必然会处于被动地位。指挥员应能够敏锐地利用机遇，解决问题，做出果断的判断和正确的决策；应能够分清主次，知人善任，善于倾听各方面的意见，善于与各种人打交道。

（3）具备较全面的知识。谈判负责人本身除应具有较高的思想素质和业务素质之外，还必须掌握整个谈判涉及的多方面知识。只有这样才能针对谈判中出现的问题提出正确的见解，制定正确的策略，使谈判朝着正确的方向发展。

（4）有感召力。谈判的负责人能够通过自身的行为感召团队的成员，使整个集体更具有凝聚力，这是现代谈判的要求，也是克服困难的保障。因此谈判小组领导人的工作方式必须与本企业的工作方式相一致，整个谈判小组才能有效地工作。

（5）具备一定的权威地位。谈判负责人要具备权威性，有较大的权力，如决策权、用人权、否决权和签字权等；要有丰富的管理经验和领导威信，能胜任对谈判队伍的管理。谈判负责人一般由高层管理人员或某方面的专家担任，最好与对方谈判负责人具有相对应的地位。

（6）具有激励团队的能力。谈判经常面临巨大的压力和困难，这个时候就需要有人能够激励整个团队渡过难关，所以他个人必须能承受压力而不表现出来，而且还要让大家看到未来的希望。

12.1.2 谈判小组负责人的职责

（1）负责挑选谈判人员，组建谈判小组，并对谈判过程中的人员变动与上层领导取得协调。

（2）管理谈判队伍，协调谈判队伍各成员的心理状态和精神状态，负责振奋大家的精神，使大家在任何情况下都能以高昂的士气参加谈判。处理好成员的人际关系，增强队伍凝聚力，团结一致，共同努力，实现谈判目标。

(3)制定谈判计划，确定谈判各阶段的目标和策略，并根据谈判过程中的实际情况灵活调整。

(4)总管谈判进程，组织谈判策略的实施，负责具体的让步时间、幅度，掌握谈判节奏、决策的时机。

(5)负责向上级或有关的利益各方汇报谈判进展情况，贯彻执行上级的决策方案。

【案例阅读 12.1】

某大学旅游系与某酒店有着关于饭店管理专业学习的合作项目。某酒店是一家三星级外资酒店，以前在社会和旅游业界有较好的声誉。但最近，酒店的经营状况不尽如人意。在酒店实习的学生写信向系里反映情况，流露出了中止在该酒店实习的想法。为了让实习生专心完成实习任务，某老师受旅游系委派，到该酒店了解实习生实习情况，协助酒店进行实习生管理工作。经到人事部了解情况并召来实习在岗上班的学生谈话，基本达到目的。已近中午12点，为不给酒店增添麻烦，某老师向主管人员告辞，主管人员提出与酒店主管人事的总监某女士见个面，于是又逗留了些许时间。之后，某老师在人事部处的走廊等候下班的实习生一道去宿舍，借此看看酒店内部橱窗内容。这时，一个眼熟的身影走过，朝其背影看了看，“哦，总监女士下班了。”几分钟前还在一起谈话的人，她竟视而不见，擦身而过。于是，该老师突然悟出了，实习生为什么不安心在这家酒店实习的原因：作为酒店重要部门的人事部，在接待协助酒店工作的外地学校教师2个多小时没有倒上一杯水；作为酒店高级管理人员的总监连正常人的礼节礼貌也不懂。由此，可以看出这个酒店的旅游服务接待工作做得不好，所以直接影响酒店良好形象的塑造，导致酒店经营管理失败。

（资料来源：薛建红．旅游服务礼仪[M]．郑州：郑州大学出版社，2002.）

任务 12.2　谈判人员的分工与相互支持

12.2.1　谈判人员的分工与支持

谈判人员的分工是指每一个谈判者都有明确的分工，都有自己适当的角色，各司其职。谈判人员的配合是指谈判人员之间思路、语言、策略的互相协调，行为步调一致。要明确各类人员之间的主从关系、呼应关系和配合关系。

1. 在谈判时主谈与其他人员（辅谈）的配合

主谈是谈判工作能否达到预期目标的关键性人物，其主要职责是将已确定的谈判目标和谈判策略在谈判中得以实现。主谈必须与辅谈密切配合才能真正发挥主谈的作用。

(1)在谈判中，己方一切重要的观点和意见都应主要由主谈表达，尤其是一些关键的评价和结论更得由主谈表述。辅谈不能随意谈个人观点或说与主谈不一致的结论，辅谈要配合主谈，起到参谋和支持的作用。

(2)在主谈发言时，辅谈自始至终都应支持。可以通过口头语言或肢体语言做出赞同的表示。并随时拿出相关证据证明主谈观点的正确性。

(3)当对方集中火力，多人多角度攻击主谈时，辅谈要善于使主谈摆脱困境，从不同角度反驳对方的攻击，加强主谈的谈判地位。

(4)辅谈充当“黑脸者”的角色。“黑脸者”的主要任务是在谈判过程中，根据不同的情况，采取强硬的态度，有意去激怒对方，使对方怒中失态，怒中出错。特别是当有些问题不便由主谈或负责人出面拒绝或否定时，“黑脸者”就应挺身而出，毫不留情地加以拒绝或否定。尤其是当己方主谈处于被动或困境时，“黑脸者”采取强硬立场，“引火烧身”，转移对方的视线，以解脱主谈的困境。

(5)辅谈充当调和者的角色。调和者就应把握时机和分寸，为防止僵局扩大，以调和的姿态，缓和的口气，再借助“诚恳”的态度，温和的言词，提出似乎“合情合理”的条件，这种作法是很明智和策略性的。要知道在商务谈判中如果在出现僵局之前能及时采取措施挽救，不但可以避免不愉快事情的出现，有时还可“因祸得福”，获取对方以让步或优惠条件作为报答。因为双方都不希望出现僵局，你如果能采取措施避免对方的不快，对方当然会表示感谢。

【案例阅读12.2】

一个旅游团因订不到火车卧铺票而改乘轮船，游客十分不满，在情绪上与导游形成了强烈的对立。导游面带微笑，一方面向游客道歉，请大家谅解，由于旅游旺季火车的紧张状况导致了计划的临时改变；另一方面，耐心开导游客，乘轮船虽然速度慢一些，但提前一天上船，并未影响整个游程，并且在船上能够欣赏到两岸的风光，相当于增加了一个旅游项目……，游客这才渐渐与导游缓和了关系。

（本文由作者根据网络相关资源改写）

(6)当主谈提到辅谈所熟知的专业问题时，辅谈应给予主谈更详尽、更充足的证据支持。如在进行合作商务谈判时，专业技术人员和法律人员应从技术的角度和法律的角度对谈判问题进行论证并提供依据，给予主谈有力的支持。主谈与辅谈的身份、地位、职能不能发生角色越位，辅谈不可以因为自己在某一方面的特长而喧宾夺主，否则谈判就会因为己方乱了阵脚而陷于被动。

(7)再有可以运用“游击战”的策略进行人员间的配合。在谈判中各个角色应有意识地调换，使对方捉摸不透，也免于己方某一角色成为对方的众矢之的。在谈判中如果一个人的长处被对方设法避开了，弱点却被对方死死抓住，即使是一个天才也是不难攻破的。防线一旦被攻破，要么冲动、愤怒而失态，要么气馁而消沉。所以应在对方尚未攻破己方组员前及时调换其所充任的角色是十分必要的。

2.“台上”和“台下”的配合

在比较复杂的谈判中，为了提高谈判的效果，可组织“台上”和“台下”两套班子。台上人员是直接在谈判桌上谈判的人员，台下人员是不直接与对方面对面地谈判，而是为台上谈判人员出谋划策或准备各种必需的资料和证据的人员。有下面几种情况：

(1)台下人员是负责该项谈判的主管领导，可以指导和控制台上人按既定目标和准则行事，也可以是台上人员的幕后操纵者。台上人员在大的原则和总体目标上接受台下班子的指挥，敲定谈判成交时也必须得到台下人员认可，但是台上人员在谈判过程中仍然具有随机应变的战术权力。

(2)台下人员是各种专业参谋,如法律专家、贸易专家和技术专家等,他们主要向台上人员提供专业方面的参谋建议,台上人员有权对其意见进行取舍或选择。当然台下人员不能过多、过滥,也不能过多地干预台上人员,要充分发挥台上人员的职责权力和主观能动性,争取实现谈判目标。

12.2.2 调换组员所充任的角色

应根据以下两个方面调换:

(1)当对方对本次谈判欠诚意,或是对方有求于己方,而己方对本次贸易谈判兴趣不太大时,可适当加强“黑脸者”攻势,并适当调换充任“黑脸者”这一角色的组员。

(2)根据谈判的议题,充分考虑每个人的专长和业务能力。当谈判技术条款时,应以技术人员为主谈,商务、法律人员处于辅谈的位置,以确保合同技术条款的准确性:而当涉及合同法律条款时,律师等法律人员成为主谈;如果在商务条款的谈判中,商务人员应作为主谈。如日本人在进行较大型的商务谈判时,往往根据不同的议题由不同的专家充当主谈,其他的角色也相应的有所变换,这个策略使日本商人受益匪浅。

任务 12.3 对谈判的管理和控制

谈判是一个复杂的过程,要使谈判成功,需要对谈判的计划执行情况进行管理和控制,才能不偏离方向。对谈判的控制和管理就是对谈判人员的控制与管理,所以需要对谈判人员的心理和行为有充分的了解。

12.3.1 满足谈判人员的心理需要

谈判人员的行为是由其心理决定的,其行为表现的类型主要有:进取型(以取得成功为满足)、关系型(以与别人保持良好关系为满足)、权力型(以对别人和谈判局势施加影响为满足)。因此可以把谈判人员分为以下三类,并在谈判中给他们安排不同的角色,满足他们的需要,有利于谈判的成功。

(1)对成功的期望很高、对关系的期望很低、对权力的期望很高的人员的使用。在谈判中,这种类型的人,凡是他个人认为重要的东西,都无所顾忌地争取,对他所代表的企业有时却不以为然。由于他在人事关系上不寄予高的希望,所以他不十分在乎领导和同事的看法,有功则沾沾自喜。此外,他还采取强权的办法求得利益,极力地向对方施加压力。对这种人可以让他负责谈判的进程,让他第一个陈述,以满足他对权力的需求,从而使他觉得自己获得了一种特权。但同时还必须策略地控制谈判的进程。所以管理者要注意把目标定得相对合理,此类人员受成功愿望的驱使,就可以让其经过艰苦努力后,达到一定的目标,从而使他得到获胜心理的满足。

(2)对成功期望很高、对关系期望很高、对权力期望很低的人员的使用。这种人也渴望获得骄傲的成功,希望与领导和同事们共同分享成功的快乐,他不仅求得与领导和同事们友好相处,也较多地注重与对方人员保持友好关系。由于他热衷于关系而不追求权力,这就意味着他在谈判过程中更容易处于被动地位,与这种人谈判成功的概率极大。如果他与一个权力型的人谈判,他极可能被操纵。所以此类人员可以做调和人员。

(3)对成功的期望一般、对关系的期望一般、对权力的期望一般的人员的使用。这种人认为对权力要求过高可能使对方产生敌对情绪,所以只希望能够影响对方而不是支配对方。一般来说,这种人能够与对方建立友好关系,能够满足公司及同事们的要求;能够有力控制谈判过程，能把自己的意志体现在谈判内容和谈判过程中；他的成功只要人们满意而不期望特别的赞赏；他随时有可能在高压下做出让步，他愿意有个较为满意的结果不愿意使谈判破裂。在谈判领域，这种人被认为最为理想和最具潜力。但必须是在受过良好的训练和他本人有足够的智慧的前提下，可以作为谈判的负责人。

12.3.2　对谈判人员的激励

对商务谈判的管理应该以激励谈判人员为主。对谈判人员的激励有物质和精神两种。精神方面是指内在报酬，如表扬、提升；物质方面是指外在报酬，如奖金或实物等。

对谈判人员的激励方法主要有：

(1)对取得的成果进行肯定和鼓励。如对谈判人员给予表扬、公布成绩、授予荣誉称号等。

(2)对其工作的信任。

(3)安排更重要的工作。

(4)提升、学习。

(5)物质上的奖励。

(6)提高福利、增加假期等。

12.3.3　对谈判人员的监督

为了使谈判能够向成功的方向发展，需要对商务谈判的过程和人员进行监督和控制，监督和控制的手段很多，常见的有下列几种：

(1)对现场的直接监督与控制。

(2)对通信监督与控制。

(3)通过完善的制度进行自动监督与控制。如报酬制度、地域分派制度、销售配额制度和费用控制制度等。

(4)通过商务谈判人员的工作报告来控制。

(5)通过定期集会来控制。

(6)通过内部舆论进行监督与控制。

12.3.4　提高谈判队伍的团队意识的管理

实践告诉我们，在实际谈判工作中，商务谈判人员由于目的不同、需求不同、经历不同及观察事物的方法不同，因而会常常产生矛盾和冲突。为了使谈判团队人员之间能很好地合作，应该做好以下几个方面的工作：

(1)使谈判人员认识到共同的职责和职权。

(2)树立企业精神。要信任谈判人员，给予较大的自主权与灵活性，让谈判人员掌握谈判中的问题、机会和目标，这样会使谈判人员更具有责任感。

(3)尊重所有的谈判参与人员。

(4)加强信息交流。保持辅助人员与一线谈判人员之间的联系，使他们在谈判过程中相互支持，彼此监督，协调相互间的利益问题，并根据谈判形势的变化而修订计划。

12.3.5　在谈判过程中对谈判人员进行指导和调控

高层领导应与谈判人员保持密切联系，随时给予谈判人员指导和支持。谈判内外的情况在不断发展变化，谈判桌上有些重要决策需要高层领导批准。有时谈判外部形势发生变化，企业决策有重大调整，高层领导要给予谈判者及时指导或建议，对谈判队伍进行指挥。

(1)谈判桌上出现重大变化，与预料的情况差异很大，交易条件变化已超出授权界限时，需要高层领导做出策略调整，重新确定目标和策略。

(2)企业本部或谈判班子获得某些重要的新信息，需要对谈判目标、策略做重大调整时，高层领导应及时根据新信息做出决定，授权给谈判班子执行。

(3)谈判队伍人员发生变动时，尤其是主谈发生变动时，要任命新的主谈，并明确调整后的分工职责。

(4)谈判的关键时刻，高层领导应该适当干预谈判。

(5)当谈判陷入僵局时，高层领导可以主动出面干预，可以会见谈判对方高层领导或谈判班子，表达友好合作意愿，调解矛盾，创造条件使谈判走出僵局，顺利实现理想目标。

总之，对商务谈判的管理需要考虑的因素很多，包括谈判人员的选择与配置、队伍的规模、内部的分工与合作、激励与控制等问题都需要全面的分析研究，这样才能针对实际情况，采用合理的管理方式，使谈判向有利于成功的方向发展。

项目小结

通过对本项目的学习，能够使学生了解谈判是一个复杂的过程，要使谈判成功，需要对谈判的计划执行情况进行管理和控制，才能不偏离方向。对谈判的控制和管理就是对谈判人员的控制与管理，所以需要对谈判人员的心理和行为有充分的了解并做好以下几个方面：满足谈判人员的心理需要，对谈判人员的激励，对谈判人员的监督，提高谈判队伍的团队意识的管理，在谈判过程中对谈判人员进行指导和调控。

主要概念

谈判人员管理；谈判人员素质；谈判人员监督；主谈人；辅谈人

知识与技能训练

第一部分　知识训练

一、名词解释

1. 台下人员
2. 知识互补
3. 自信心
4. 创新能力
5. 主谈人

二、填空题

1. 谈判的关键时刻，高层领导应该________。

2. 对取得的成果进行肯定和鼓励。如对谈判人员给予________、________和________等。

3. 谈判人员的行为是由其心理决定的，其行为表现的类型主要有________、________和________。

4. 谈判负责人本身除应具有较高的思想素质和业务素质之外，还必须掌握________。

5. 在主谈发言时，辅谈自始至终都应支持。可以通过________或________做出赞同的表示。

三、单项选择题

1. 当商务谈判人员远离集体和上级领导而独自与对方谈判时，特别需要的素质是（　　）。

A. 专业知识　B. 个人性格　C. 年轻化　D. 主观能动性

2. 谈判人员注意力最差的阶段是（　　）。

A. 开局　B. 实质性谈判　C. 结束　D. 准备

3. 谈判人员精力和注意力的变化是（　　）。

A. 不可控的　B. 无规律性的　C. 有次序的　D. 有规律的

4. 谈判队伍人数的规模一般在（　　）人左右。

A. 2　B. 4　C. 6　D. 8

5. 谈判小组主谈人最重要的职责是（　　）。

A. 掌握谈判进程　B. 弄清对方的意图、条件

C. 找出与对方的分歧或差距　D. 掌握该谈判项目总的财务情况

四、多项选择题

1. 下列选项中（　　）属于谈判者的心理素质范畴。

A. 沟通能力　B. 职业道德　C. 自制力

D. 责任心　E. 专业知识

2. 技术人员在谈判中主要负责谈判的内容有（　　）。

A. 产品性能　B. 技术质量标准　C. 产品验收

D. 支付　E. 签约

3. 对谈判人员组织的培养主要包括（　　）。

A. 家庭的培养　B. 社会的培养　C. 企业的培养　D. 自我培养　E. 国外培养

4. 打“持久战”时，（　　）的人最适合。

A. 情绪型　B. 顽固型　C. 沉默型　D. 多疑型

5. 谈判中，（　　）的人较为容易接受暗示。

A. 缺乏主见　B. 独立性强　C. 随波逐流

D. 知识丰富　E. 职务高

五、简答题

1. 从横向方面看，商务谈判人员在进行国际商务谈判时，应具备哪些知识？

2. 为了使谈判团队人员之间能很好地合作，应该做好哪几个方面的工作？

3. 对谈判人员监督的手段有哪些？

第二部分　技能训练

一、案例训练

[训练目的]

通过该训练任务，有助于学生：

1. 加深对商务谈判队伍组织和管理的深入理解。

2. 运用相关知识分析商务谈判队伍组织和管理，有效地将知识转化为技能。

[训练步骤及要求]

1. 教师选择恰当案例，拟定需要讨论分析的问题。

2. 确定案例训练组织形式：分组集体讨论会(4～6人)。

3. 老师主持课堂案例讨论，各小组选出一名代表阐明本小组的分析要点。

4. 教师进行最后点评与总结。

5. 各小组在讨论分析案例的基础上按以下要求撰写、提交"案例分析报告"，文字表述要精练、观点明确。

《准备不充分之旅》案例分析报告

时　　间：

分 析 者：

班　　组：

问题分析：

➢问题一：

➢问题二：

[实训考核]（百分制）

评分维度	出　勤	参与的主动性	内容的充实性	分析的逻辑性	知识的应用性	创 新 性
百 分 比	10%	15%	20%	15%	20%	20%

[案例介绍]

一位中国香港特别行政区女装连锁店的采购商，给其一家总公司在巴黎的供应商打电话，要求来人到香港做秋装展示洽谈。两家公司在过去几年里不断有生意往来。巴黎公司派女设计师罗斯去香港。到香港的第二天，公司安排好做展示。罗斯想，既然以前有合作往来，直接坐下来谈生意不会有问题了。于是，客套话之后，罗斯立即放幻灯片做展示，接着报价；谈完价钱又谈如何促销。说了半天后她发现香港听众，上自老板下至业务员，一个个都呆若木鸡，面无表情地看着她。一阵沉默之后，香港老板开口了，并突如其来地问罗斯许多问题：问她是在哪里学服装设计的，过去的工作经验，她念的时装学校怎么样，嗜好是什么，在巴黎公司工作多久，等等与生意无关的事情。由于话题转折太快，起初她还吞吞吐吐地不愿意说，之后，她想既然是聊天，就有问必答。香港老板又说了些他与法国公司关系如何的成功，两者合作的计划如何，以及法国公司最高级主管来访时如何陪他们走访香港的一些琐事。最后香港老板再三叮嘱罗斯，要切记所谈的一切，等她回巴黎见到上司时一定用得着。后来，她打电话回巴黎，把事情的始末一五一十地说给上司，并表示对洽谈的生意不觉乐观。你觉得为什么会这样？

[问题讨论]

1. 请问罗斯身上缺乏哪些谈判人员应有的素质？

2. 罗斯应配备什么样的助理？

二、项目训练

[实训项目]　模拟谈判

请6～8人组成一个谈判小组，明确组内成员的分工，并分别列出本组成员各自的职能，说明成员的个性特点，并找另外一个小组就采购××产品进行谈判，并在谈判完成后就对方组员的特点进行总结。

[实训目的]

通过该实训项目的操作，使学生了解在商务谈判中成员个性特征的重要性，并就选择成员问题有更深一步的认识。

[实训要求]

教师先制定一定的商务活动场景，根据教学班级的分组情况，按一定数量的小组分别选择不同的场景进行设计和表演。

[实训操作步骤]

1. 对教学班级的学生进行项目分组(6～8人)，明确组内分工。
2. 教师设计有关的商务活动场景。
3. 学生对该商务活动场景进行分析，并设计相关的情节。
4. 各项目小组根据场景进行表演。
5. 同学互评，教师点评。
6. 本次实训综合成绩评定。

[实训考核]　(百分制)

1. 实训准备工作(10分)。
2. 各项目小组对本次实训的组织、分配、管理等过程(20分)。
3. 各项目小组对选定场景进行表演(45分)。
4. 项目小组的团队合作精神(15分)。
5. 同学互评，教师点评(10分)。

项目5　商务谈判的准备工作

学习目标

◆ 知识目标

通过本项目的学习，使学生能够根据所学知识，做好谈判背景调查，收集谈判双方的信息，做好优劣势分析；同时能做好谈判之前的各个准备环节，制定商务谈判计划书，善于总结谈判结果。

◆ 技能目标

通过本项目的教学，使学生能掌握谈判前的准备工作，深刻理解准备工作在商务谈判中的作用，为学生走上工作岗位后，在处理有关商务谈判中问题时提供有益的参考与借鉴，并为其奠定从事商务活动的坚实基础。

学习情境13　谈判前的准备

【入门案例】

美国总统尼克松访华，中美双方将要展开一场具有重大历史意义的国际谈判。为了创造一种融洽和谐的谈判环境和气氛，中国方面在周恩来总理的亲自领导下，对谈判过程中的各种环境都做了精心而又周密的准备和安排，甚至对宴会上要演奏的中美两国民间乐曲都进行了精心挑选。在欢迎尼克松一行的国宴上，当军乐队熟练地演奏起由周总理亲自选定的《美丽的亚美利加》时，尼克松总统简直听呆了，他绝对没有想到能在中国的北京听到他如此熟悉的乐曲，因为，这是他平生最喜爱的并且指定在他的就职典礼上演奏的家乡乐曲。敬酒时，他特地到乐队前表示感谢，此时，国宴达到了高潮，而一种融洽而热烈的气氛也同时感染了美国客人。一个小小的精心安排，赢得了和谐融洽的谈判气氛，这不能不说是一种高超的谈判艺术。美国总统杰弗逊曾经针对谈判环境说过这样一句意味深长的话："在不舒适的环境下，人们可能会违背本意，言不由衷。"英国政界领袖欧内斯特·贝文则说，根据他平生参加的各种会谈的经验，他发现，在舒适明朗、色彩悦目的房间内举行的会谈，大多比较成功。

（本文由作者根据网络相关资源改写）

【分析提示】

这是典型一致式开局策略，目的在于创造取得谈判成功的条件，前提在于谈判之前对对手喜好进行深入的了解与分析，做好充分的谈判准备工作。运用一致式开局策略的方式还有很多，比如，在谈判开始时，以一种协商的口吻来征求谈判对手的意见，然后对其意见表示赞同和认可，并按照其意见开展工作。运用这种方式应该注意的是，拿来征求对手意见的问题应该是无关紧要的问题，对手对该问题的意见不会影响我方的利益。另外，在赞成对方意见时，态度不要过于献媚，要让对方感觉到自己是出于尊重，而不是奉承。

一致式开局策略还有一种重要途径，就是在谈判开始时以问询方式或者补充方式诱使对手走入你的既定安排，从而使双方达成一种一致和共识。所谓问询式，是指将答案设计成问题来询问对方，例如，"你看我们把价格和付款方式问题放到后面讨论怎么样？"所谓补充方式，是指借以对对方意见的补充，使自己的意见变成对方的意见。

一次销售谈判大致划分为三个阶段：计划与准备阶段、面谈阶段、后续收尾阶段。虽然讲到谈判，大多数人总联想到面谈，但计划与准备阶段是这三个阶段最关键的，至少一个典型的谈判其结果如何，有50%在你和客户见面之前就已经决定了。

计划与准备阶段如此重要，而大多数销售人员进行谈判时仍是仓促上阵，未能做充分的准备，使得谈判结果不能尽如人意。因此，在每一次销售谈判之前做好充分的计划与准备，是我们取得良好谈判结果的基石。

任务13.1 商务谈判背景调查

领导者谈判主要是根据组织的需要来确定目标。谈判操作都是以目标的实现为导向的。这一目标体系通常有三个层次：第一目标即基本目标，这是谈判必须达到的利益标准，它的实现决定着谈判的价值；第二目标即一般目标，这是要争取达到的利益目标，通常是不到万不得已时不予放弃；第三目标即理想目标，这是不影响整体利益的目标，在必要时可以酌情放弃。显然，第一目标是达成谈判协议的最起码要求，也是三个目标中最基本的一个，它的选定一定要拿准。

领导者应设法了解对手的各种情况，摸清谈判对方的底细，包括对方的目的、意图、策略及相关的各种材料。情报的积累和分析易使领导者在谈判中胸有成竹、占据优势。

13.1.1 信息收集与整理

就交易的角度来讲，每次商务谈判其最终目的均是就某项交易达成双方一致的协议。在开展每项具体交易之前，企业必须事先寻找意向中的交易对象(此时还不能称为谈判对象)。例如，为了采购原材料需要寻找原材料供应商，为了销售产品需要寻找销售商等。有时交易对象可能只有一个，也就是说其在同行业中处于绝对垄断的地位。例如，某项专利技术的拥有者，此时对企业来说别无选择，交易对象就是未来的谈判对象。有时交易对象可能有多个，此时要确定未来的谈判对象就必须经过一个比较、筛选过程，尔后才能"择优录取"。在对交易对象的考察过程中，不论其数目多少，都不可避免地涉及信息的收集、整理工作。简单地说，信息的收集、整理工作的主要目的，一是确定谈判对象，再者即为重点收集与谈判对象有关的信息。而信息收集、整理工作在整个商务谈判前期准备工作中的地位也正如商务谈判前期准备工作在整个商务谈判全过程中的地位一样，都起到了不可磨灭的基础性作用。

狭义的信息收集、整理工作只涉及谈判对象本身的有关信息。而广义的信息收集、整理工作还包括以下几个方面：对谈判对象即将派出的谈判人员个人有关信息的收集；对谈判对象所处的政治、经济、社会环境等有关信息的收集；对双方竞争对手有关信息的收集；对国家有关方针政策、法律法规等的了解。下面分别予以描述：

（1）谈判对象本身的有关信息。这主要包括，谈判对象的技术实力、市场影响力、生产规模、经营状态、财务状态、资信情况等。还有，其产品的有关性能参数、价格水平、市场占有率等各方面的信息。尤其需要注意的是，为了避免上当受骗，减少一些不必要的麻烦，增大谈判成功的概率，需要对谈判对象进行专门的资信调查，了解谈判对象其产品信誉、服务信誉以及贷款支付能力、执行合同能力等方面的情况。

（2）谈判人员个人有关信息。这主要包括，谈判人员在对方企业中的职位高低、决策权大小、谈判风格，谈判能力、个性、嗜好等。

（3）谈判对象所处的政治、经济、社会环境等有关信息。这主要是就国际商务谈判而言的，它主要包括，谈判对象所在国的时局形势、国家政策法规中与本次谈判有关的部分、该国的总体经济态势、当时的国际经济形势、该国的风俗习惯、禁忌，还有一些与本次谈判有关的国际惯例等。

（4）双方竞争对手的有关情况。这主要包括，我方竞争对手和对方竞争对手的产品技术特点、价格水平以及其他方面的竞争优势对本次谈判的影响，这可以为我方使用“威胁”战略做好准备，同时也为应对对方的“威胁”战略起到了一定的防范作用。

（5）国家有关方针政策、法律法规等方面的信息。这主要包括，国家有关商品交易政策、税收和合同签订、执行的政策、海关出入境的政策法规等。

至于如何收集信息，渠道是多种多样的，比如：通过分析各种公开资料，从报刊、杂志、企业产品说明书、企业广告、企业网站等中筛选所需信息，也可以通过双方人员互访、实地参观考察直接获取信息，还可以通过一些咨询中介机构、谈判对象以前的合作伙伴或竞争对手间接收集信息。当收集到尽可能多的信息之后，就必须对收集到的信息进行甄别、汇总、整理、分析，然后形成书面报告，为以后的工作奠定坚实的基础。

【案例阅读 13.1】

1982 年，石家庄市第三印染厂准备与德国卡佛公司以补偿贸易形式进行为期 15 年的合作生产，规定由外方提供黏合衬布的生产工艺和关键设备。该工艺包含了大量的专利。初次谈判时对方要求我方支付专利转让费和商标费共 240 万马克。我方厂长马上派人对这些专利进行了专利情报调查。调查发现其中的主要技术——“双点涂料工艺”专利的有效期将于 1989 年到期失效。在第二轮谈判中，我方摆出这个证据，并提出降低转让费的要求，外商只得将转让费降至 130 万马克。

（本文由作者根据网络相关资源改写）

13.1.2 分析自身优势与劣势

对谈判者自身的了解，就是做到所谓的“知己”。例如，本次交易对我方的重要性，己方在竞争中所处的地位，己方对有关商业行情的了解程度，己方谈判人员的经验等。需要注意的是，在进行自身条件的分析时，一定要客观公正。

在这里，可以采用SWOT分析法进行分析。SWOT分析最早是由旧金山大学管理学教师于20世纪80年代提出的。SWOT分析代表分析企业的优势、劣势、机会和威胁。

(1)S(Strength，优势)。分析企业在此次谈判中所具有的优势，可以使谈判人员发挥这些优势，有利于取得良好的谈判效果。例如，如果谈判在我方地点举行，那么我方所具有的优势就是比较有信心，不用去费神费力地适应新的环境，可以主动掌握谈判进程等。再例如，已方主谈在类似商务谈判所积累的经验等，都可以成为我方的优势所在。

(2)W(Weakness，劣势)。在谈判中我方的劣势是不容忽视的问题。在进行自身调查时，需注意准确定位我方劣势，并事先准备相应的应对措施。例如在我方地点进行谈判时，会产生不利因素，有已方工作负担重，有其他公司事务干扰等。在认清我方劣势后，可以采取的应对措施有设立单独的接待小组负责谈判对手的接待工作，将其余可能产生干扰因素的工作提前安排他人负责等。再例如中小规模出口商往往认为自己处于弱势地位，如果代表一家生产游戏的小型出口公司谈判，则谈判期间可强调间接成本低、生产过程灵活机动、转换生产线时间少及愿意接受小批量订货等，把这种弱点转变为长处。

(3)O(Opportunity，机会)。通过对环境和谈判对手分析，结合自身因素，找出机会并抓住机会。

(4)T(Threats，威胁)。通过对环境和谈判对手进行分析，结合自身因素，找出谈判中对己方的威胁因素及其产生原因，就可以采取应对措施，减少危险可能产生的不良后果。

图13.1是对某代理公司的SWOT分析。

图13.1 某代理公司SWOT分析图

通过对自身的各方面条件进行客观的分析，有助于我们弄清自身在谈判中的优势和薄弱环节，有针对性地制定谈判策略，以便在谈判时扬长避短，取得良好的效果。

13.1.3 考虑对方的需要

谈判的准备工作不能仅仅考虑自己的要求和需要，同时也要考虑谈判的对方可能需要什么。这时需要你做一个换位思考，站在对方的位置上来考虑问题。如果你是对方，在谈判中你需要什么；你为什么需要它；你需要得到这个结果背后的原因可能是什么；什么问题对你来说最重要；你首要考虑的是什么；什么问题你不能做出丝毫让步；对你来说最糟糕的结果可能是什么；你的顶线、现实、底线目标是什么;你准备拿来交换的是什么; 你可能会失去什么;你为了支持你的立场可能会提出哪些问题;你是否有足够的事实数据或信息来支持你的立场与观点。

虽然你不能准确地回答上述问题,但经过仔细考虑和推测这些问题,你就能更好地把握谈判的进程与方向。

13.1.4 评估相对实力和弱点

你可能做出的让步和你能够交换的项目取决于你在谈判中的实力和弱点。实力是指可以对对方的行动施加的支配力或影响力,其形式为:

(1)决策权威:你拥有做出正式决策的权利吗?

(2)专家权:对讨论的问题你具有丰富的知识吗?

(3)对讨论的问题你是否有充裕的时间?

(4)你有决心与毅力吗?

(5)你是否做了充分的准备?

(6)你是否具有丰富的谈判经验?

(7)你是否拥有内部消息?

(8)你是否认识某个能影响谈判结果的人?

(9)你拥有使用某些制裁或施压的权利吗?

在评价实力和弱点时应注意:

(1)只有双方都认识它的存在并对它的使用程度持有相同看法时,支配力才发生作用。

(2)如果你比对方强大,而且双方都知道,那么你在谈判中利用一下这种优势,就会使对方意识到不对你的建议做出让步的后果。

(3)如果你比对方强大,对方不知道,那么你的支配力就不能发挥作用,如果你有弱点对方不知道,那么你就比你想象的强大。

(4)熟练的谈判者善于使用其支配力来影响和说服对方,而不是利用这种支配力来打败对方。

(5)经验丰富的谈判者在充分利用对方弱点之前,会再三思考,意识到一起共事的必要性,会使对方都增加谈判信心。

(6)谈判技巧不能代替谈判实力。谈判技巧只能带来一时的优势。

任务 13.2 确定谈判目标

经过第一阶段信息的收集、整理工作,选定谈判对象之后,就要充分有效地利用与谈判对象有关的各种信息来确定谈判目标。没有一个明确的谈判目标,很难想象谈判能够取得成功。商务谈判所要达到的谈判目标即是谈判双方就本次谈判所涉及的谈判内容在各种交易条件或协议条款上要达到的有关标准。在谈判目标的制定上要注意下面三点:①合理性。所谓合理性就是指谈判目标的制定要依据收集到的各种信息,结合双方的实际情况,合理地、客观地确定目标,切不能脱离实际,主观臆测。②层次性。层次性是指谈判目标有基本目标与期望目标、短期目标与长期目标之分。基本目标是指我们必须要达到的、不能妥协的目标,在某种意义上可以理解为“底线”。而期望目标则是我们要尽力去追求的、理想的目标。例如,我方作为采购方所能接受的卖方最高价即是我方的基本目标,而我方希望卖方所能提供的最低价则是我们要尽力争取的期望目标。至于短期目标与长期目标,则主要从时间上来定。③具体性。这主要是指谈判目标的制定不能太笼统,太过于空泛,要争取做到详细清楚,能量化的量化。

这样可以使我方谈判人员心中更有数，更能把握好谈判的“度”，从而增大谈判成功的可能性。具体有以下几个要点：

(1)知道自己需要什么。如果没有事先考虑好自己应该从谈判中得到什么就开始进行谈判，那么谈判结束后：①你可能会带着很多“礼物”离开；②你可能会放弃有价值的项目代之以得到无价值的东西而告终。因此谈判开始前，对自己需要得到什么应该有一个明确的设想。

(2)知道自己为什么需要它。对你而言，得到的结果对你有什么用。弄清楚你想得到的东西的原因是什么，可能会有助于你达到你隐蔽的目的。即使这些原因你未曾有意识地去考虑。

(3)如果没有实现自己的目标，将会发生什么事情。如果没有得到自己想要的结果，可能发生的最坏的事情是什么？自己如果能够接受，或者说当你明白会发生什么时，或许你能找到解决问题的其他方法。

(4)知道自己首要考虑的事。将自己在谈判当中想要得到的全部目标分解成若干组成部分，考虑一下：哪一部分首先考虑；哪一部分其次考虑；哪一部分最后才考虑。

(5)自己不能接受的是什么。在谈判中，也许有些条件是自己无论如何也不能接受的。如果谈判将迫使你要超越出这些原则性的限度，也许你就不值得再花时间和精力继续谈下去了。

(6)知道自己的谈判界线。在谈判中，你能做的最有价值的事情之一就是弄清楚自己在谈判中的界线。这样你就可以知道，谈到什么时候你应终止谈判；什么时候可以说“是”，什么时候可以说“不”；什么时候态度必须强硬；什么时候，可以离开谈判桌结束谈判。也就是说，如果到了这个界线，你可以考虑自己应该去做什么了。

(7)为自己设定谈判的顶线目标、现实目标、底线目标。当你知道自己想要什么，不想要什么，什么对自己最重要时，你就可以开始为自己拟定谈判中的顶线、现实、底线目标。这些目标是你将希望达到的结果和拥有的活动范围具体化的一个方面。

顶线目标是获得你真正想要的一切。在一个理想的状态下，你有可能实现它。现实目标是实际上你希望得到的结果，不同的谈判对象，其结果可能不同。底线目标是你的底线。当谈判达到这条界线时，你应该终止谈判，离开谈判桌。

(8)自己能做出什么让步：谈判过程充满讨价还价、妥协、让步。为了得到自己所想要的结果，就要做出一些让步。所以应考虑你准备做出什么让步来实现自己所希望的谈判结果，这时你应该清楚：

①我必须拥有什么？什么东西我不准备做出任何让步？

②什么对我来说不重要？

③我有什么必须拿去作为交换条件而准备放弃的呢？

任务 13.3　组织谈判人员

谈判人员的选择对于一次商务谈判的成功与否其重要性是不言而喻的。有的商务谈判可能因为规模较小，目标较单一明确，仅需要 1～2 名谈判人员，而有的商务谈判则可能因为规模大，情况复杂，目标多元化，从而需要由多个谈判人员组成的谈判小组。但不管谈判人员的多与少，一些对谈判人员基本素质的共同要求则是相同的，即就其个人能力来说，谈判人员应具有良好的自控与应变能力、观察与思考能力、迅捷的反应能力、敏锐的洞察力，甚至有时是经过多次商务谈判而于无形之中形成的直觉。此外，还应具有平和的心态，沉稳的心理素质，以及落落大方的言行举止。这些对那些初上谈判台的谈判人员尤为重要。对于必须组成谈判小组的商务谈判来说，其谈判小组的组成规模要适当，依据实际情况而定，其应该遵循的基本原则是精干高效。除了一名具有丰富的谈判实践经验、高明的组织协调能力的主谈人之外，还需要有财务、法律、技术等各个方面的行家里手，如财务人员应熟练地掌握运用支付方式、信用担保等方面的知识；法律人员应对本次谈判所涉及的法律法规等非常熟悉；而技术人员则应该对本次谈判所牵涉的生产技术、工艺、交易产品的各项性能参数等方面的知识有着充分的了解。在性格和谈判风格上，上述人员也应该是进攻型、防御型互补，善演黑脸者与善演白脸者相互配合，以使谈判能够取得最佳效果。

任务 13.4　选择谈判方式

商务谈判方式可简单地分为两大类，面对面的会谈以及其他方式。面对面的会谈又可分为正式的场内会谈和非正式的场外会谈，其他谈判方式包括采用信函、电报、电传、电话、互联网等方式。相比之下，面对面的会谈能较多地增加双方谈判人员的接触机会，增进彼此之间的了解，从而更能洞悉对方谈判人员的谈判能力、谈判风格，给谈判人员充分施展各种策略技巧留下了很大空间。尤其是非正式的场外会谈，可以创造轻松愉快的氛围，缓和正式谈判的紧张气氛。心理学研究表明，人们在愉快的心境下交谈，容易产生求同和包容心理。对对方观点的接受性增强，排斥力减弱，从而使得会谈更富有成效。但是，这种谈判方式对谈判人员的个人素质有较高的要求，同时费用较高。这种方式较适用于大宗贸易和与对方建立长期合作关系的谈判活动。

在其他谈判方式中，我们把利用信函、电报、电传进行的谈判称为书面谈判。书面谈判有助于传递详细确切的信息，且无不必要的干扰。采用这种形式，谈判双方可以有充分的时间去考虑谈判条件的合适与否，便于慎重决策，同时费用开支较小。

电话谈判也可以用来获取某些信息，提高效率，费用较少。但不管书面谈判还是电话谈判，因为私人接触较少，也不存在视觉交流，缺乏这些视觉感受可能会引起误会，而且谈判人员有时容易对书面谈判中的某些文字内容的理解产生误解，这使得这两种形式缺乏一定的灵活性。它们主要用于初次接触、探询信息或是谈判双方以前就曾经建立了良好的长期合作关系的谈判。

在现代高科技迅速发展的今天，互联网已成为广播、电视、报刊杂志之后的“第四媒体”，网上谈判（如图 13.2 所示）应该是大有用武之地的，与电话谈判、书面谈判等形式相比，它可以利用多媒体技术、数据通信技术等高科技手段把谈判人员的声音、表情“千里迢迢”地送到对方面前，这使得它具有面对面会谈的某些优点。它使得谈判人员可以通过观察对方的声音变化、表

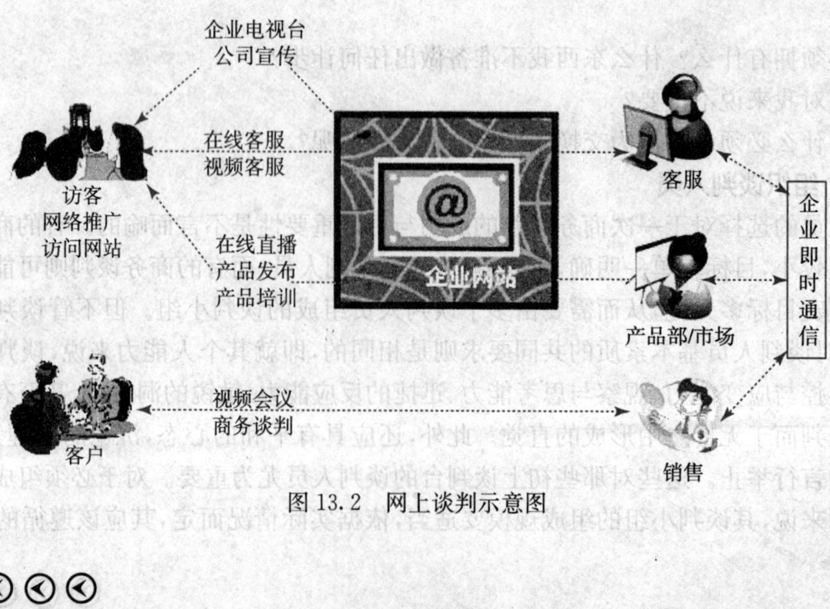

图 13.2　网上谈判示意图

情变化及时捕捉信息，更好地做出判断。与面对面会谈相比，它又具有方便、可随时进行、成本低廉等特点。可以预测，若干年后，网上谈判将会取代面对面会谈而成为大型商务谈判的主要方式。

上述各种方式各有利弊，实际中通常是以一种方式为主，几种方式结合起来使用，以求达到相互弥补的目的。

任务 13.5　选定谈判地点与时间

关于谈判地点的选择，通常不外乎三种情况：在我方企业所在地，在对方企业所在地，既不是我方企业所在地又不是对方企业所在地的其他地方。当然，这里所指的是面对面会谈所需要考虑的问题，如果选择电话谈判、书面谈判或网上谈判等方式，就无关紧要了。这三种不同地点的选择各有利弊。谈判地点安排在我方企业所在地的优点是，环境熟悉，不会给我方谈判人员造成心理压力，有利于以放松、平和的心态参加谈判；查找资料和邀请有关专家比较方便，可以随时向本企业决策者报告谈判进展情况。同时由于地利人和，可以给对方谈判人员带来一定的心理压力。缺点是易受本企业各种相关人员及相关因素的干扰，而且也少不了繁杂的接待工作。谈判地点选在对方企业所在地的优点是，我方谈判人员可以少受外界因素打搅而以全部精力投入谈判工作；可以与对方企业决策者交换意见，可以使对方谈判人员无法借口无权决策而拖长谈判时间。同时也可避免繁杂的接待工作。也有缺点，环境不熟悉，易有压力；临时需要查找资料和邀请有关专家不太方便。谈判地点选在其他地方双方来讲都比较公平，谈判可以不受外界干扰，保密性强。但对双方来讲，查找信息和请示企业领导都多有不便，各项费用支出较高。

【案例阅读 13.2】

英国某啤酒公司的副总裁在去南美做商务旅行时，接到总部的传真，要他在归途顺便去牙买加和当地一家甜酒出口公司的经理谈生意。但问题是他没有去牙买加做公务旅行的签证，想临时办一个，时间又来不及。

于是，他只好以旅游者的身份来到金斯敦的诺尔曼雷机场。在检查护照的关口，移民官从他皮包的工作日志及来往信函中判明他是在做公务旅行，所以不许他入境。他反复向移民官声明，自己不过是在返回伦敦前来这儿进行短暂的休整。这才勉强被允许入境。

他一住入旅馆，便打电话和那位甜酒出口商联系。刚打完电话，就来了位移民局的官员，说他是怀着商务目的来到此地，而没有取得应有的签证。对他说，他将受到有关方面的严密监视，一旦发现从事商务活动，便将立即驱逐出境，并处以高额罚款。

足足两天，他身边总有一位警察，像个影子似的。使他不得不像个旅游者一样打发时光。看来此行是只能白费时间和金钱了。

但是在他离开之前，却在警察的眼皮底下与那位出口商谈成了生意。

旅馆设有游泳池，池旁有个休闲区供客人喝喝饮料，稍事休息。监视的警察只见他与一位身着比基尼泳装的妙龄女郎坐着喝饮料，还有一搭没一搭地和酒吧服务员聊天。谁知那位服务员竟是出口商打扮的，而那名妙龄女郎则是他的女秘书。

（资料来源：石永恒．商务谈判实务与案例[M]．北京：机械工业出版社，2008.）

谈判时间的选择一般都在白天。这时双方谈判人员均能以充沛的精力投入谈判，头脑清醒，应对自如，不会或很少犯错误。谈判一般不选择晚上进行，尤其是在经历过白天激烈的交锋之后，此时人们通常都比较疲乏，会不由自主地产生一种倦怠心理，可能会有些许疏漏出现以至影响整个谈判进程，甚至会造成一些意想不到的损失。当然，在某些情况下，谈判时间选择晚上也是一种谈判策略，关于谈判时间与地点的选择，还需依据实际情况而定，最好能事先征求对方的意见，给对方以充分的自主权以显我方之诚意，从而为谈判的顺利开展做了铺垫。谈判时间的选择适当与否，对谈判效果影响很大。一般来说，应注意以下几种情况：

(1)避免在身心处于低潮时进行谈判。例如夏天的午饭后、人们需要休息的时候不宜进行谈判；如去外乡异地谈判，或去国外谈判，经过长途跋涉后应避免立即开始谈判，要安排充分的休整之后再进行谈判。

(2)避免在一周休息日后的第一天早上进行谈判，因为这个时候人们在心理上可能仍未进入工作状态。

(3)避免在连续紧张工作后进行谈判，这时，人们的思绪比较零乱。

(4)避免在身体不适时(特别是牙痛时)进行谈判，因为身体不适，很难使自己专心致力于谈判之中。

(5)避免在人体一天中最疲劳的时间进行谈判。现代心理学、生理学研究认为，傍晚四时至六时是人一天的疲劳在心理上、肉体上都已达顶峰的时候，容易焦躁不安，思考力减弱，工作最没有效率，因此在这个时候进行谈判是不适宜的。

另外，在贸易谈判中，如果是卖方谈判者，则应主动避开买方市场；如果是买方谈判者，则要尽量避开卖方市场，因为这两种情况都难以进行平等互利的谈判，不要在最急需某种商品或急需出售产品时进行谈判，要有一个适当的提前量，做到“凡事预则立”。同时要注意时间因素的重要性，如夏天买棉衣，冬天买风扇，落市时去买菜，在淡季去旅游，选择对自己最有利的时机。

任务 13.6　确定谈判的策略与技巧

1. 选择谈判策略

谈判的策略一般被分为竞争型和合作型两大类。竞争型策略是一种争取利益最大化的策略。在这种策略下，谈判方的开局较高，很少让步。采用竞争型的谈判策略的商务代表在谈判中无须创造和谐的合作气氛，一般局限在一次性的短暂合作。合作型谈判策略指谈判方都持有一种互惠互利的合作态度，在谈判中双方互相交换信息，体谅对方的处境，力求得到一个双方都满意的结果。合作型谈判策略强调的是谅解对方的立场，寻求对双方都有利的结果。

【案例阅读 13.3】

掌握情报，后发制人。在某次交易会上，我方外贸部门与一客商洽谈出口业务。在第一轮谈判中，客商采取各种招数来摸我们的底，罗列过时行情，故意压低购货的数量。我方立即中止谈判，搜集相关的信息，了解到日本一家同类厂商发生重大事故停产，又了解到该产品可能有新用途。仔细分析了这些信息以后，谈判继续开始。我方依据掌握的信息后发制人，告诉对方：我方的货源不多；产品的需求很大；日本厂商不能供货。对方立刻意识到我方对这场交易背景的了解程度，甘拜下风。在经过一些小的交涉之后，乖乖就范，接受了我方的价格，购买了大量该产品。

(本文由作者根据网络相关资源改写)

2. 谈判的最初定位

在国际商务中，当事方应该在考虑对方文化的基础上决定他的最初定位。在一些文化中，当事方经常开局很高，给自己留下充足的机动空间。比如在中东社会的商业往来中，讨价还价是非常普遍的；所以，当事方开局一般要高一些。而在一些西方社会中，谈判方不太愿意还价，所以谈判方一般把开局定在他愿意接受的区域附近。

3. 让步的策略

每一次谈判都有其特点，要求有特定的策略和相应战术。在某些情况下首先让步的谈判者可能被认为处于软弱地位，致使对方施加压力以得到更多的让步；然而另一种环境下，同样的举动可能被看做是一种要求回报的合作信号。在国际贸易中，采取合作的策略，可以使双方在交易中建立融洽的商业关系，使谈判成功，各方都能受益。但一个纯粹的合作关系也是不切实际的。当对方寻求最大利益时，会采取某些竞争策略。因此，在谈判中采取合作与竞争相结合的策略会促使谈判顺利结束。这就要求我们在谈判前制定多种策略方案，以便随机应变。

当事方必须在谈判前决定，如果必要的话，己方可以做出哪些让步；如何让步？在何时让步？如果必要，还需计算出这些让步的成本，然后决定何时如何让步。谈判中，让步的时机与方式和让步本身的价值一样重要。重要的是在谈判之前要考虑几种可供选择的竞争策略，万一对方认为你的合作愿望是软弱的表示时，或者对方不合情理，咄咄逼人，这时就需要改变谈判的策略了。有时候，一个小小的让步也可以让对方相信这是个不错的收获，一旦对方认为这个让步是值得的，在以后的谈判中，他就会更合作，或者提出更互惠的方案。在有些文化中，谈判方不到最后不会做出大的让步；而在另一些文化中则正相反，在开始阶段时常让步，越临近结束让得越少。正是因为这个原因，谈判代表需要在事前准备几个不是那么昂贵的，但会被对方欢迎的让步以备不时之需。在协议快要达成时，最后一分钟的让步被许多人所期待。实际上，在许多国家，这个举动被当成是一种愿意达成最后协议的友好表示。

任务13.7 模拟谈判

所谓模拟谈判，也就是正式谈判前的“彩排”。它是商务谈判准备工作中的最后一项内容。它是从己方人员中选出某些人扮演谈判对手的角色，提出各种假设和臆测，从对手的谈判立场、观点、风格等出发，和己方主谈人员进行谈判的想象练习和实际表演。

1. 模拟谈判的必要性

在谈判准备工作的最后阶段，企业有必要为即将开始的谈判举行一次模拟谈判，以检验自己的谈判方案，而且也能使谈判人员提早进入实战状态。

模拟谈判的必要性表现在以下几个方面：

(1)提高应对困难的能力。模拟谈判可以使谈判者获得实际性的经验，提高应对各种困难的能力。很多成功谈判的实例和心理学研究成果都表明，正确的想象练习不仅能够提高谈判者的独立分析能力，而且在心理准备、心理承受、临场发挥等方面都是很有益处的。在模拟谈判中，谈判者可以一次又一次地扮演自己，甚至扮演对手，从而熟悉实际谈判中的各个环节。这对初次参加谈判的人来说尤为重要。

(2)检验谈判方案是否周密可行。谈判方案是在谈判小组负责人的主持下，由谈判小组成员具体制定的。它是对未来将要发生的正式谈判的预计，这本身就不可能完全反映出正式谈判中出现的一些意外事情。同时，谈判人员受到知识、经验、思维方式、考虑问题的立场、角度等因素的局限，谈判方案的制订就难免会有不足之处和漏洞。事实上，谈判方案是否完善，只有在正式谈判中方能得到真正检验，但这毕竟是一种事后检验，往往发现问题为时已晚。模拟谈判是对实际正式谈判的模拟，与正式谈判比较接近。因此，能够较为全面严格地检验谈判方案是否切实可行，检查谈判方案存在的问题和不足，及时修正和调整谈判方案。

(3)训练和提高谈判能力。模拟谈判的对手是自己的人员，对自己的情况十分了解，这时站在对手的立场上提问题，有利于发现谈判方案中的错误，并且能预测对方可能从哪些方面提出问题，以便事先拟定出相应的对策。对于谈判人员来说，能有机会站在对方的立场上进行换位思索，是大有好处的。正如美国著名企业家维克多金姆说的那样："任何成功的谈判，从一开始就必须站在对方的立场来看问题。"这样的角色扮演技术不但能使谈判人员了解对方，也能使谈判人员了解自己，因为它给谈判人员提供了客观分析自我的机会，注意到一些容易忽视的失误。例如在与外国人谈判时使用过多的本国俚语、缺乏涵养的面部表情、争辩的观点含糊不清等。

2. 模拟谈判的内容

模拟谈判的内容就是实际谈判中的内容。但为了更多地发现问题，模拟谈判的内容往往更具有针对性。模拟谈判内容的选择与确定，不同类型的谈判也有所不同。如果这项谈判对企业很重要，谈判人员面对的又是一些新的问题，以前从未接触过对方谈判人员的风格特点，并且时间又允许，那么，模拟谈判的内容应尽量全面一些。相反，模拟谈判的内容也可少一些。

3. 模拟谈判的拟定假设

要使模拟谈判做到真正有效，还有赖于拟定正确的假设条件。

拟定假设是指根据某些既定的事实或常识，将某些事物承认为事实，不管这些事物现在(及将来)是否发生，但仍视其为事实进行推理。依照假设的内容，可以把假设条件分为三类，即对客观世界的假设、对谈判对手的假设和对己方的假设。

在谈判中，常常由于双方误解事实真相而浪费大量的时间，也许曲解事实的原因就在于一方或双方假设的错误。因此，谈判者必须牢记，自己所做的假设只是一种推测，如果把假设奉为必然去谈判，将是非常危险的。

拟定假设的关键在于提高假设的精确度，使之更接近事实。为此，在拟定假设条件时要注意：

(1)让具有丰富谈判经验的人做假设，这些人身经百战，提出假设的可靠度高。

(2)必须按照正确的逻辑思维进行推理，遵守思维的一般规律。

(3)必须以事实为基准，所拟定的事实越多、越全面，假设的准确度就越高。

(4)要正确区分事实与经验、事实与主观臆断，只有事实才是靠得住的。

4. 模拟谈判的方式

模拟谈判的方式主要有下列两种：

(1)组成代表对手的谈判小组。如果时间允许，可以将自己的谈判人员分成两组，一组作为己方的谈判代表，一组作为对方的谈判代表；也可以从企业内部的有关部门抽出一些职员，组成另一谈判小组。但是，无论用哪种办法，两个小组都应不断地互换角色。这是正规的模拟谈判，此方式可以全面检查谈判计划，并使谈判人员对每个环节和问题都有一个事先的了解。

(2)让一位谈判成员扮演对手。如果时间、费用和人员等因素不允许安排一次较正式的模拟谈判，那么小组负责人也应坚持让一位人员来扮演对方，对企业的交易条件进行磋商、盘问。这样做也有可能使谈判小组负责人意识到是否需要修改某些条件或者增加一部分论据等，而且也会使企业人员提前认识到谈判中可能出现的问题。

5. 模拟谈判的总结

模拟谈判的目的在于总结经验，发现问题，提出对策，完善谈判方案。所以，模拟谈判的总结是必不可少的。模拟谈判的总结应包括以下内容：

(1)对方的观点、风格、精神。

(2)对方的反对意见及解决办法。

(3)自己的有利条件及运用状况。

(4)自己的不足及改进措施。

(5)谈判所需情报资料是否完善。

(6)双方各自的妥协条件及可共同接受的条件。

(7)谈判破裂与否的界限。

可见，谈判总结涉及各方面的内容，只有通过总结，才能积累经验，吸取教训，完善谈判的准备工作。

学习情境14　谈判计划书的制定

【入门案例】

有个叫阿巴格的人生活在内蒙古草原上。有一次，年少的阿巴格和他爸爸在草原上迷了路，阿巴格又累又怕，到最后快走不动了。爸爸就从兜里掏出5枚硬币，把一枚硬币埋在草地里，把其余4枚放在阿巴格的手上，说："人生有5枚金币，童年、少年、青年、中年、老年各有一枚，你现在才用了一枚，就是埋在草地里的那一枚，你不能把5枚都扔在草原里，你要一点点地用，每一次都用出不同来，这样才不枉人生一世。今天我们一定要走出草原，你将来也一定要走出草原。世界很大，人活着，就要多走些地方，多看看，不要让你的金币没有用就扔掉。"在父亲的鼓励下，那天阿巴格走出了草原。长大后，阿巴格离开了家乡，成了一名优秀的船长。

（本文由作者根据网络相关资源改写）

【分析提示】

人生规划正如谈判一样，需要对整个过程进行全盘的规划和制定。谈判的最终目的是双方达成平等互利的协议，并且是建立在对双方有利的基础上。因此，在正式谈判之前，不仅需要了解谈判环境、谈判对手和自身状况，初步评估双方实力，而且为取得较好的谈判结果，需要制定一个周全、明确的谈判计划。

任务14.1　制定详细计划，充分做好准备工作

古人曰："凡事预则立，不预则废"。

预：预先，指事先做好计划或准备；立：成就；废：败坏。不论做什么事，事先有准备，就能更容易地得到成功，不然就会失败。

在现代社会的复杂经济条件下，计划是必不可少的。生活、工作、企业都一样，每个人对自己的人生都会有自己的计划，在工作上会制定自己的计划和目标，如果我们的生活、工作没有

了计划和目标，就像无头的苍蝇只会让自己撞得伤痕累累最终还是找不到“出路”，就像是行驶在大海中的船迷失了方向最后也只会走向沉没和灭亡，而企业在复杂的经营过程中各种因素变化十分活跃，竞争也日益加剧，计划就更加重要。计划的制订与执行的好坏，往往有可能决定一个项目的成功与失败，乃至决定整个企业的兴衰存亡。

计划过程中我们要很清楚地知道，为什么而计划，计划的目标又是什么！计划是为了完成任务，达到最终想要的结果而计划，计划是在我们现在所处的地方和我们想要去的地方之间铺路搭桥，现代生活中有许多人往往都是为了应付工作任务而去做计划，而不是真正为了明确方向和目标而去计划，也有许多人有了计划而不去执行或盲目地执行。没有执行或盲目执行的计划又怎么能谈得上是真正的计划呢？如果我们不是为了所要去的方向和目标而去计划和执行，只是一味地追求完成工作计划而去计划，这样的计划最终只会让我们走向失败。计划是为了明确奋斗目标的方向，计划是为了保证所有工作有条不紊地开展而最终达到预期目标，而不是盲目的计划和执行，美国企业家史罗马(Richard. S. Sloma)在《无谬管理》一书中指出：“对一个方案，宁可延误其计划之时间以确保日后执行之成功，切勿在没有确切的轮廓之前即草率地开始执行，而最终导致错失该方案之目标”。任何行动如果没有目标，行动就是盲目的，当然盲目的行动结果肯定不能达到预期的结果，计划在执行的过程中，还可通过经常的检查和调整，进一步遏制不良后果的发生。

计划就是把诸多有关情况经过认真地综合、分析，以找出其有利因素和不利因素；计划可以预测将会出现的问题，而不会在问题突然出现时感到诧异，计划可以通过周密的预测，把这些“意料之外”的不可控因素转化成“意料之中”的可控因素，制定出各种相应对策，并在必要的时候对工作计划进行调整，变被动为主动，化不利为有利，从而有效地减少各种变化所带来的冲击。因此制定出切实可行的计划，是建立正常的工作秩序、提高工作效率必不可少的程序和措施，从而推动工作顺利进行。

每个人都在制定不同的计划，学生在制定新学期的学习计划，老师在制定新学期的教学计划，工厂在制定生产计划，商场在制定销售计划，品牌在制定发展计划。当然，每个人都在制定自己不同的计划也在制定自己不同的人生。

任务 14.2 商务谈判计划书的基本格式

商务谈判计划书一般包含三个部分：标题，说明商务谈判的内容，如《关于××项目的谈判计划书》；正文，包括引文、谈判主题、谈判目标、谈判程序、谈判组织以及时间、地点等；落款，计划书制定者的名称、公章，计划书完成时间。

以下是商务谈判计划书正文的基本格式：

关于××的谈判计划书

由于……。双方定于×月×日在××(地点)举行正式洽谈。

一、谈判主题

二、谈判团队人员组成

主谈：

决策人：

技术顾问：

法律顾问：

三、双方利益及优劣势分析

(可以不用这么详细,但是一定要清晰。)

1. 我方核心利益:

2. 对方利益:

3. 我方优势:

4. 我方劣势:

5. 对方优势:

6. 对方劣势:

四、谈判目标

1. 目标:

2. 底线:

五、程序及具体策略

1. 开局:

(要有不同方案,防备意外情况。)

2. 中期阶段:

3. 休局阶段

4. 最后谈判阶段:

六、准备谈判资料

相关法律资料:

备注:

七、制订应急预案

项目小结

通过本项目的学习,能够使学生明白在商务谈判活动中不仅要了解谈判对手各方面的情况,也要了解我方的各种情况,包括目标、利益、策略、优势和劣势,做到心中有数。并且能够熟悉商务谈判准备的主要环节,即有关背景调查、组织准备、计划制定等方面的内容,掌握商务谈判背景调查主要方法和谈判计划的制订,以提高自己的综合素质。

主要概念

SWOT 分析;电话谈判;网上谈判;信息收集;模拟谈判

知识与技能训练

第一部分 知识训练

一、名词解释

1. SWOT 分析

2. 电话谈判
3. 网上谈判
4. 模拟谈判

二、填空题

1. 简单地说，信息的收集、整理工作的主要目的，一个是______________，再者即为______________。

2. SWOT分析代表分析企业的________、________、________和威胁。

3. 心理学研究表明，人们在愉快的心境下交谈，容易产生________和________心理。对对方观点的接受性增强，排斥力减弱，从而使得会谈更富有成效。

4. 模拟谈判的目的在于总结经验，________，________，完善谈判方案。

5. 商务谈判书一般包含三个部分：________、________和落款。

三、单项选择题

1. 在现代高科技迅速发展的今天，(　　)已成为广播、电视、报刊杂志之后的"第四媒体"。

A. 手机　　B. 电脑　　C. 互联网　　D. 车载广告

2. 下列(　　)角色不是谈判人员组成中涉及的主要角色。

A. 主谈　　B. 决策人　　C. 法律顾问　　D. 记录人员

四、多项选择题

1. 一次销售谈判大致划分为(　　)阶段。

A. 计划与准备阶段　　B. 面谈阶段
C. 收尾阶段　　D. 跟踪服务阶段

2. 在制定谈判目标时需要注意(　　)。

A. 合理性　　B. 层次性　　C. 逻辑性　　D. 具体性

3. 模拟谈判的作用有(　　)。

A. 提高应对困难的能力　　B. 检验谈判方案是否周密可行
C. 训练和提高谈判能力　　D. 决定谈判的最终结果

4. 模拟谈判的拟定假设需要注意(　　)。

A. 让具有丰富谈判经验的人做假设，这些人身经百战，提出假设的可靠度高
B. 必须按照正确的逻辑思维进行推理，遵守思维的一般规律
C. 必须以事实为基准，所拟定的事实越多、越全面，假设的准确度就越高
D. 要正确区分事实与经验、事实与主观臆断，只有事实才是靠得住的

五、简答题

1. 谈判操作的目标体系包括哪几个层次？
2. 在选择谈判时间时应注意什么？
3. 模拟谈判的总结应包括哪些内容？

第二部分　技能训练

一、商务谈判计划书书写训练

[实训项目]　商务谈判计划书制订

[训练目的]

通过该训练，有助于学生：

1. 培养有计划地安排事务的能力。

2. 掌握商务谈判计划书的基本格式与要求。

3. 培养对谈判事件的分析能力，学会把握重点与非重点谈判事项。

[训练步骤及要求]

1. 教师选择恰当案例，拟定需要讨论分析的问题。

2. 确定训练组织形式：分组集体讨论会（3～5 人）。

3. 作品制作完毕后，进行分组展示，讲述制作的过程。

4. 教师进行点评与总结。

[实训考核]　（百分制）

评分维度	出　勤	参与的主动性	内容的充实性	计划书的规范性	知识的应用性	讲 述 过 程
百 分 比	10%	15%	20%	15%	20%	20%

二、项目训练

[实训项目]　模拟谈判

[实训目的]

通过该实训项目的操作，使学生在学习知识的同时能够学以致用，展开商务谈判的模拟演练，从而掌握相应的谈判技能，发现自己的不足之处，及时锻炼自己的能力、完善计划书，并培养团队合作能力。

[实训要求]

教师先制定一定的商务活动场景，根据教学班级的分组情况，按一定数量的小组分别选择不同的场景进行设计和表演。

[实训操作步骤]

1. 对教学班级的学生进行项目分组（6～8 人），明确组内分工。

2. 教师设计有关的商务活动场景。

3. 学生对该商务活动场景进行分析，并设计相关的情节。

4. 各项目小组根据场景进行模拟谈判。

5. 同学互评，教师点评。

6. 本次实训综合成绩评定。

[实训考核]　（百分制）

1. 实训准备工作（10 分）。

2. 各项目小组对本次实训的组织、分配、管理等过程（20 分）。

3. 各项目小组对选定场景进行模拟谈判（45 分）。

4. 项目小组的团队合作精神（15 分）。

5. 同学互评，教师点评（10 分）。

项目6　商务谈判的开局

学习目标

◆ 知识目标

通过本项目的学习，使学生掌握开局的含义，能根据不同的谈判，选择有针对性的开局策略。并能根据不同的谈判风格和谈判气氛，合理运用影响开局气氛的各种因素。

◆ 技能目标

通过本项目的教学，使学生掌握谈判开局阶段建立良好的气氛、激发欲望的方法并确定任务与策略，达到两项技能目标：愉快地进入开局，顺利地导入并展开实质磋商；把握住谈判结束阶段以前的结构框架，为学习和运用各种谈判策略与技巧奠定基础。

学习情境15　开局策略的选择

【入门案例】

美国华克公司承包了一项建筑，要在一个特定的日子之前，在费城建一座庞大的办公大厦。开始计划进行得很顺利，不料在接近完工阶段，负责供应内部装饰用的铜器承包商突然宣布：他无法如期交货。这样一来，整个工程都要耽搁了，要支付巨额罚金，遭受重大的损失！于是，长途电话不断，双方争论不休。一次次交涉都没有结果。华克公司只好派高先生前往纽约。

高先生一走进那位承包商的办公室，就微笑着说："你知道吗？在布洛克林巴，有你这个姓氏的人只有一个。哈！我一下火车就查阅电话簿想找到你的地址，结果巧极了，有你这个姓的只有你一个人。"

"我一向不知道。"承包商兴致勃勃的查阅起电话簿来。"不错，这是一个很不平常的姓。"他很有些骄傲地说："我这个家庭从荷兰移居纽约，几乎有200年了。"他继续谈论他的家族及祖先。当他说完之后高先生就称赞他居然拥有一家这么大的工厂，承包商说："这是我花了一生的心血建立起来的一项事业，我为它感到骄傲，你愿不愿到车间里去参观一下？"高先生欣然前往。在参观时，高先生一再称赞他的组织制度健全，机器设备新颖，这位承包商高兴极了。他声称这里有一些机器还是他亲自发明的呢！高先生马上又向他请教：那些机器如何操作？

工作效率如何？到了中午，承包商坚持要请高先生吃饭。他说：“到处都需要铜器，但是很少有人对这一行像你这样感兴趣的。”

到此为止，高先生一次也没有提起此次访问的真正目的。

吃完午餐，承包商说：“现在，我们谈谈正事吧。自然，我知道你这次来的目的。但我没有想到我们的相会竟是如此愉快。你可以带着我的保证回到费城去，我保证你们要的材料如期运到。我这样做会给另一笔生意带来巨大损失，不过我认了。”

高先生轻而易举地获得了他所急需的东西。那些器材及时运到，使大厦在契约期限届满的那一天完工了。

（资料来源：陈文汉．商务谈判实务[M]．2版．北京：电子工业出版社，2009）

【分析提示】

上例说明，出自肺腑的赞美，总是能产生意想不到的奇效。人一旦被认可其价值时，总是喜不自胜。因此，作为一个谈判者，必须经常以找出对方的价值为首要任务，这样，便会使谈判在友好、和谐的气氛中形成高潮。你时刻不忘向对方的价值诉述，还要设法使对方觉得那价值实在值得珍惜。对方会因此而对自己向来忽略的价值有了新的认识，从中创造出薪新的自己，你扮演了鼓励他、帮助他创造出自己的角色，对方对你的好感就会越来越强烈。上述案例，虽然花了很长时间，谈了很多与谈判主题无关的东西，但它为磋商的展开并取得令人满意的结果起到了很大的作用。所以，在谈判的开局阶段，不要过早触及令人敏感的问题，谈判的核心要放在满足双方愿望、需求及利益上。

任务15.1 了解商务谈判的开局

开局是商务谈判的第二个阶段，在该阶段虽然不涉及实质性问题的探讨，但却是一个非常重要的阶段，对以后的谈判有着重大的影响，因此，谈判人员必须予以高度重视。注重对开局进行控制，可以为以后的谈判奠定一个良好的基础。

15.1.1 开局的含义

所谓商务谈判的开局，是指一场谈判开始时，谈判各方之间的寒暄和表态以及对谈判对手的底细进行探测，为影响、控制谈判进程奠定基础。商务谈判的开局，从时间上看是从双方谈判人员走进谈判室开始到双方把谈判转入实质性问题探讨的一段时间。该阶段一个重要的特征是不涉及实质性问题的讨论。实质性问题是指涉及合约有关条款的问题或直接涉及双方利益的问题，如价格、质量、交货期限等。开局的作用在于为讨论实质性问题做铺垫、做准备。

开局又可进一步细分为开场和开谈两个阶段。开场阶段所进行的内容主要包括双方相互介绍、致意、闲谈。开场阶段的内容主要是立场陈述、讨论附加议题。这里的附加议题是指非实质性的，但与谈判事宜有关的一些问题，通常是讨论确定议事日程。

就开局发挥的作用而言，在一次商务谈判中有许多开局。一次谈判往往持续许多天，在这期间，每一轮磋商或每天开始谈判时都需要一个开局，双方相互致意、问候、聊天以营造当天的谈判气氛，讨论当天的议程安排或其他活动的安排，使双方对当天的磋商内容和其他活动做到心中有数，以保证当天的谈判有序进行。

15.1.2 开局在整个谈判中的地位和作用

开局是左右整个谈判格局和前景的重要阶段。这个阶段之所以会产生重大影响，是出于下述几个原因：

(1)开局阶段人们的精力最为充沛，注意力也最为集中，所有的人都在专心倾听别人的发言，全神贯注地理解讲话的内容。

(2)洽谈的格局就是在开局后的几分钟内确定的，它对后面所要解决的问题及解决问题的方式有直接的影响，而且一经确定就很难改变。

(3)这是双方阐明各自立场的阶段，是各自重要观点的第一次亮相。

(4)在开局阶段，谈判双方阵容中的个人地位及所承担的角色完全显露出来，他们在明确的目标指引下，纷纷进入谈判，同时在评价着对方谈判人员的个人作用。

从上述四点可以清楚地看到，正式洽谈开始后的开局确实是颇有影响的时期，有经验的洽谈人员都能在这一阶段采取各种有效措施，充分发挥其应有作用，使谈判向着健康的方向发展。

15.1.3 开局方式选择

如果谈判的计划和准备工作已全部做好，这时可以主动向对方提出洽谈方案，或在对方提出方案的基础上做出相应的回答。无论是哪一种情况，向对方提供方案的具体方式有以下几种：①提出书面的不准备做口头补充的方案；②提出书面的准备做口头补充的方案；③在洽谈时口头提出条件。

1. 提出书面条件，不做口头补充

这是一种局限性很大的方式，一般只在两种情况下运用。第一种情况是，本部门在谈判规则的束缚下不可能选择别种方式。例如，本部门向政府部门投标，这个政府机构规定在裁定期间是不准备与投标者磋商的。另一种情况是，本部门准备把所提交的最初的书面交易条件也作为最后的交易条件。这时对文字材料的要求是：各项交易条款必须写得准确无误，让对方一目了然，只需回答“是”与“不是”，无须进行解释。如果是对对方所提出的交易条件进行还盘，还盘的交易条件也必须是终局的(是实盘)，要求对方无保留地接受。

2. 提出书面条件，并做口头补充

在会谈前将书面条件交给对方，这种方法有很多优点：书面交易条件内容完整，能把复杂的内容用详细的文字表达出来，对方可一读再读，全面理解。提出书面交易条件也有其缺点，如写上去的东西会形成一种束缚并难以更改。另外，文字形成的条款都不如口语热情，精细的差别表达也不如口语。特别是在不同语种之间，就更有局限性。因此，谈判者应掌握不同形式下的开局技巧。在提出了书面交易条件之后，就应努力做到下述要点：让对方多发言，不可多回答对方提出的问题；尽量试探出对方反对意见的坚定性，即如果不做任何相应的让步，对方能否顺从意见；不要只注意眼前利益，还要注意目前的合同与其他合同的内在联系；无论心里如何考虑，都要表现出冷静、泰然自得；要随时注意纠正对方的某些概念性错误，不要只在对本企业不利时才纠正。

3. 面谈提出交易条件

这种形势一般出现在事先双方不提交任何书面形式的文件，仅仅在会谈时提出交易条件。这种谈判方式有许多优点：可以见机行事，有很大的灵活性；先磋商后承担义务；可充分利用感情因素，建立个人关系，缓解谈判气氛等。但这种谈判方式也存在着某些缺点：容易受到对方的反击；阐述复杂的统计数字与图表等相当困难；不同的语言，可能会产生误会。运用这种谈判方式应注意下述事项：

(1)不要让会谈漫无边际地东拉西扯,而应明确所有要谈的内容,把握要点。

(2)不要把注意力只集中在一个问题上,而应把每一个问题都谈深、谈透,使双方都能明确各自的立场。

(3)不要忙于自己承担义务,而应为谈判留有充分的余地。

(4)同前所述,不要只注意眼前利益,要注意到目前的合同与其他合同的内容联系。

(5)无论心里如何考虑,都要表现得镇定自若。

(6)要随时注意纠正对方的某些概念性错误,不要只对本方不利时才去纠正。

15.1.4　形成良好开局结构的原则

在群体活动中,人们的权力、地位和作用是不同的,人们要解决问题,因此必然对此十分敏感。在开局阶段,谈判双方对发言的次序、发言的时间分配以及议事日程的确定这些具体问题非常重视,也就不难理解了,这是确定心理优势、了解人员结构和对方诚意的试金石。如果双方在这些具体问题上处理不妥,心中自然感到不快,已经建立起来的良好气氛就很可能被破坏。对于这些问题的处理,应遵循下列原则:

(1)提供或享受均等发言的机会。在谈判的开局阶段,一般不具备由一方主导谈判的条件,因此,双方都应努力做到谈话时间与倾听时间基本相等,不能独霸洽谈时间。

(2)讲话要尽量简洁、轻松。在开局阶段双方都要阐明自己的立场、观点,要轮流做简短的陈述,所以,双方都不应滔滔不绝,拖延时间。

(3)要进行充分的合作。应积极提出为双方意见趋向一致的问题和建议,同时注意给对方足够的机会,让其发表不同意见和提出不同的设想,努力树立巩固和发展一致意见的意识,加强一致感。

(4)要乐意接受对方的意见。在开局阶段,只要对方的建议是合理的、可行的,就应该尽量同意。从心理学的意义上说,赞同对方的观点要比反对对方的观点更好一些。

只要遵循上述原则,就不会出现蜂拥而上、七嘴八舌的局面。但是,当双方人员坐下来的时候,总是应有人出来带头讲话。在一般情况下,客人是不会首先发言的,因此,东道主的人员应首先开场,比如说;“我们是不是先研究一下洽谈的议程?”如果是客人主动站出来讲话,东道主即应摆出迎合的姿态,有意识地同客人产生共鸣,创造一个完美的开局。

15.1.5　正确估计自己的能力

谈判人员常犯的错误之一就是不能正确地估计自己的能力。这些错误常常会一再地发生,并首先危及合理开局的建立。下述八点经验教训有助于纠正这一错误:

(1)不要低估自己的能力。大多数人实际拥有的能力要比他们所想象的大。只有经过系统分析,才能了解自己的能力。能力源于坚定的个性、激烈的竞争、奖励或惩罚、冒险精神、知识以及勤奋的工作。

(2)不要以为对方了解你的弱点。要假设对方不知道你的弱点,再试探这种假设的对错,因为你的处境往往比自己想象的要好些。

(3)不要被身份地位吓倒。人们常习惯于划分等级,并把这种习惯带到谈判桌上。要记住:有的权威是假的,行政等级并不与知识和能力成正比。一个专家可能过于专精,而不知道本行以外的事情。有学识的人能举一反三,而某些具有很高地位和权力的人,却缺少或根本就没有勇气证实自己的信念。对于这些小人物和大人物的复杂情况,不认识清楚是很危险的。

(4)不要被数字、先例、原则或规定吓住。有的决定是根据先例或陈旧无关的原则做出的，因此要保持怀疑的态度，要向它们挑战。

(5)不要被无理或粗野的态度吓住。如果允许对方把你当做没有价值的人来辱骂，那他是会这样做的。要把对方所表现的无理视为一种狐性的狡猾。或许对方的人员中也有人一样被他的无理所困扰，所以不妨大声地当面斥责对方。

(6)不要过早泄露你的全部实力。慢慢显示自己的力量，比马上暴露出全部力量更有效。因为慢慢显示会加强对对方的了解，增加改变意见的可能性，使对方有相当的时间来适应和接受你的观念。

(7)不要过分计较可能遭到的损失和过分强调自己的困难。要重视对方存在的问题这才是你可以利用的机会。

(8)不要认为你已经了解对方的要求。要谨慎地假设你不了解对方的要求，然后耐心地试探和发现事情的真相。如果你根据自己未经证实的估计进行深入洽谈，就犯了严重的错误。

任务 15.2　掌握商务谈判的开局策略

15.2.1　一致式开局策略

所谓一致式开局策略，是指在谈判开始时，为使对方对自己产生好感，以“协商”、“肯定”的方式，创造或建立起对谈判的“一致”的感觉，从而使谈判双方在愉快友好的气氛中不断将谈判引向深入的一种开局策略。

现代心理学研究表明，人们通常会对那些与其想法一致的人产生好感，并愿意将自己的想法按照那些人的观点进行调整。这一研究结论正是一致式开局策略的心理学基础。

【案例阅读 15.1】

日本首相田中角荣 20 世纪 70 年代为恢复中日邦交正常化到达北京，他怀着等待中日间最高首脑会谈的紧张心情，在迎宾馆休息。迎宾馆内气温舒适，田中角荣的心情也十分舒畅，与随从的陪同人员谈笑风生。他的秘书早饭茂三仔细看了一下房间的温度计，是“17.8℃”。这一田中角荣习惯的“17.8℃”使得他心情舒畅，也为谈判的顺利进行创造了条件。

“17.8℃”的房间温度，是针对特定的谈判对手，为了更好地实现谈判目标而进行的一致式谈判策略的运用。

（本文由作者根据网络相关资源改写）

一致式开局策略的目的在于创造取得谈判成功的条件。

运用一致式开局策略的方式还有很多，例如，在谈判开始时，以一种协商的口吻来征求谈判对手的意见，然后对其意见表示赞同，并按照其意见开展工作。运用这种方式应该注意的是，拿来征求对手意见的问题应该是无关紧要的问题，对手对该问题的意见不会影响已方的利益。另外，在赞成对方意见时，态度不要过于献媚，要让对方感觉到自己是出于尊重，而不是奉承。

一致式开局策略还有一种重要途径，就是在谈判开始时以问询方式或者补充方式诱使对手走入你的既定安排，从而使双方达成一种共识。所谓问询式，是指将答案设计成问题来询问对方，例如，“你看我们把价格和付款方式问题放到后面讨论怎么样，”所谓补充方式，是指借以对对方意见的补充，使自己的意见变成对方的意见。

15.2.2　保留式开局策略

保留式开局策略是指在谈判开局时，对谈判对手提出的关键性问题不做彻底、确切的回答，而是有所保留，从而给对手造成神秘感，以吸引对手步入谈判。

【案例阅读15.2】

江西省某工艺雕刻厂原是一家濒临倒闭的小厂，经过几年的努力，发展为产值200多万元的规模，产品打入日本市场，战胜了其他国家在日本经营多年的厂家，被誉为“天下第一雕刻”。有一年，日本三家株式会社的老板同一天接踵而至，到该厂订货。其中一家资本雄厚的大商社，要求原价包销该厂的佛坛产品。这应该说是好消息。但该厂想到，这几家原来都是经销韩国和中国台湾地区产品的商社，为什么争先恐后、不约而同到本厂来订货？他们查阅了日本市场的资料，得出的结论是本厂的木材质量上乘，技艺高超是吸引外商订货的主要原因。于是该厂采用了“待价而沽”、“欲擒故纵”的谈判策略。先不理那家大商社，而是积极抓住两家小商社求货心切的心理，把佛坛的梁、榴、柱，分别与其他国家的产品做比较。在此基础上，该厂将产品当金条一样争价钱、论成色，使其价格达到理想的高度。首先与小商社拍板成交，造成那家大客商产生失落货源的危机感。那家大客商不但更急于订货，而且想垄断货源，于是大批订货，以致订货数量超过该厂现有生产能力的好几倍。

（本文由作者根据网络相关资源改写）

本案例中该厂谋略成功的关键在于其策略不是盲目的、消极的。首先，该厂产品确实好，而几家客商求货心切，在货比货后让客商折服；其次，是巧于审时度势。先与小客商谈，并非疏远大客商，而是牵制大客商，促其产生失去货源的危机感。这样订货数量和价格才有大幅增加。

【案例阅读15.3】

有一家日本公司与我国福建省一家公司进行了接触，双方互派代表就投资问题进行谈判。谈判一开始，日方代表就问道：“贵公司的实力到底如何我们还不十分了解，能否请您向我们介绍一下以增加我方进行合作的信心”。中方代表回答道：“不知贵方所指的实力包括哪几方面，但有一点我可以明确地告诉您，造飞机我们肯定不行，但是制茶我们是内行，我们的制茶技术是世界第一流的。福建有着丰富的茶叶资源，我们公司可以说是‘近水楼台’。贵公司如果与我们合作的话，肯定会比与其他公司合作得满意。”

（本文由作者根据网络相关资源改写）

注意在采取保留式开局策略时不要违反商务谈判的道德原则，即以诚信为本，向对方传递的信息可以是模糊信息，但不能是虚假信息。否则，会将自己陷于非常难堪的局面之中。

15.2.3 坦诚式开局策略

【案例阅读 15.4】

北京某区一位党委书记在同外商谈判时，发现对方对自己的身份持有强烈的戒备心理。这种状态妨碍了谈判的进行。于是，这位党委书记当机立断，站起来对对方说道："我是党委书记，但也懂经济、搞经济，并且拥有决策权。我们摊子小，并且实力不大，但人实在，愿意真诚与贵方合作。咱们谈得成也好，谈不成也好，至少你这个外来的'洋'先生可以交一个我这样的'土'朋友。"

寥寥几句肺腑之言，打消了对方的疑惑，使谈判顺利地向纵深发展。

（本文由作者根据网络相关资源改写）

坦诚式开局策略是指以开诚布公的方式向谈判对手陈述自己的观点或想法，从而为谈判打开局面。坦诚式开局策略比较适合于有长期的合作关系的双方，以往的合作双方都比较满意，双方彼此比较了解，不用太多的客套，减少了很多外交辞令，节省时间，直接坦率地提出自己的观点、要求，反而更能使对方对己方产生信任感。采用这种策略时，要综合考虑多种因素，如自己的身份、与对方的关系、当时的谈判形势等。

坦诚式开局策略有时也可用于谈判力弱的一方。当我方的谈判力明显不如对方，并为双方所共知时，坦率地表明己方的弱点，让对方加以考虑，更表明己方对谈判的真诚，同时也表明对谈判的信心和能力。

15.2.4 进攻式开局策略

【案例阅读 15.5】

日本一家著名的汽车公司在美国刚刚"登陆"时，急需找一家美国代理商来为其销售产品，以弥补他们不了解美国市场的缺陷。当日本汽车公司准备与美国的一家公司就此问题进行谈判时，日本公司的谈判代表路上塞车迟到了。美国公司的代表抓住这件事紧紧不放，想要以此为手段获取更多的优惠条件。日本公司的代表发现无路可退，于是站起来说："我们十分抱歉耽误了你的时间，但是这绝非我们的本意，我们对美国的交通状况了解不足，所以导致了这个不愉快的结果，我希望我们不要再为这个无所谓的问题耽误宝贵的时间了，如果因为这件事怀疑到我们合作的诚意，那么，我们只好结束这次谈判。我认为，我们所提出的优惠代理条件是不会在美国找不到合作伙伴的。"

日本代表的一席话说得美国代理商哑口无言，美国人也不想失去这次赚钱的机会，于是谈判顺利进行了下去。

（本文由作者根据网络相关资源改写）

进攻式开局策略是指通过语言或行为来表达己方强硬的姿态，从而获得对方必要的尊重，并借以制造心理优势，使得谈判顺利地进行下去。采用进攻式开局策略一定要谨慎，因为，在谈判开局阶段就设法显示自己的实力，使谈判开局就处于剑拔弩张的气氛中，对谈判进一步发展极为不利。

进攻式开局策略通常只在这种情况下使用:发现谈判对手在刻意制造低调气氛,这种气氛对己方的讨价还价十分不利,如果不把这种气氛扭转过来,将损害己方的切身利益。本案例中,日本谈判代表采取进攻式的开局策略,阻止了美方谋求营造低调气氛的企图。

进攻式开局策略可以扭转不利于己方的低调气氛,使之走向自然气氛或高调气氛。但是,进攻式开局策略也可能使谈判一开始就陷入僵局。

15.2.5　挑剔式开局策略

挑剔式开局策略是指开局时,对对手的某项错误或礼仪失误严加指责,使其感到内疚,从而达到营造低调气氛,迫使对方让步的目的。本案例中美国谈判代表成功地使用挑剔式开局策略,迫使巴西谈判代表自觉理亏在来不及认真思考的情况下匆忙签订对美方有利的合同。

学习情境 16　开局气氛的营造

【入门案例】

1994 年,美国全年贸易逆差居高不下,约 1 800 亿美元,其中,对日本的逆差居首位,达 660 亿美元,而这中间的 60%的逆差生成于进口的日本汽车中,日本汽车大量进入美国市场,1 年约 400 万辆。于是就有了 1995 年美日汽车贸易谈判,美国谈判方认为,日本汽车市场不开放,而日方却认为本国政府未采取任何限制措施,为了使谈判顺利进行,日本在谈判正式开始前就致力于改善谈判气氛,日本汽车制造业协会出钱在华尔街报纸做广告,广告标题是:"我们能多开放呢?"接着文字说明:"请看以下事实,一、对进口汽车,零件无关税;二、对美国汽车实行简便的进口手续;三、美国汽车免费上展台;四、销售商根据市场需求决定卖什么车。"之后,又总结出美国车在日本销售不好的原因:日本汽油昂贵,所以日本人只能买省油的小汽车,而美国出口的是大型车。广告最后得出结论:"自由贸易才是成功之路。"日本汽车制造业协会做市场调查,看过报纸的人都认为日本讲的有道理,形成了谈判的良好气氛。

(本文由作者根据网络相关资源改写)

【分析提示】

既然是谈判,那么双方就需要交流,谁都喜欢一个宽松的交流环境,因为人在轻松和谐的气氛中,更容易听取不同意见。高明的谈判者往往都是从中心议题之外开始,逐步引入正题的。双方把紧绷的神经放松下来,在轻松和谐的谈判气氛中,拉近彼此的距离,这样切入正题之后就容易找到共同的语言,化解双方的分歧。在套近乎的同时,高明的谈判者会随着话题的不断深入,采取挤牙膏的方法,顺顺当当地使对方做出一个又一个承诺,直到达到自己的目的为止。

任务 16.1　掌握谈判气氛的类型、特性以及谈判风格

16.1.1　谈判气氛的类型及特点

谈判气氛就是谈判双方进入谈判场所的方式,目光、姿态、动作、谈话等一系列有声和无声

的信号，在双方谈判人员大脑中迅速得到的反映，大体有以下几种类型：

1. 冷淡、对立、紧张的谈判气氛

在该气氛下，双方见面不热情、目光不相遇、相见不抬头、交谈时语带双关，甚至带讥讽口吻等，这一类型谈判气氛通常是在双方利益对立的情况下产生的。

2. 松弛、缓慢、旷日持久的谈判气氛

在该气氛下，谈判人员进入会场时精神不振或入座时左顾右盼，显出一种可谈可不谈的无所谓态度。

3. 热烈、积极、友好的谈判气氛

在该气氛下，谈判双方态度诚恳，见面时话题活跃、口气轻松，双方都对谈判的成功充满热情和信心，把谈判成功看成友谊的象征。

4. 平静、严肃、严谨的谈判气氛

通常双方已不是谈判生手，也非初次见面，双方自信而平静，进入谈判场所速度适中，处于一种相互提防、似有成见的气氛之中。

总的来说，热烈、积极、友好的谈判气氛有着诚挚、合作、轻松、认真的特点，适合发展商务关系。

16.1.2 谈判气氛的重要性

谈判双方在什么样的气氛中进行谈判这几乎是在双方步入洽谈室后的一瞬间就已形成的了，而且会延续下去，如果是冷漠、猜疑、防范或拘谨，以后便很难改变。不仅如此，谈判的形式也几乎确定了下来——如由谁主谈，谈多少；甚至彼此的策略也已到了明晰的程度。

当然，这样说并不意味着双方最初的接触是决定洽谈气氛的唯一时刻，谈判双方在洽谈以前的非正式见面以及洽谈过程中的交锋都会对洽谈气氛产生影响，只是开局瞬间的接触最为重要而已。例如，开局接触所形成的看法要比以前非正式见面的印象强烈得多，而且会很快地取代以前的印象。有时，随着洽谈的进行，气氛会有所发展或有所变化，但是，洽谈之初所建立的气氛是最关键的，它为整个洽谈定了基调，但并不是绝对的和唯一的。当双方有了明显的分歧，经过共同努力也会建立新的洽谈气氛，而开始建立起来的良好气氛也会恶化。所以谈判人员应对开局瞬间给予高度的重视，并在整个谈判过程中采取积极的措施，以维护已经形成的气氛。

16.1.3 谈判气氛的复杂性

许多人在谈判的过程中，始终处于紧张和不安的状态。他们觉得面对面的交锋太可怕，这也许是因为不习惯于谈判，或者这次谈判将决定他们及其公司的命运。

谈判时的紧张和不安会出于对谈判结果的担忧而更趋严重。而谈判没有固定的形式，因此，人们还要猜测面谈持续的时间以及对方对重大问题的判断标准。如果谈判的一方占据主动有利的地位，他们一般不会感到不安和忧虑，他们将控制谈判的程序，谈判的时间也会由他们把握；而谈判的被动一方则会急于确立自己的形象，竭力避免给对方留下不好的印象，他往往按照自己的愿望去理解对方的“指示”，这样他很可能导致思想交流的失败。以下状态对建立轻松的谈话气氛具有不良影响：

(1)被动的一方可能只听到对方讲话的一半内容，他可能把精力过多地集中到回答问题以及做出良好反应上。

(2)双方不能正确理解所听到的内容,他们都按照各自的愿望理解对方讲话的内容,因而与其本意相差甚远。

(3)即使正确理解了对方的意思,也不愿意相信。双方在交谈的时候非常敏感,经过精心准备的讲话难免有令人难以置信的地方,因此,心有疑点也是正常的。

(4)在对方讲话的时候,对不愿意接受的那部分内容听不进去。这可能是由于紧张或者单凭主观的标准来判断所致。

为了克服上述障碍,消除紧张因素,洽谈的双方必须事先做好充分的准备,并且运用一定的技巧。

16.1.4　谈判风格与洽谈气氛

每个公司都有自己独特的管理风格,与此相应,各公司的面谈也具有不同的风格。每个公司的管理风格都是历史形成的,而且适合于其公司人员的特点、市场形势以及工作性质。要引进某种理想的管理风格需要经过多年努力,并且需要付出巨大的代价,而且这种引进也许会归于失败。所以,从这个意义上讲,尽管可以有一种标准的管理风格,但却很难将各公司的管理统一到这种理想的风格上来。每一种谈判的风格都可以从各公司的管理风格上找到痕迹,正像管理风格因公司而异一样,谈判风格也各具特色。

(1)正式与非正式谈判。正式的谈判较为重视细节,包括衣着与风度,强调学历与等级。而非正式的洽谈气氛则较为轻松,注重个人的经验。

(2)专断与民主型谈判。有的谈判是由公司高级决策人支配整个形势,有的公司则采取平等对话的方式进行面谈。显而易见,这两种方式所自然形成的气氛是大不相同的。

(3)官僚与个性型谈判。有一些谈判严格遵守某种原则和程序;而另一些谈判则比较注重发挥个人的能动性。

谈判专家们总结了很多灵验的谈判格式,但重要的是选择适合自家公司管理风格和谈判人员特性的面谈方式。只有这样才有利于谈判的成功和自然真诚气氛的形成。

任务16.2　掌握建立谈判的气氛

16.2.1　运用影响开局气氛的各种因素

谈判应是互惠的,一般情况下双方都会谋求一致,为了达到这一目的,洽谈的气氛必须具有诚挚、合作、轻松和认真的特点。要想取得这样一种洽谈气氛,需要有一定的时间,不能在洽谈刚开始不久就进入实质性谈判。因此,要花足够的时间,利用各种因素,协调双方的思想或行动。

1. 气质与风度

(1)气质。一个人具备什么样的气质,对其精神面貌有很大的影响。所谓气质,一般是指人们相当稳定的个性特点、风格和气度。良好的气质,是以人的文化素养、文明程度、思想品质和生活态度为基础的。在现实中,有相当多的人只注意穿着打扮,并不注意文化素养和思想品质,所以,往往精心打扮却不能给人以美感,倒显得庸俗做作。气质美首先应当表现在丰富的内心世界上,理想则是内心世界的一个重要内容。品德是气质美的又一重要方面,为人诚恳,心地善良是不可缺少的。文化水平在一定程度上对气质起着很大的影响作用。气质美看似无形,实为有形。它通过一个人的态度、个性、言语、行为等表现出来,举手投足、待人接物皆属此列。

(2)风度。风度是气质、知识及素质的外在表现。风度美包括以下几个方面的内容:

①饱满的精神状态。一入场就神采奕奕、精力充沛、自信而富有活力，这样能激发对方的兴趣，活跃会场的气氛。

【知识拓展 16.1】

“无论你多么疲惫、多么心烦、多么沮丧，只要一进入谈判大厅，就要显出朝气蓬勃和自信的样子。从谈判开始的那一刻起，要树立起信心，要有控制力。开局的好坏会直接影响整个谈判的基调，这是千真万确的，即使你并不正式负责这次会谈。”

——迈克尔·唐纳逊(美)

②诚恳的待人态度。双方初次见面，又是本着一个共同的目标(尽管在目标的细化上存在矛盾)，就没必要剑拔弩张似的，而应以大方、热情的姿态向对方招呼、问候并适当寒暄，充分展示自身的良好人格魅力，周到而不失礼貌，热情又格调高雅，既不阿谀奉承，也不过分清高，就如同结识一位新朋友一般，表现出一种发自内心的(手、眼、语言、动作、表情一致)开诚布公、善意友好的姿态。应端庄而不矜持冷漠，谦逊而不矫饰作伪，热情而不轻佻。

③受欢迎的性格。性格是表现人的态度和行为方面较稳定的心理特征。性格是通过行为表现出来的，与风度密切相关，要使自己的风度得到别人的赞美，就应加强性格修养。要大方、自重、认真、活泼、直爽，尽量克服性格中的弱点，诸如轻挑、傲慢、幼稚等，千万不要因小失大。

④幽默文雅的谈吐。美的风度在语言上体现在：言之有据，言之有理，言之有物，言之有味。语言是风度的窗口，出言不逊，满口粗话，就一点风度也谈不上了。

⑤洒脱的仪表礼节。一个人仪表秀美整洁，俊逸潇洒，就能使人乐于亲近。这种魅力不仅在于长相和衣着方面，更在于人的气质和仪态，这是人的内在品格的自然流露。

⑥适当的表情动作。人的神态和表情，是沟通人的思想感情的非语言交往工具，是社会交往风度的具体表现方式，所以一定不可忽视表情动作——哪怕是细小的表情和动作也一定要注意。

2. 服饰

个人形象的展示是个体内在素质通过衣着、行为、言语等外显事物表现出来的，而人的形象所起的主要是第一印象的作用，这种心理倾向得到了社会心理学家的科学验证。因此，在谈判的初始阶段应注重自己的衣着打扮，给人以良好的第一印象是很重要的。可以穿着一套特别的衣服去旅游度假，或者参加聚会，它会使你风光无限。但非正式场合的衣着与正式谈判场合的衣着仍然有着比较大的区别。以下的几点需要引起注意：

(1)配色要协调。色调是构成服装美的重要因素之一。衣服面料的各种色调的协调固然重要，但这些又要与环境、穿着者的年龄以及职业相协调。对于服装的色调来说，协调就是美。

(2)注重款式与体型的搭配。新颖的款式可以给人增添魅力，能使自然美和气质美更加突出，也能使原有的体型、气质上的不足得到弥补。但是，由于现在的服装发展很快，服装款式的变化层出不穷，而人的体型又千差万别，所以对于服装款式的选择并没有一定之规。谈判人员的服装是影响谈判人员形象的重要因素。服装的色调与清洁状况，反映着谈判人员的心理特征、审美观点和对对方的态度。

【知识拓展 16.2】

一般来说，谈判人员的装束应当美观、大方、整洁，但由于服饰属于文化习俗范围，不同的文化背景也就会有不同的要求。如在法国谈判或对方是法国人，就应穿整洁的深色服装；如果是在丹麦或美国，衣着的问题就无足轻重了，只要干净整齐，穿便服或运动装也未尝不可。

（本文由作者根据网络相关资源改写）

(3)忌穿全新衣服。有人认为在正式谈判中，穿着新衣服可以表现豪华和对对手的敬意，其实却是表现出了寒酸和怯场。服饰是“自我的延长”，刚买的服饰，一来表现你专为这次谈判而破费的良苦用心，而不是一种日常生活水平的自然表现；二来新买服饰往往和身体无法产生贴切感，而使你的动作显得笨拙；三来表现你刻意打扮的动机——紧张、拘谨、不安、怯场。最好的做法是把新买的服饰先在家里穿上几天，或经过一次洗涤，使自己和新的着装协调后再穿入正式谈判场所。谈判场合以穿九成新的服饰为最佳。

(4)与谈判的性质一致。如果是正式谈判，谈判者应当穿得正式一点，以表示对这次谈判的重视和充分的准备，也是向对方表示一种尊重；如果是非正式谈判，谈判者的衣着则可“非正式”些，轻松些，因为衣着过于“规格化”，也会影响到沟通气氛。

【案例阅读 16.1】

APEC会议与会领导人穿上主办国提供的特色服装来个家庭式大合影，这已经成了APEC会议的“非正式”惯例。

1993年，首次APEC领导人非正式会议在美国召开。会议一开始就决定以非正式的形式进行：不设主题，领导人不带助手，自由交谈。中国APEC高官王嵎生大使在其专著《亲历APEC》中介绍：会上，领导人的服装完全是非正式的，就像度假和休闲一样，没有人穿西装打领带，可以随便，任君所好。克林顿总统出席第一次会议就穿着牛仔裤。

1994年茂物会议时，印尼总统苏哈托量体送衣，为每个领导人送了一件BATTIK（一种蜡染印花衬衣），花色各异，领导人全部穿上，共同会见记者时，顿时使人感到一种大家庭的和谐与兴旺，引起全世界的瞩目，并得到新闻界的赞赏。此后，在举行领导人非正式会议时，与会领导人穿上主办国提供的服装来个家庭式大合影成为一种惯例，所提供的民族服装也成为文化交流的一种重要符号。

（本文由作者根据网络相关资源改写）

(5)与身份一致。即应根据自己的身份来选择衣着，笔者在企业工作期间发现，有不少大学毕业生参加应聘时，把自己打扮成一身名牌，这其实于应聘不利，“你的花销这么大，能安心在我单位工作吗？”一个人的穿着超过了自己的社会地位，容易给人以虚假和做作感，穿着适当低于自己的社会地位，往往给人以平易近人的感觉。因此，在穿着上的原则是：趋低不趋高。

【案例讨论 16.1】

张女士的儿子小辉在某市一高校就读汽车专业。上周，一家外地汽车生产公司到学校宣讲，只招几个人，全是技术岗位。去了 50 多个学生应聘。

“儿子说，那些学生为找工作，都买了新衣服。”张女士说，上周末，她带着小辉到商场，选了一件 780 元的夹克，400 多元一条的西裤两条，200 多元一件的衬衣两件，外加一双 500 多元的皮鞋。“穿上新衣服，儿子看上去精神多了。”

但这身行头让张女士很心疼。她下岗多年，全家靠丈夫一千多元的工资生活，每月的生活都是精打细算，自己穿的都是姐妹的旧衣服。“这一花就用掉丈夫一个多月的工资啊。”

“不过儿子如果找到好工作，我就熬出头了。”张女士认为，为了儿子的工作，花再多的钱包装都值。“用人单位选人，肯定第一印象很重要，穿好点能多些机会。”

请讨论：张女士的儿子能被这家汽车生产公司录取吗？

（本文由作者根据网络相关资源改写）

(6)与环境一致。豪华或简朴，高雅或平俗，均要考虑与谈判环境的一致性，即对等性。超越环境氛围的刻意打扮，往往使对手感到你的做作；低于环境氛围的穿着打扮，则会令你感到局促不安，甚至自惭形秽、丧失自信。这点在涉外谈判时尤为明显，出席西方企业组织的正式活动，必须穿上相应的正规服装，否则，与会者会以异样的目光注视你，让你倍感不自在。

(7)创立自己的个性标志。经常出入谈判场所的人，如能把某一服饰作为自己的标志，就可在服饰打扮上收一劳永逸之功。例如，斯大林的烟斗、阿拉法特的阿拉伯头巾和军服、撒切尔夫人的长裙以及毛泽东的中山服。他们的稳定性标志型服饰表明充分的自信心和风格，同时也节省了变换服饰的时间，还可以避免因变换服饰可能会引起的猜想和议论。

【知识拓展 16.3】

美国前国务卿奥尔布赖特素以谈判态度强硬，从不轻易让步闻名，被伊拉克等中东国家称为“蛇一样的女人”，奥氏干脆在以后与中东诸国会谈时，戴上了一枚蛇型胸针，形成了独具风格的个性标志。

（本文由作者根据网络相关资源改写）

3. 中性话题

在谈判进入正式话题之前该谈些什么问题呢？一般来说，选择中性话题最为合适，这些话题轻松而具有非业务性，容易引起双方共鸣，有利于创造和谐气氛。可以选择一些双方较熟悉且没有立场之争的话题，也可以就目前社会上共同关心的问题展开适当评述，包括一些无伤大雅、不是低级趣味的玩笑，以活跃谈话气氛。具体内容通常有下述几种：第一，各自的旅途经历，如游览活动、旅游胜地及著名人士等；第二，文体新闻，如电影、球赛等；第三，私人问候，如骑马、钓鱼等业余爱好；第四，对于彼此有过交往的老客户，可以叙谈双方以前的合作经历和取得的成功。

需要引起注意的是，每个人都有一些自己最熟悉、最关心的或最引以为豪的事件与经历，如能及时发现对方的"热点"并适当引入，就能让对方打开话匣子，把你作为他倾诉的对象，对方在尽情畅叙之后，对你就会产生莫大的好感，甚至有一种相见恨晚的知音感。

【案例阅读 16.2】

一个英国青年很喜欢旅游，但苦于囊中羞涩，无法成行。有一次，他听说有一个伦敦的银行家珍藏着一张他自己开具的最大数额的支票存根，并视为至宝，于是年轻人就找到了那位银行家，说："听说您藏有一张最大数额的支票存根，这事好多人都在传说，我听了后非常惊奇，慕名而来，请让我看上一眼并请告诉我您是怎么签署那张支票的。"话题引到了银行家最感自豪的事情上，于是一场滔滔不绝的倾诉者与有效倾听者之间的对话开始了，约定的见面时间早已过去，银行家仍意犹未尽，小青年也仍是那种非常聚精会神的姿态，表情中带着几分惊奇，几分羡慕。银行家尽情之后，忽然想到问小青年有什么事需要帮助(此时他已将对方视为莫逆之交了)，小青年于是将自己的心愿告诉了银行家。猜得出最后的结果了吗？银行家不仅资助了小青年一笔旅游费用，还竟然主动陪小青年到法国旅游，当起了义务导游。

(资料来源：丁建中．商务谈判[M]．2 版．北京：中国人民大学出版社，2007.)

在中性话题的议论中，也会体现出各自的不同立场，但是切忌在话题的观点上与对方争论，这时要记住谈判的又一条基本规则："切忌将利益之争上升到面子之争。"每个人对同一事物都会有其各自不同的观点或见解，但请记住这不是利益之争，这仅仅是一次聊天，一次营造良好人际沟通环境的普通谈话而已，有什么值得去争论的呢？就算对方观点不对或表达不清，你的伶牙俐齿把对方驳得哑口无言，你又能得到什么呢？在你以为你求得了真理、争到了面子的同时，你想过对方的感受吗？你想过这次谈话的目的吗？一场无谓的争执会让你失去许多原来你一直想得到的东西。在此推荐一句经典："我不同意你的观点，但我誓死捍卫你拥有自己观点的权利。"

4. 动作与姿态

在闲谈中，双方已经开始传递无声信息了。人的姿态作为人体语言的一种重要形式，它与有声语言一样，具有很强的感染力。它可以反映出人是信心十足还是优柔寡断；是精力充沛还是疲惫不堪；是轻松愉快还是剑拔弩张。

所以首先要放松心态、放松身体、自然面对，对手尽管陌生，但并非敌人，也许还会成为朋友，没什么值得紧张。动作自然得当，不要僵硬，更不要机械，这是紧张的表现；但也不要过于自由，而忽视了面谈时的基本礼貌行为，毕竟这不是在自己的办公室里，可以适当放松一下自己；服饰要保持齐整，领带更不能歪着。身体半躺式斜坐，二郎腿不时摆动，这是典型的挑衅性动作，其潜台词是："你算什么啊！"这是在激怒对手。目光应专注，适度直视对手，表示一种自信的心态，学会以眼神配合语言，能让眼睛说话，告诉对手你在乎什么，看重什么，不愿重提什么。目光不能散乱，更不要东张西望，那是你太紧张了，或是真的心不在焉。"眸不正，则心不正"，斜眼看人是告诉对方你不是一个诚实的人。

姿势运用的同时要特别注意脸上的表情，下述几点要予以重视：

(1)面无表情，会使魅力与信用降低。

(2)脸上的表情,只有善变和用得恰当,才可能产生正确的交流作用。

(3)脸上的表情务必率真、自然。

(4)脸上表情的表达关键在于眼睛的变化。当然除了眼睛之外,口唇的变化,脸部肌肉变化,也自然会改变脸上的表情。

5. 语言

表达清晰、条理清楚、言简意赅、不讲废话,表示出谈话人的良好素质与修养,啰嗦、重复、词不达意都是心态过于紧张所致。在尊重对方观点的基础上,不能人云亦云,应适当表达自己的思想,留给别人有主见有思想的印象,也让对方从另一个角度认识到你的“力量”。语言应配合表情和行为举止,张弛有度更显个性魅力。

6. 洽谈座位

座位安排是有学问的。例如,面谈的主动一方像考官一样,背对窗户与阳光,坐在一把大椅子上,面前摆着一张大写字台;而被动的一方则在远离那张大写字台的一张小椅子上。这种座位安排显然使被动的一方处于不利的地位。阳光直射他的眼睛,使他感到很不自在;大写字台不仅给被动的一方造成了心理压力,而且它是双方处境不同的标志;椅子的大小差异则强调了主动一方的权力。这种安排方式说明主动者一方丝毫不懂得交流的技巧,从而一开始就使一方处于不快的状态当中。最好的办法:撤掉写字台这个障碍物;使被动的一方避开刺眼的阳光;把被动者的位置安排在主动者的一侧,以增加亲近感。

有的人为了消除桌子所显示的“权力”,干脆搬掉所有的像桌子一类的东西;有的谈判者把放文件或杯子的桌子摆在双方的身后或旁边。然而,较为保守的人对这种位置安排不以为然,他们认为面前没有桌子或类似的东西就有一种失落感。为了不使他们感到困窘,可以在前面摆上桌子,就两人时应尽量避免面对面地坐着。安排面谈不仅要摆放好桌椅,而且要适时适量地提供一些茶点、冷饮等。另外,要尽量避免电话或来访者的干扰。

7. 传播媒介

利用传播媒介制造谈判舆论或气氛,是指谈判的主体通过传播媒介向对方传递意图,施加心理影响,制造有利于自己的谈判气氛或启动谈判的背景。在现代社会,许多谈判在没有正式开始以前,舆论的准备往往就已经开始了,并发挥相当大的作用。有效地制造谈判舆论气氛,可以引导谈判双方如何走到谈判桌前,如何开始谈判。

制造谈判舆论气氛,通常涉及谈判主体,即由谁来从事这一工作,可以是谈判者,也可以是其他的人;采用的工具,即采用哪种传播媒介;接受对象,即我们所造就的舆论和气氛要影响和感染哪些人;采用的方式,即结合我方谈判的目的及谈判对象的特点,确定以什么形式、什么内容,来最有效地影响谈判对象,为谈判的正式开始做好铺垫。在这四个要素中,前三者构成了制造谈判舆论气氛的基本条件,后一个要素是必要条件,四者缺一不可。

古往今来,大家都非常注意利用传播媒介来制造谈判舆论气氛。大众传播媒介的形式从过去影响范围极小的口头传播、手抄传播,发展到现在的大规模的印刷传播,以及传播迅速、影响极其广泛的电子传播。它的发展使得传播媒介从仅是沟通某种情况、传递某个信息的作用,发展到影响人们的思考、直至改变其生活方式和价值取向的作用。各种谈判被形形色色的传播工具运载,使得谈判信息比比皆是,使得制造谈判舆论气氛的重要性日益突出。因此,传播媒介已成为商务谈判,尤其是大型商务谈判不可或缺的工具。

16.2.2　破题

破题是指双方由寒暄而转入议题的过程。当双方步入洽谈室为创造气氛而努力的时候，也就为开场破题做好了准备。这一阶段，双方多是站着寒暄，从而使社交活动更为方便，也为双方调整接触角度提供了机会。所以，一旦双方坐定下来，彼此的阵容及个人的地位也就确定下来了，并且会自然而然地从一般性交谈转入正式的业务谈判，精力也就随即集中起来。

破题的时间以多长为宜呢？这要根据谈判的性质和谈判时间长短来确定。一般来说破题期控制在谈判总时间的5%以内较为合适，如果将进行两个小时的洽谈，有6分钟也就够了；如果谈判将持续几天，双方可以在开谈前的某个时间去娱乐场消遣，或在一起吃顿饭。

商务谈判多是2～4人间的洽谈，这对建立洽谈气氛和破题非常有益。但有时也要派出一定规模的谈判组进行谈判，这就特别需要控制好破题的时间。小组间的谈判，人多嘴杂，很容易出现混乱局面。当分别由4个成员组成的两个小组第一次会面时，大家首先要忙于彼此的介绍和握手，不会有什么真正的言谈交流。大家轮番握手之后，8个人错落地站到了一起，难免要出现尴尬的沉默，即便是一两个人在说话也无助于形成和谐的气氛。在这种情况下，最好先将谈判双方编成几个组，然后分别在较小的范围内会面，这样会有助于双方的实际沟通。双方有秩序地相互交谈所发出的嗡嗡声，使人们觉得从一开始就建立起了热烈的、便于交流的友好气氛。

16.2.3　观察对方

如果谈判人员在开场阶段专心于创造气氛而忽略了其他，那就错了。谈判者还需要通过对方的言谈举止，观察和分析对方，掌握对方的性格、态度、意向、策略、风格以及经验等各个方面的情况，并据以采取措施，用自己的方式给对方施加影响，使这种影响贯穿洽谈的始终。

谈判人员的洽谈经验和技巧通过其行为语言就可以反映出来。如前所述，谈判者的姿态、表情以及破题能力都是很重要的信号。如果对方在寒暄时不能应付自如，或者是瞻前顾后、优柔寡断，或是锋芒毕露、赤膊上阵，那么很显然，他是一个新手。相反如果双方一见面，对方即从容自若，侃侃而谈，设法调动谈判的兴趣和探测对手的实力，那么他肯定是位行家里手。一般来说，经验丰富的谈判者总是要留心观察对方这些微妙之处。

谈判风格也可以在开场阶段的发言中反映出来。谈判高手为了寻求双方合作，经常在开谈时说些一般的题目，或是给对方施加影响，一进入洽谈，他就极力探求哪些是优势或劣势，哪些是对方的立场、原则或需要，以及在哪些问题上对方可以让步。他不仅要了解对方的整体情况，而且对个人的背景和价值观以及能否加以利用的事项，都搞得一清二楚。下面这段开场白的对话很说明问题："欢迎你，见到你真高兴!"

"我也十分高兴能再来这里。这笔生意如何?"

"这笔买卖对于你我都很重要，但首先请允许我对你的顺利到达表示祝贺。旅途愉快吗?"

"非常愉快。交货还有什么困难吗?"

"这个问题也是我们要讨论的。在途中饮食怎么样？来点咖啡好吗?"

这并不是一个漫无边际的闲扯，虽然表面上很平静，而且与正题不大相干，但是，如果对方在这段对话后，仍提出他的问题可能就要出现麻烦。所以，如果他能接受这种轻松的聊天，并破译对方背后的真相，多关注对方的利益，他就有可能将这种潜在的麻烦在进一步的洽谈中转化掉。在这个阶段，谈判者千万不要把对方的意图看成是固定的想法。谈判者不可能在一开始就将对方的所有情况搞到手，了解到的信息仅能引导你的方向，随着洽谈的不断深入才能使你避开锋芒，获知对方的真正需要，最终使双方走向合作。因此，对于对方的行为应自始至终地加以研究与分析，不能一开始就做出最后的结论。

16.2.4 运用建立洽谈气氛的全过程

现在，大概会对洽谈气氛的形成有一定的认识了。首先是大家见面，免不了要彼此寒暄几句。这时谈判各方根据各自在这段时间内的观察，自然会对这场谈判有所感想。因此，双方坐下来进入正式会谈的时候，心理上已有了一定的准备。

在谈判开始的瞬间，谈判人员的大脑运动加快了。大脑的运动轨迹有两条：首先是外部刺激信号的接收，各方进屋的方式、目光、姿态和动作的速度与形式、谈吐的声腔变化，都对人脑产生影响；然后是对这些信号的反映，反映的方式取决于信号的强弱，比较典型的情况是消极地反映外部信号，表现为对谈判的信心不足。如此看来，正确地解释外部的信号有着非常积极的意义，这是在短时间内创造融洽气氛的关键环节。总之，在商务谈判开始前，谈判者的行为方式应该是：

(1)以友好的开诚布公的态度出现在对方的面前。肩膀要放松，不迟疑地与对方握手，衣着要整齐、干净和考究。

(2)握手和第一次目光接触，要表现出诚实和自信。

(3)行动和说话要轻松自如，不应慌慌张张或手足无措。

(4)可讨论一些非业务的中性问题。

(5)把谈判总时间的5%作为破题阶段。

(6)在开场时，洽谈双方最好站着交谈。

在这几个方面的努力会使双方受益，它不仅可以建立一种诚挚、轻松的等同于社交场合的气氛，而且可以避免产生对合作有破坏作用的互相敌视和防范的情绪。在这一阶段，尽管紧张、认真的洽谈工作还没有开始，但这样做的结果，不会过早地使谈判双方陷入争议之中。

项目小结

商务谈判的开局对整个商务谈判过程起着非常重要的作用，它往往关系到商务谈判双方对商务谈判所持有的态度、诚意，是积极进行还是消极应付，关系到商务谈判的格调和商务谈判的走向，一个良好的开局会为以后的商务谈判取得成功打下良好的基础。

通过对开局策略以及开局阶段具体策略应用的学习，能够使学生了解和掌握谈判的开局策略是谈判者谋求谈判开局中的有利地位和实现对谈判开局的控制而采取的行动方式或手段。在正常情况下，谈判双方都是抱着实现自己合理利益的目的而与对方坐在谈判桌前的，从而达到双方在一个轻松、愉快的气氛中进行谈判。并且在实际应用中注意摸清对方对要成交买卖的期望值，做到心中有数。所以应该研究谈判的开局，把握和控制谈判的局势。

主要概念

开局；谈判气氛；一致式开局策略；破题

知识与技能训练

第一部分　知识训练

一、名词解释

1. 开局

2. 谈判气氛

3. 一致式开局策略

4. 破题

5. 挑剔式开局策略

二、填空题

1. 开局可细分为________和________两个阶段。

2. ________策略是指开局时，对对手的某项错误或礼仪失误严加指责，使其感到内疚，从而达到营造低调气氛，迫使对方让步的目的。

3. 身体半躺式斜坐，二郎腿不时摆动，这是典型的________动作。

4. ________策略是指以开诚布公的方式向谈判对手陈述自己的观点或想法，从而为谈判打开局面。

5. 对于服装的色调来说，________就是美。

6. 谈判场合以穿________成新的服饰为最佳。

7. 衣着要与身份一致，在这方面的原则是：________。

8. 观察和分析对方，需要掌握对方的________、________、________、________、________，以及经验等各个方面的情况。

9. 一般来说破题期控制在谈判总时间的________以内较为合适。

10. 大脑的运动轨迹有两条：首先是________，然后________。

三、单项选择题

1. 通过语言或行为来表达己方强硬的姿态，从而获得对方必要的尊重，并借以制造心理优势，使得谈判顺利地进行下去。这属于(　　)。

A. 一致式开局策略　　B. 保留式开局策略

C. 坦诚式开局策略　　D. 进攻式开局策略

2. 在谈判开始时，以一种协商的口吻来征求谈判对手的意见，然后对其意见表示赞同，并按照其意见开展工作。这属于(　　)。

A. 一致式开局策略　　B. 保留式开局策略

C. 坦诚式开局策略　　D. 进攻式开局策略

3. 在(　　)气氛下，双方见面不热情、目光不相遇、相见不抬头、交谈时语带双关，甚至带讥讽口吻。

A. 松弛、缓慢、旷日持久的谈判气氛

B. 冷淡、对立、紧张的谈判气氛

C. 热烈、积极、友好的谈判气氛

D. 平静、严肃、严谨的谈判气氛

4. 在法国谈判或对方是法国人，就应穿(　　)服装。

A. 休闲款　　B. 运动装　　C. 牛仔裤　　D. 整洁的深色

5. 在开场时，洽谈双方最好(　　)交谈。

A. 坐着　　B. 靠着　　C. 站着　　D. 以上都不对

四、多项选择题

1. 形成良好开局结构需要遵循下列(　　)原则。

A. 提供或享受均等发言机会　　B. 讲话要尽量简洁、轻松

C. 要进行充分的合作　　D. 要乐意接受对方的意见

2. 谈判风格有(　　)。

A. 正式与非正式谈判　　B. 专断与民主型谈判

C. 官僚与个性型谈判　　D. 严肃与轻松型谈判

3. 下列选项属于中性话题范畴的是(　　)。

A. 各自的旅途经历　　B. 文体新闻

C. 私人爱好　　D. 政治立场

4. 气质美看似无形，实为有形。它通过一个人的(　　)等表现出来。

A. 发型　　B. 态度　　C. 言语　　D. 行为

5.(　　)性格是受欢迎的性格。

A. 直率　　B. 大方　　C. 傲慢　　D. 开朗

五、简答题

1. 开局的具体方式有哪几种？

2. 商务谈判的开局策略都有哪些？

3. 谈判人员如何正确估计自己的能力？

4. 影响开局气氛的各种因素都有哪几个？

5. 谈判者的行为方式应该是怎样的？

第二部分　技能训练

一、案例训练

[训练目的]

通过该训练任务，有助于学生：

1. 掌握如何营造商务谈判的气氛，以及它的作用和分类。

2. 运用相关商务谈判开局阶段的相关知识分析应该通过怎样的气氛开局，有效地将知识转化为技能。

[训练步骤及要求]

1. 教师选择恰当案例，拟定需要讨论分析的问题。

2. 确定案例训练组织形式：分组集体讨论会(4～6人)。

3. 老师主持课堂案例讨论，各小组选出一名代表阐明本小组的分析要点。

4. 教师进行最后点评与总结。

5. 各小组在讨论分析案例的基础上按以下要求撰写、提交"案例分析报告"，文字表述要精练、观点明确。

《金星啤酒谈判》案例分析报告
时　　间：
分 析 者：
班　　组：
问题分析：
➢问题一：
➢问题二：

[实训考核]　(百分制)

评分维度	出　勤	步骤完整	内容的充实性	实战性强	演练临场表现	创新性	团体配合意识
百 分 比	10%	10%	10%	20%	20%	20%	10%

[案例介绍]

金星啤酒进入中山市场大餐饮企业任务落到了金星啤酒销售副经理小赵的身上，要让餐饮企业推荐金星啤酒，还真的需要下工夫做好老板的工作。

小赵："哟，这么多空酒瓶！老板，一看中午客人喝空了这么多瓶酒，就知道你的生意做得红红火火。现在啤酒销量不错吧?"小赵说话语音洪亮、真诚，让人听起来很受用。

马老板"马马虎虎，请问有什么事?"

小赵："噢，我是金星啤酒集团的小赵，早就听说您是中山餐饮业起步最早、做得最好的老板，今天来拜访您，跟您学学生意经，交个朋友。"

马老板："没有什么经验，只是踏踏实实地做生意罢了。"

小赵："这才是最宝贵的经验，也是做生意最基本的原则。正是因为你的实在、讲信誉，你的顾客才信任你，愿意和你打交道，你的生意才越做越大了。"

马老板："还是你们文化人会总结。"

小赵："文化高不能决定事业的成功，关键是做事和做人，听说你就是凭借着一个"义"字把生意做大了吗？……

[问题讨论]

1. 马老板应该怎么办？请选择：

A. 这小赵就会忽悠人，还不是要我进货，看他葫芦里卖的什么药?

B. 不管他说的多好听，不赚钱我就不能卖。

C. 这小赵说话我爱听，说到我心里去了，和他合作一定很愉快。

2. 这个案例体现了什么?

二、项目训练

[实训项目]　制造谈判开局气氛演练练习

[实训目的]

通过该实训项目的操作，使学生了解不同的商务谈判气氛和谈判风格，总体的开局营造气氛的要点和流程，以及如何合理地运用商务谈判中的各项要素建立合适的洽谈气氛从而达到己方谈判的效果和目的。

［实训要求］

教师先制定一定的商务活动场景，根据教学班级的分组情况，按一定数量的小组分别选择不同的场景进行设计和表演。

［实训操作步骤］

1. 对教学班级的学生进行项目分组（6～8 人），明确组内分工。
2. 教师设计有关的商务活动场景。
3. 学生对该商务活动场景进行分析，并设计相关的情节。
4. 各项目小组根据场景进行表演。
5. 同学互评，教师点评。
6. 本次实训综合成绩评定。

［实训考核］（百分制）

1. 实训准备工作（10 分）。
2. 各项目小组对本次实训的组织、分配、管理等过程（20 分）。
3. 各项目小组对选定场景进行表演（45 分）。
4. 项目小组的团队合作精神（15 分）。
5. 同学互评，教师点评（10 分）。

项目 7　商务谈判报价

学习目标

◆ 知识目标

通过本项目的学习，使学生能够根据所掌握的影响价格的因素，报价的技巧等知识，对不同的报价策略进行选择，并能够合理地应用价格解释策略和价格评论策略。

◆ 技能目标

通过本项目的教学，使学生学习和掌握谈判双方对价格的不同认识，价格谈判中的价格关系以及报价的策略。通过案例讨论明确商务谈判中影响价格的因素，并了解其复杂性和多样性，为今后参与谈判奠定基础。

学习情境 17　报价的策略选择

【入门案例】

一位工会职员为造酒厂的会员要求增加工资一事向厂方提出了一份书面要求，一周后，厂方约他谈判新的劳资合同。令他吃惊的是，一开始厂方就花很长时间详细地向他介绍销售及成本情况，反常的开头令他措手不及。为了争取时间考虑对策，他便拿起会议材料看了起来，最上面一份是他的书面要求。看之后他才明白，原来是在打字时出了差错，将要求增加工资12%打成了21%，难怪厂方小题大做了。他心里有了底，谈判下来，最后以增加工资15%达成协议，比自己的期望值高了3个百分点，看来，他原来的要求太低了。

（本文由作者根据网络相关资源改写）

【分析提示】

商务谈判的报价事关交易双方的切身利益，而本案例中的这位职员由于错误的报价所引起的厂方态度的变化使得他对工资的要求有了底，最后反而增加的工资高出了自己的期望值。这个例子告诉我们报价的高低有很多技巧和策略在背后起支持作用，从而影响着彼此的心理及认可的变化度。价格是商务谈判中不可回避的内容，也是影响谈判成功或失败的重要内容。

任务 17.1　掌握谈判双方对价格的不同认识及影响价格的因素

价格高低事关商务谈判双方的切身利益，同时价格又是在诸多因素的共同作用下最终形成的，因此价格是商务谈判中最敏感、最重要、最复杂的问题之一。为此，我们必须全面掌握谈判双方对价格的不同认识。

17.1.1　谈判双方对价格认识的不同

无论什么样的商务谈判都会涉及价格问题，但谈判各方对价格的认识是不一致的。

1. 商品交易中谈判双方对价格的认识差异

卖方——以成本为核心。直接生产者固然把价格和生产成本作为定价的最主要依据，即使是中间环节也必然把进货价格和流通过程中间所支出的成本加起来统一考虑。卖方在考核成功贸易的时候总是把销售利润率作为最重要的指标，即

$$R=P/C$$

式中：R——销售利润率；

P——销售利润；

C——价格，或销售收入，而 $C-P$ 就是总成本。

卖方在价格谈判过程中一直在应用这个最简单的公式来考虑其能接受的价格。

买方——以满足需要的程度和市场同比两个因素为核心。无论是消费者还是企业的采购者，在价格谈判时总是把满足自身需要作为衡量购买商品的主要指标之一，如果不能达到需要则很少会考虑购买，除非处于非理性状态。另外，还要和市场同类商品相比较，是否值得花费这样的价格。当然还要考虑自己的承受能力，但在谈判中该因素相对次要一些。这些考虑因素通常称为性价比，即

$$L=Q/C$$

式中：L——商品的性价比；

Q——性能指数，也就是质量指数；

C——付出的价格。

买方在价格谈判过程中始终把性价比的相互比较作为接受价格的衡量手段。

正因为存在这样的差异，因此，在价格谈判过程中，谈判双方会发生争执。

2. 合资经营谈判中双方对资产的认识差异

两个或两个以上企业准备建立合资企业时对于各方出资的比例也会发生争执，这也是另一种形式的价格谈判。如果各方都以货币方式来谈判的话，问题显得比较简单，但这种情况很少。大量的是以土地、设备、场地等有形资产和技术、品牌、市场份额等无形资产的折价投入，而资金投入只是其中的一小部分。这样的谈判困难就很大了。

对有形资产的评定就有很多种模式，双方的看法可能有很大差异，而对无形资产的看法差异将更大。因此，资产评估行业应运而生。特别是近年来企业购并的投资行为非常普遍，这种谈判很大程度上集中在对资产价值的认同上。资产评估的客观、合理、科学成为当前企业界最为关注的问题之一。

3. 项目合作中双方对运作能力的认识差异

对许多项目合作，包括工程项目、服务项目等合作中的价格谈判双方也有很大的认识差异。

项目发包方——以达到项目最终目标为衡量标准。其中有许多方面的具体内容，包括项

目需要达到的质量要求、完成期限要求，以及确保预算费用不发生超支。不同的项目有不同的考虑，在预算制订时就充分考虑了各种因素的综合，而绝对不是只要求费用越低越好。

项目承接方——通常都以经济利益作为主要的追求。但和一般的经济收益不同在于，其经济利益表现在近期利益和长期利益的结合上。近期利益表现在获得的承接费用。长期利益表现在多方面，对同一项目来说希望在该项目的长期收益中获得一定比例，对其他项目来说希望因为有了这次的经验能得到更多的机会。因此对同一运作费用会出现多个选择。

正因为有如此的差异，所以谈判双方都对对方的运作能力表现出高度的关注，甚至出现怀疑，给谈判带来难度。

17.1.2 谈判中影响价格的因素

商品价格是商品价值的货币表现，是在市场交换过程中实现的。对于每个具体商品价格来说，影响其形成的直接因素主要有：商品本身的价值、货币的价值以及市场供求状况。上述每一种因素本身又是由许多因素决定的，这些因素又都处于相互联系、相互制约和不断变化之中，这就造成价格形成的复杂多变和具体把握价格问题的困难。了解商务谈判中影响价格因素的重要性正在于此，它可以使我们在处理价格问题时考虑得更全面、更周到，也便于我们在通盘分析各个因素的基础上抓住主要矛盾，采取正确方法实施重点突破，掌握价格谈判的主动权。从商务谈判的角度看，至少有这样一些影响价格的因素需要认真考虑。

1. 主顾的评价

某一商品是好是差，价钱是贵还是便宜，不同的主顾有不同的评价标准。例如，一件款式新颖的时装，年轻人或以年轻人为主要销售对象的经营者认为，穿上这样的衣服潇洒、气派、与众不同，价格高一点也可以接受；而老年人则偏重考虑面料质地如何；是否结实耐穿，并以此来评判价格是否合理。

2. 需求的急切程度

如果对方带着迫切需要某种原材料、零配件、产品、技术或工程项目的心情来进行谈判，他首先考虑的可能是交货期、供货数量以及能否尽快签约，而不是价格高低，就像一杯水对于一个干渴多时的人，一块面包对于一个饥饿的人，其使用价值往往会与正常情况下的使用价值有惊人的差别。

3. 产品的复杂程度

产品越复杂、越高级，价格问题就越不突出。因为产品结构、性能越复杂，档次越高级，其制作技术就越复杂，生产工艺就越精细，核计成本和估算价值就较为困难；另外，可以参照的同类产品也较少，因而在价格上做文章的余地就比较大。

4. 交易的性质

在大宗交易中几万元可能只是个零头，而小本买卖则容易“斤斤计较”；在一揽子交易中，商品贵贱不同，质量高低不等，买者难以在价格上一一核算准确。所以大宗交易或一揽子交易比那些小笔生意或单一买卖更能减少价格水平在谈判中的阻力。

5. 买者是否作为投资或进行转卖

当对方购买产品是为了投资需要时，他对产品质量、效用的关心可能就要超过对价格的关心。当买方可以通过转卖给第三者而赚取利润时，那卖方将力求提高出售价格，希望与买方分享这部分利润。

6. 销售时机

旺季畅销,淡季滞销。畅销时可卖个好价钱,滞销时则往往不得不削价贱卖,以免造成积压,影响资金周转。

7. 产品或企业的声誉

一般来说,人们宁肯花钱买好货,或宁愿与重合同、守信誉的企业打交道,因而对优质名牌产品的价格或声誉良好企业的报价有信任感。因此,企业的声誉、产品的声誉以及谈判者的名声、信誉都会对产品价格产生影响。

8. 购买方所得到的安全感

在科学技术高度发达的今天,人们对能以假乱真的伪造、仿造产品很难识别,故而购物时宁肯多花点钱,也要买质量性能可靠以及维修服务有保证的商品。销售方向对方显示产品的可靠性或向对方承诺提供某种保证或服务时,如能给对方一种安全感,则可以降低或冲淡价格问题在其心目中的重要性。比如负责安装调试,免费维修,送货上门等安全保证,在现代社会的购物中变得越来越重要。

9. 货款支付方式

商品买卖或其他经济往来是用现金结算,还是使用支票、信用卡结算或用产品抵偿;是一次性结清贷款,还是赊账、分期付款、延期付款,这些都会对价格有重要的影响。

10. 竞争者价格

从卖方角度看,如果竞争者的价格比较低,买方就会拿这个价格作为参照和讨价还价的条件,逼迫卖方降价;反之,如果买方竞争者出价较高,则使卖方在价格谈判中处于有利地位。

17.1.3 价格谈判中的价格关系

商务谈判中的价格谈判,除应了解影响价格的诸多因素外,还要善于正确认识和处理各种价格关系。

1. 主观价格与客观价格

价格谈判中,人们往往追求"物美价廉",总希望货物越优越好,而价格越低越好;或者同等的货物,低廉的价格,似乎这样才占了便宜,才赢得了价格谈判的胜利。其实,这种主观价格,往往是买者的一厢情愿。因为,如果真的"物美",势必"价高",否则,卖者就要亏本,连简单再生产也无法维持。所以,通常情况下,"物美价廉"是没有的,或者是少有的。现实交易的结果往往是:作为买方,一味追求"物美价廉",必然要与卖方的"物美价高"发生冲突,于是卖方为表面迎合买方的"价廉"心理,便演出了"偷梁换柱"的戏法,暗地里偷工减料或以次充好,把"物美"变成了与"价廉"对应的"物劣"。

这种"物劣价廉"的粉墨登场,正是价值规律使然。可见,一味追求主观价格,常常"精明而不高明"。

与主观价格相对立的是客观价格,即能够客观反映商品价值的价格。应当懂得,价值规律是不能违背的,在现代市场经济的条件下,商品交易的正常规则应当是:遵循客观价格,恪守货真价实。只有这样,才能实现公平交易和互惠互利。

2. 绝对价格与相对价格

商品具有二因素:价值与使用价值。这里,人们把反映商品价值的价格称为绝对价格;而把反映商品使用价值的价格称为相对价格。

商务谈判中,人们往往比较强调反映商品价值的绝对价格,而忽视反映商品使用价值的相对价格。其实，商品的价格，既要反映价值，又要反映供求关系。而反映使用价值的相对价格，实质上反映着一种对有用性的需求。因此，相对价格在谈判中应当受到重视。

在价格谈判中，作为卖方，应注重启发买方关注交易商品的有用性和能为其带来的实际利益，从而把买方的注意力吸引到相对价格上来，这容易使谈判取得成功；而作为买方，在尽量争取降低绝对价格的同时，也要善于运用相对价格的原理，通过谈判设法增加一系列附带条件，来增加自己一方的实际利益。可见，运用相对价格进行谈判，对于卖方和买方都有重要意义。而价格谈判成功的关键往往在于：正确运用绝对价格与相对价格的原理及其谈判技巧。

3. 消极价格与积极价格

日常生活中可以发现，一位老教授不肯花 30 元买件新衬衣，但愿意花 50 元买两本书；一位年轻人不肯花 50 元买两本书，但请朋友吃饭花了 100 元却不以为然。这两个例子中，前面的“不肯”，说明对价格的反应及行为消极，属于消极价格；而后面的“愿意”，表明对价格的反应及行为积极，便是积极价格。其实，价格的高低很难一概而论，同一价格，不同的人由于需求不同，会有不同的态度。这里，心理转变、观念转变有时会起决定作用。

对于那位老教授，如果商店的营业员向他宣传，穿上合适的新衬衣会改善自己的形象，有利于社会交往，从而获得许多书本上没有的东西，那位老教授可能会改变态度，决定买原来不想买的衬衣。对于那位年轻人，如果他的师长向他忠告，知识是不可缺少的精神食粮，只有不断学习新知识，充实自己、提高自己，才利于自身的成长和发展，才能更好地适应社会的需要，那位年轻人就可能转变认识，培养买书和学习的兴趣。上例中，营业员的宣传、师长的忠告，都是在做消极价格向积极价格的转化工作。

运用积极价格进行商务谈判，是一种十分有效的谈判技巧。谈判中常常会有这种情形，如果对方迫切需要某种货物，他就会把价格因素放在次要地位，而着重考虑交货期、数量、品质等。因此，商务谈判中尽管价格是核心，但绝不能只盯住价格，就价格谈价格，要善于针对对方的利益需求，开展消极价格向积极价格的转化工作，从而赢得谈判的成功。

【案例阅读 17.1】

20 世纪 90 年代初，我国一个经贸代表团访问某发展中国家，该国连年战乱之后百废待兴，需要建设一个大型化肥厂来支持农业复兴，我方提出成套设备转让的一揽子方案后，该国谈判代表认为报价较高，希望降低 20%，我方经过认真分析，认为我方的报价是合理的，主要是该国在支付能力上有实际困难。于是，我方详细地介绍了所提供的设备与技术的情况，强调了项目投产后对发展该国农业生产的意义，同时，又提出了从设计、制造、安装、调试、人员培训到技术咨询等方面的一揽子服务和有利于该国的支付方式。经反复比较后，对方终于高兴地确认我方的报价是合理的。这样，消极价格转化为积极价格，实现了双方的合作。

（资料来源：于卉，吴海侠，高琳．商务沟通与谈判[M]．北京：化学工业出版社，2010.）

4. 固定价格与浮动价格

商务谈判中的价格谈判，多数是按照固定价格计算的。其实，并不是所有的价格谈判都应当采用固定价格，尤其是大型项目的价格确定，采用固定价格与浮动价格相结合的方式很有必要。大型项目工程的工期一般持续时间较长，短则一两年，长则五六年甚至十年以上，有些原材料、设备到工程接近尾声时才需要用，如果在项目谈判时就预先确定所有价格，显然是不合理的。一般而言，许多原材料的价格是随时间而变化的，工资通常也是一项不断增长的费用，此外，有时还要受到汇率变动的影响等。因此，在项目投资比较大，建设周期比较长的情况下，分清哪些应按照固定价格计算，哪些应采用浮动价格、对交易双方都可以避免由于不确定因素带来的风险；也可以避免由于单纯采用固定价格，交易一方将风险因素全部转移到价格中去，而致使整个价格上涨。

采用浮动价格涉及的有关参数不是任意的，而多由有关权威机构确定，因而，可以成为谈判各方都能接受的客观依据。这样，虽不能完全避免某些风险因素，但比单纯采用固定价格公平、合理得多。就浮动价格进行谈判，主要是讨论有关权威机构及有关公式的选用。

5. 综合价格与单项价格

商务谈判中，特别是综合性交易的谈判，双方往往比较注重综合价格，即进行整体性的讨价还价，有时会出现互不相让的僵局，甚至导致谈判失败。其实，此时可以改变一下谈判方式，将整个交易进行分解，对各单项交易进行逐一分析，并在此基础上进行单项价格的磋商。这样不仅可以通过对某些单项交易的调整使综合交易更加符合实际需要，而且可以通过单项价格的进一步磋商，达到综合价格的合理化。例如，一个综合性的技术引进项目，其综合价格较高。采用单项价格谈判后，通过项目分解可以发现，其中，先进技术应予引进，但有些则不必一味追求先进，某些适用的中间技术引进效果反而更好，其价格也低得多；同时，关键设备应予引进，但一些附属设备可不必引进而可自行配套，其单项费用又可节省。这样，一个综合性的技术引进项目，通过单项价格谈判，不仅使综合项目得到优化，而且综合价格也会大幅度降低。实践表明，当谈判在综合价格上出现僵局时，采用单项价格谈判，常常会取得意想不到的效果。

6. 主要商品价格与辅助商品价格

某些商品，不仅要考虑主要商品的价格，还要考虑其配件等辅助商品的价格。许多厂商的定价策略采用组合定价，对主要商品定价低，但对辅助商品却定价高，并由此增加盈利。例如，某些机器、车辆，整机、新车价格相对较低，但零部件的价格却较高，使用这种机器或车辆，当几年之后维修和更换配件时，就要支付昂贵的费用。

【案例阅读 17.2】

20 世纪 70 年代初，美国柯达公司生产的彩色胶卷价格较高，因此，销售量较低。此时，柯达公司研制出一种低成本的“傻瓜相机”，使摄影变得“你只管按快门”这样简单。而柯达公司的经营战略正是：“给你一盏灯，让你去点油”。结果，人们真的纷纷购买这种廉价相机，于是大大促进了高价格彩色胶卷的销售。这都说明，对于价格来说，包括价格谈判，不仅要关注主要商品价格，也要关注辅助商品价格，包括配件、相关商品的价格，切不可盲目乐观，落入“价格陷阱”。

（资料来源：袁其刚．国际商务谈判[M]．北京：高等教育出版社，2007.）

任务 17.2　掌握报价的策略

商务谈判人员要想在全局上控制整个谈判，同时又能正确地处理好谈判过程中出现的诸多问题，就必须把握好谈判的各个阶段以及各个阶段应该采取的策略。

17.2.1 报价

报价阶段就是谈判开局阶段结束后，谈判进入到实质性阶段的前期。所谓实质性阶段就是指开局阶段结束，到最终签订协议或败局为止，双方就交易的内容和条件所进行谈判的时间和经过。实质性阶段是整个谈判的主体，那么随着谈判进展的顺利或其本身的逻辑关系来看，实质性阶段可细分为三个阶段，其前期即为报价阶段。

报价阶段即指双方各自提出自己的交易条件。谈判双方往往是经过各自互探对方的底细，在明确了交易的具体内容、范围以及讨论磋商的基本议题之后，提出各自的交易条件，表明自己的立场和利益需求。商务谈判中的报价是指有关整个交易的各项条件，并非仅指价格条款。

报价和磋商是谈判过程中两个核心的问题，因为，一方面报价和磋商的策略与技巧的应用在很大程度上决定了生意是否能够成交；另一方面，一旦生意成交，还将在很大程度上决定是赢利还是亏损。因此，掌握报价阶段的策略与技巧，是商务谈判人员必须做到的。

17.2.2 报价必须遵循的原则

(1)对于卖方来讲，开盘价必须是“最高的”，相应的，对买方来讲，开盘价必须是“最低的”，这是报价的首要原则。

①若我方为卖方，开盘价为我方的要价确定了一个最高限度。一般来讲，除特殊情况外，开盘价一经报出，就不能再降低或更改了，最终双方成交的价格肯定是在此开盘价格以上。

②从人们的观念上来看，“一分价钱一分货”是多数人信奉的观点。因此，开盘价较高，会影响对方对我方提供的商品或劳务的印象和评价。

③开盘价较高，能够为以后的讨价还价留下充分的回旋余地，使我方在谈判中更富有弹性，便于掌握成交时机。

④开盘价的高低往往对最终成交水平具有实质性的影响，即开盘价高，最终成交价的水平也就比较高；开盘价低，最终成交价的水平相应的也比较低。

(2)开盘价必须合情合理。开盘价要报得高一些，但绝不是指要漫天要价、毫无道理、毫无控制。恰恰相反，高的同时必须合乎情理，必须能够讲得通。可以想象，如果报价过高，又讲不出道理，对方必然会认为我方缺少谈判的诚意，或者被逼无奈而中止谈判，扬长而去；或者以其人之道还治其人之身，相对地来个“漫天要价”；抑或一一提出质疑，而我方又无法解释，其结果只好是被迫无条件地让步。在这种情况下，有时即使我方已将交易条件降低到较公平合理的水平上，对方仍会认为我方尚有“水分”可挤，因而还是穷追不舍。可见，如果开盘价脱离现实，便会自找麻烦。

(3)报价应该坚定、明确、完整，且不加任何解释和说明。开盘价的报出要坚定、果断，不保留任何语尾，并且毫不犹豫。这样做能够给对方留下我方是认真而诚实的好印象。要记住，任何欲言又止、吞吞吐吐的行为，必然会导致对方的不良感受，甚至会产生不信任感。

开盘报价要明确、清晰而完整，以便对方能够准确地了解我方的期望。实践证明，报价时含糊不清最容易使对方产生误解，从而扰乱本方所定步骤，对己方不利。

报价时不要对本方所报价格进行过多的解释、说明和辩解，因为对方不管我方报价的水分多少，都会提出质疑。如果在对方还没有提出问题之前，我方便主动加以说明，会提醒对方意识到我方最关心的问题，而这种问题有可能是对方尚未考虑过的问题。因此，有时过多地说明和解释，会使对方从中找出破绽或突破口，向我方猛烈地反击，有时甚至会使我方自己十分难堪，无法收场。

以上是就一般情况而言的报价原则和策略。必须指出的是，报价在遵循上述原则的同时，必须考虑当时的谈判环境和与对方的关系状况。如果对方为了自己的利益而向我方施加压力，则我方就必须以高价向对方施加压力，以保护本方的利益；如果双方关系比较友好，特别是有过较长的合作关系，那么报价就应当稳妥一点，出价过高会有损于双方的关系；如果我方有很多竞争对手，那就必须把要价压低到至少能受到邀请而继续谈判的程度，否则，会连继续谈判的机会都没有，更谈不上其他的什么了。因此，除了掌握一般性报价的原则和策略外，还需要灵活地加以运用，不可教条主义。

17.2.3 报价的形式

1. 书面报价

书面报价通常是指谈判一方事先提供了较详尽的文字材料、数据和图表等，将本企业愿意承担的义务以书面形式表达清楚，使对方有时间针对报价做充分的准备，使谈判进程更为紧凑。但书面形式在客观上易成为该企业承担责任的记录，限制了企业在谈判后期的让步和变化，况且，文字形式缺少口头表达的"热情"，在翻译成另外一种文字时，精细的内容不易翻译。因此，对实力强大的谈判者，书面报价是有利的；双方实力相当时，也可使用书面报价；对实力较弱的对手，则不宜采用书面报价。

2. 口头报价

口头报价具有很大的灵活性，谈判者可以根据谈判的进程来调整自己的谈判战术，先磋商，后承担义务，没有义务约束感。

但对一些复杂的要求，如统计数字、计划图表等，难以口头阐述清楚。另外，如果对方事先对情况一无所知，他们可能一开始并不急于展开谈判，直到其了解了基本情况后才进行谈判，从而影响谈判进度。

17.2.4 报价策略

报价是指报出价格或报出的价格（广义的报价，除价格这一核心外，也包括向对方提出的所有要求）。报价标志着价格谈判的正式开始，也标志着谈判者的利益要求的"亮相"。报价是价格谈判中一个十分关键的步骤，它不仅给谈判对手以利益信号，也能成为引发对方交易欲望的前奏，而且在实质上，对影响交易的盈余分割和实现谈判目标具有举足轻重的作用。

报价绝不是报价一方随心所欲的行为，报价应该以影响价格的各种因素、所涉及的各种价格关系、价格谈判的合理范围等为基础。同时，由于交易双方处于对立统一之中，报价一方在报价时，不仅要以己方可能获得的利益为出发点，更要考虑对方可能的反应和能否被对方接受。因此，报价的一般原则应当是：通过反复分析与权衡，力求把握已方可能获得的利益与被对方接受的概率之间的最佳结合点。可以说，如果对报价的分寸把握得当，就会把对方的期望值限制在一个特定的范围内，并有效控制交易双方的盈余分割，从而在之后的价格磋商中占据主动地位。反之，报价不当，就会助长对方的期望值，甚至使对方有机可乘，从而陷入被动境地。可见，报价策略的运用，直接影响着价格谈判的开局、走势和结果。

报价阶段的策略与技巧主要体现在谁先报价、怎样报价和怎样对待对方的报价这三个方面，下面就其进行具体阐述。

1. 先报价的利与弊

商务谈判双方在结束了非实质性交谈之后，就要将话题转入到有关交易内容的正题上来，一经转入正题，双方即开始相互摸底。摸底的内容不外乎是了解对方对本次谈判的态度、兴趣、交易的大致内容和范围、谈判的议题等。摸底的目的是提出本方的交易条件即为报价做准备。经过摸底之后，双方开始报价，即应该由哪一方先报价，换句话说，我方到底是先报价还是后报价，这就要看先报价的利弊关系。

就一般情况而言，先报价有利也有弊。

先报价的有利之处在于：一方面，先报价对谈判的影响较大，它实际上等于为谈判划定了一个框架或基准线，最终协议将在这个范围内达成。例如，卖方报价某种计算机 FOB 1000 美元/台，经过双方磋商之后，最终成交价格一定不会超过 1000 美元这个界限。另一方面，先报价如果出乎对方的预料或设想，往往会打乱对方的原有部署，甚至动摇对方原来的期望值，使其失去信心。例如，卖方首先报价 FOB 某货物 1000 美元/吨，而买方心里却只能承受 400 美元/吨，这与卖方报价相差甚远，即使经过进一步磋商也很难达成协议，因此，只好改变原来部署，要么提价，要么告吹。总之，先报价在整个谈判中都会持续地起作用，因此，先报价比后报价的影响要大得多。

先报价的弊端在于：一方面，对方听了我方的报价后，可以对他们自己原有的想法进行最后的调整。由于我方先报价，对方对我方的交易条件的起点有所了解，他们就可以修改原先准备的报价，获得本来得不到的好处。正如上边所举例子，卖方报价计算机 FOB 1000 美元/台，而买方原来准备的报价可能为 1100 美元/台。这种情况下，很显然，在卖方报价以后，买方马上就会修改其原来准备的报价条件，于是其报价肯定会低于 1000 美元/台。那么对于买方来讲，后报价至少可以使他们获得 100 美元的好处。另一方面，先报价后，对方还会试图在磋商过程中迫使我方按照他们的路子谈下去。其最常用的做法是，采取一切手段，调动一切积极因素，集中力量攻击我方的报价，逼迫我方一步一步地降价，而并不透露他们自己究竟肯出多高的价格。

2. 何时先报价利大于弊

先报价有利也有弊，那么什么时候、什么情况下先报价利大于弊呢？一般来讲，我方要通过分析双方谈判实力的对比情况来决定何时先报价。如果本方的谈判实力强于对方，或者说与对方相比，在谈判中处于相对有利的地位，那么本方先报价就是有利的，尤其是当对方对本次交易的行情不太熟悉的情况下。先报价的有利度更大。因为这样可为谈判先划定一个基准线，同时，由于本方了解行情，还会适当掌握成交的条件，对本方无疑是利大于弊。

如果通过调查研究，估计到双方的谈判实力相当，谈判过程中竞争一定会十分激烈，那么，同样应该先报价，以便争取更大的影响。

如果本方谈判实力明显弱于对手，特别是缺乏谈判经验的情况下，应该让对方先报价。因为这样做可以通过对方的报价来观察对方，同时也可以扩大自己的思路和视野，然后再确定应对本方的报价做哪些相应的调整。

以上仅就一般情况而言，何时先报价利大于弊。有些国际及国内业务的谈判，谁先报价几乎已有惯例可循。例如，货物买卖的谈判，多半是由卖方首先报价，然后买方还价，经过几轮磋商后再告成交。相反，由买方先出价的情况几乎是不存在的。

在价格谈判中，报价策略主要涉及以下几个方面：

(1)报价起点策略。价格谈判的报价起点策略通常是：作为卖方，报价起点要高，即“开最高的价”；作为买方，报价起点要低，即“出最低的价”。商务谈判中这种“开价要高，出价要低”的报价起点策略，由于足以震惊对方，被国外谈判专家称为“空城计”。对此，人们也形象地称为“狮子大张口”。

显然，谈判双方报价起点的这种“一高一低”的策略是合乎常理的，而不可能是“一低一高”，因为那是背理的，也不可能是“一中一中”，因为那只可能是经过数轮讨价还价后的结果，不可能是开盘的局面。从对策论的角度看，谈判双方在提出各自的利益要求时，一般都含有策略性虚报的部分。这种做法，其实已成为商务谈判中的惯例。同时，从心理学的角度看，谈判者都有一种要求得到比他们预期得到的还要多的心理倾向。而且研究结果表明，若卖方开价较高，则双方往往能以较高的价格成交；若买方出价较低，则双方可能以较低的价格成交。

“开价要高，出价要低”的报价起点策略有以下作用。

①这种报价策略可以有效地改变对方的盈余要求。当卖方的报价较高，并振振有词时，买方往往会重新估算卖方的保留价格，从而使价格谈判的合理范围发生有利于卖方的变化。同样，当买方的报价较低，并有理有据时，卖方往往也会重新估算买方的保留价格，从而使价格谈判的合理范围发生有利于买方的变化。

②卖方的开价高，往往为买方提供了评价卖方商品的价值尺度。在一般情况下，价格总是能够基本上反映商品的价值。人们通常信奉：“一分价钱一分货”，所以，高价总是与高档货相联系，低价自然与低档货相联系，这无疑有利于实现卖方更大的利益。

③这种报价策略中包含的策略性虚报部分，能为下一步双方的价格磋商提供充分的回旋余地。在讨价还价阶段，谈判双方经常会出现相持不下的局面。为了打破僵局，往往需要谈判双方或其中一方根据情况适当做出让步，以满足对方的某些要求和换取己方的利益。所以，开盘的“高开价”和“低出价”中的策略性虚报部分，就为讨价还价过程提供了充分的回旋余地并准备了必要的交易筹码，这可以有效地造成做出让步的假象。

④这种报价策略对最终议定成交价格和双方最终获得的利益具有不可忽视的影响。这种“一高一低”的报价起点策略，倘若双方能够有理、有利、有节地坚持到底，那么，在谈判不致破裂的情况下，双方往往会达成满意的成交价格，从而使双方都能获得预期的物质利益。

当然，价格谈判中这种报价起点策略的运用，必须基于价格谈判的合理范围，必须审时度势，切不可漫天要价和胡乱杀价，否则，就会失去交易机会并导致谈判失败。

(2)报价时机策略。价格谈判中，报价时机也是一个策略性很强的问题。有时，卖方的报价比较合理，但并没有使买方产生交易的欲望，原因往往是此时买方正在关注商品的使用价值。所以，价格谈判中，应当首先让对方充分了解商品的使用价值和为对方带来的实际利益，待对方对此发生兴趣后再来谈价格问题。经验表明，提出报价的最佳时机，一般是对方询问价格时，因为这说明对方已对商品产生了交易的欲望，此时报价往往水到渠成。

有时，在谈判开始时对方就询问价格，这时最好的策略应当是听而不闻。因为此时对方对商品或项目尚缺乏真正的兴趣，过早报价会徒增谈判的阻力，这时应当首先谈该商品或项目能为交易者带来的好处和利益，待对方的交易欲望已被调动起来再报价为宜。当然，对方坚持即时报价，也不能故意拖延，否则，就会使对方感到不尊重甚至反感，此时应善于采取建设性的态度，把价格同对方可获得的好处和利益联系起来。

总之，报价时机策略往往体现着价格谈判中相对价格原理的运用，体现着促进积极价格的转化工作。

(3)报价表达策略。报价无论采取口头方式还是书面方式，表达都必须十分肯定、干脆，似乎不能再做任何变动和没有任何可以商量的余地。而大概、大约、估计一类含糊的词在报价时的使用，都是不适宜的，因为这会使对方感到报价不实。另外，如果买方以第三方的出价低为由胁迫时，卖方应明确地告诉他："一分价钱一分货"，并对第三方的低价毫不介意。只有在对方表现出真实的交易意图时，为表明以诚相待，才可在价格上开始让步。

(4)报价差别策略。同一商品，因客户性质、购买数量、需求急缓、交易时间、交货地点、支付方式等方面的不同，会形成不同的购销价格。这种价格差别，体现了商品交易中的市场需求导向，在报价策略中应重视运用。例如，对老客户或大批量需求的客户，为巩固良好的客户关系或建立起稳定的交易联系，可适当实行价格折扣；对新客户，有时为开拓新市场，亦可给予适当让价；对某些需求弹性较小的商品，可适当实行高价策略；对方"等米下锅"，价格则不宜下降；旺季较淡季或应时较背时，价格自然较高；交货地点远程较近程或区位优越者，应有适当加价；支付方式是一次付款较分期付款或延期付款，价格须给予优惠等。

(5)报价对比策略。价格谈判中，使用报价对比策略往往可以增强报价的可信度和说服力，一般有很好的效果。报价对比可以从多方面进行，例如，将本商品的价格与另一可比商品的价格进行对比，以突出相同使用价值的不同价格；将本商品及其附加各种利益后的价格与可比商品不附加各种利益的价格进行对比，以突出不同使用价值的不同价格；将本商品的价格与竞争者同一商品的价格进行对比，以突出相同商品的不同价格等。

(6)报价分割策略。这种报价策略主要是为了迎合买方的求廉心理，将商品的计量单位细化，然后按照最小的计量单位报价。采用这种报价策略，能使买方在心理上对商品价格产生便宜感，容易为买方所接受。

17.2.5 对待对方报价的策略

在对方报价过程中，要认真倾听并尽量完整、准确、清楚地把握对方的报价内容。在对方报价结束之后，对某些不清楚的地方可以要求对方予以解答。同时，应尽可能地将己方对对方报价的理解进行一下归纳和总结，并力争加以复述，以便对方确认自己的理解是正确无误之后，方可进行下一步谈判。

在对方报价完毕之后，比较策略的做法就是：不急于还价，而是要求对方对其价格的构成、报价依据、计算的基础以及方式方法等做出详细的解释，即所谓的价格解释。通过对方的价格解释，可以了解对方报价的实质、态势、意图及其诚意，以便从中寻找破绽，从而动摇对方报价的基础，为我方争取重要的便利。

在进行完价格解释之后，针对对方的报价，有两种行动选择：一是要求对方降低其要价，这是一种比较有利的选择，因为这实质上是对对方报价的一种反击，如果反击成功，即可争取到对方的让步，而本方既没有暴露自己的报价内容，也没有做出任何相应的让步。二是提出自己的报价，这种做法不十分讲究，除非特殊情况，否则，采用此法对己方不利。

学习情境18 价格解释策略的应用

【入门案例】

Z先生在某汽车销售商店看中了一款轿车，准备用于日常生活，同时也能体现自己的个性。该车的标价是25万元人民币。Z先生和该店的经销商S进行了价格谈判。

Z:“这种车型,我喜欢,但价格太贵了些。”

S:“是呀,这种车很受欢迎,买的人很多,价格贵一点是值得的。”

Z:“如果能便宜些,我会考虑购买。”

S:“那,你说,什么价?”

Z:“18 万,讨一个吉利。”

S:“不行,最低也要 22 万。”

Z:“这样,20 万,再多一分钱,我也不买了。”

沉默了一会儿,S:“行,我们签合同,就 20 万。”

双方签订合同,商定一周以后交货,并送车上门。一周后,新车准时到达 Z 先生的家里。开始 Z 先生还挺高兴的,认为该销售商很讲信誉。但进入车子仔细查看后大吃一惊,送来的车和样车比较存在着很大差异。原来应该是羊皮面座椅,现在是人造革的;原来应该是双气囊安全保护的,现在是单气囊;原来有卫星跟踪系统的,现在就是一个收音机,另外还发现了许多不同的地方。Z 先生马上开着车到该车店进行交涉,但得到的回答也是惊人的。

S:“你要的是这种车型,没错吧?”

Z:“没错,但内部装饰怎么和样车不一样?”

S:“没错,那是 25 万的车,你这是 20 万的车。”

Z:“……”

(自编案例)

【分析提示】

Z 先生犯了没有让 S 经销商对商品进行价格解释的错误,不知道 25 万的车价的构成是什么样的,此案例中的 S 经销商的做法,从根本上看,似乎也没有错,但因为 Z 先生不了解价格构成,而吃了“哑巴亏”。

任务 18.1　了解价格解释

价格解释是报价之后的必要补充;也是价格谈判过程中承前启后的重要环节。

18.1.1　价格解释的含义

价格解释是指卖方就其商品特点及其报价的价值基础、行情依据、计算方式等所做的介绍、说明或解答。它是买卖双方就价格问题进行交锋的开始,对双方都具有重要的意义。对卖方来说,可以充分利用价格解释的机会表白自己所报价格的真实性、合理性,增强其说服力,软化买方要求,迫使买方接受、自己的价格或尽量缩小买方压价的期望值。为此卖方应做好充分准备,备齐多种实质性的、外围性的、掩护性的材料,并对买方可能提出的问题进行研究,以做到有问必答,而且所做的回答有助于巩固自己的价格主动地位。对买方来说,通过对方所做的价格解释,可以了解卖方报价的实质与可信程度,掌握卖方的薄弱之处,估量出自己讨价还价的余地,进而确定价格评论的着重点。为此,买方必须“善于提问”,即不论卖方怎么躲闪回避,买方总能变通多种话题与其交谈,并且把交谈引导到卖方有意躲避的问题或买方最为关心的问题上,让对方解答,以达到自己的目的。

18.1.2　价格解释的内容

价格解释的内容一般包括货物价格的解释、技术费的解释、技术服务费的解释、技术资料费的解释、商品流通费的解释等。解释应层次清楚，并最好按报价内容次序逐一解释。

价格解释的内容，应根据具体交易项目确定。例如，对货物买卖价格的解释，对技术许可基本费、技术资料费、技术服务费等的解释，对工程承包中的料价和工价的解释，对"未来"加工中加工费的解释等。同时，价格解释的内容应层次清楚，最好按照报价内容的次序逐一进行解释为宜。

(1)对货物价格的解释，如以货币汇率变化为由进行调价的解释：

$P_t=P_0(a+bT_t/T_0)$。P_0 为签约时价格，P_t 为支付时价格，T_0 为签约时汇率，T_t 为支付时汇率，a 为不变因素所占的比率，b 为汇率变化因素在调价中占的比率。

(2)技术费的解释，如销售提成入门费。

(3)技术服务费的解释，如教师人数×时间×教师单日费用。

(4)技术资料费的解释。如以纸张页数计工本费等。

任务 18.2　掌握价格解释的策略

18.2.1　价格解释的原则

价格解释的原则是：有理、有利、有节。其具体技巧主要有：

(1)有问必答。报价后，对买方提出的疑点和问题，须有问必答，并坦诚、肯定，不可躲躲闪闪、吞吞吐吐。否则，会给人以不实之感，授人以压价的把柄。为此，卖方应在报价前，充分掌握各种相关资料、信息，并对买方可能提出的问题进行周密的分析、研究和准备，以通过价格解释表明报价的真实、可信。

(2)不问不答。不问不答，指买方未问到的问题，一般不必回答。以免言多语失、"此地无银"，让买方看轻自己，削弱自己在价格谈判中的地位。

(3)避实就虚。价格解释中，应多强调自己货物、技术、服务等的特点，多谈一些好讲的问题、不成问题的问题。若买方提出某些不好讲的问题，应尽量避其要害或转移视线，有的问题也可采取"拖"的办法：先诚恳记下买方的问题，承诺过几天给予答复，过几天人家不找就算了，找来再变通解答。

(4)能言勿书。价格解释，能用口头解释的，不用文字写；实在要写的，写在黑板上；非要落到纸上的，宜粗不宜细。这样，会有再解释、修改、否定的退路，从而总可处于主动。否则，白纸黑字，具体详尽，想再解释、更改，就很被动。

18.2.2　价格解释的策略

价格解释中，作为买方，其应对策略应当是：善于提问。即不论卖方怎样闪烁其词，也要善于提出各种问题，或单刀直入，或迂回侧击，设法把问题引导到卖方有意躲避或买方最为关心之处，迫使卖方解答，以达到买方的目的。

价格解释中，作为卖方，应当尽力让买方理解和同意为目的，从技术上解释这个方案的可靠性，从经济上解释其可行性，从运作上解释其合理性。在解释过程中密切注意买方的反应，注意对方对哪些问题不感兴趣，对哪些方面特别关注，有哪些疑惑，甚至可以摸清买方对哪些问题是"外行"，以给今后进一步谈判带来机会。卖方对于第二次报价的解释，更应该集中在买方评论中涉及的主题，讲述改变的途径、处理的方法、预期可达到的效果，从而排除买方的疑虑。注意，一旦报价，就不要轻易承诺降低价格。如需再次报价时应该进行仔细推敲和策划以后慎重提出，改变的结果应该是能"自圆其说"的。轻易承诺降价会造成对方的不信任感。

买方在接到开价后应该仔细阅读其内容和结构，而不能仅仅关心其最终的价格。在听取卖方的解释时应该集中精力、全神贯注，我们称其为“聆听”，不放过任何细节，以少问、少讲为宗旨，切忌马上长篇大论地评述对方的解释内容，更不要直接提出自己的价格要求。其原因很明显，对方是有备而来，解释的内容是针对我方而进行取舍的，从对方的字里行间、谈吐之间能了解到对方对我方的了解程度。因此，这是一次最好的信息收集的机会。不马上表态，也不马上评论，不仅使自己能集中注意力，更不会暴露出自己不够了解的方面。当然，不是一句话都不说，对于没听清楚的内容和不理解的表述，可以用最简单的方式提问，请对方再讲一遍或解释一下。提问以不打断对方讲话为原则。听完对方解释，我方也已经初步了解了对方的意图后，经过仔细研究和思考后进入下一阶段。对于较大的项目，因为价格结构的复杂性和数量巨大，买方可以表态：“我们听了你的报价，非常感谢。给我们一点时间考虑一下。”然后提出“三天以后我们再会面，好吗？”或“我们电话联系，确定下次会面的时间，如何？”对于小型项目则可以提出：“我们休息一下，再继续，如何？”其实，获得必要的时间是为了深入认识卖方的价格意图。第一次开价要如此，紧跟着第二次、第三次的重新报价和解释也应该如此应对，只是关注的内容应该调整到对方修改部分与我方期望的差异方面，并进行策略调整。

学习情境19　价格评论策略的应用

【入门案例】

1983年日本某电机公司出口其高压硅堆的全套生产线，其中技术转让费报价2.4亿日元，设备费12.5亿日元，包括备件、技术服务(培训与技术指导)费0.09亿日元。谈判开始后，营业部长松本先生解释：技术费是按中方工厂获得技术后，产的获利提成计算出的。取数是生产3 000万支产品，10年生产提成是10%，平均每支产品销价4日元。设备费按工序报价，清洗工序1.9亿日元；烧结工序3.5亿日元；切割分选工序3.7亿日元；封装工序2.1亿日元；打印包装工序0.8亿日元；技术服务赞助和培训费，培训12人/月，250万日元；技术指导人员费用10人/月，650万日元。

背景介绍：

日本公司技术有特点，但不是唯一公司，是积极推销者，该公司首次进入中国市场，也适合中方需要。

清洗工序主要为塑料槽、抽风机一类器物，烧结工序主要为烧结炉及辅助设备、切割分选工序，主要为切割机，测试分选设备。封装工序，主要为管芯和包装壳的封结设备和控制仪器。打印包装工序主要为打印机及包装成品的设备。此外，还有一些辅助工具。

技术有一定先进性、稳定性，日本成品率可达85%，而中方仅为40%左右。

(本文由作者根据网络相关资源改写)

【分析提示】

卖方解释做得较好，讲出了报价计算方法和取数，给买方评论提供了依据使买方满意。由于细中有粗，给自己谈判仍留了余地，符合解释的要求。卖方采用的是分项报价，逐项解释的方式。买方面对卖方的分项报价和逐项的解释，应按技术、设备、技术服务三大类来进行评论。

①技术价:针对卖方取数——年产量、产品单价和提成率以及年数的合理性进行评论;②设备价:针对各工序设备构成按工序总价值或工序单机进行评论,如清洗工序的设备价值;③技术服务:可分为技术指导和技术培训两大类,各类又可分出时间、单价、人员水平、辅助条件(吃、住、行)等点进行评论。

任务19.1 了解价格评论

19.1.1 价格评论的含义

价格评论是指买方针对卖方的价格解释以及通过解释了解到的卖方价格的贵贱性质与合理程度所做的评析和论述。它的目的在于通过对卖方所做解释的研究,寻找其漏洞,指出其价格上的不合理之处,并在讨价还价之前先压一压"虚头",挤一挤"水分",为之后的谈判创造有利的条件。价格评论的内容与价格解释的内容基本上是对应一致的。同时,也应注意根据价格解释的内容,一一予以评论。

19.1.2 价格评论的技巧

价格评论的原则是针锋相对,以理服人。其具体技巧有以下几点。

1. 评论既要猛烈,又要掌握节奏

猛烈即准中求狠。抓住对方的短处,猛攻一点,着力渲染,使其不降价就下不了台;卖方不承诺降价,买方就不松口。有节奏就是在评论时不要一下子把话都讲完,不要像"竹筒倒豆子"一下子把所有问题都摆出来,而要均匀地、有停顿地、一步一步地、一个问题一个问题地发问评论。

2. 既要自由发言,又要严密组织

买方参加谈判的人员虽然都可以针对卖方缺点加以评论,但鉴于卖方也在窥测买方意图,因此每个发言者必须事先分配台词,而且在主谈人员暗示下,适时、适度发言,不是个人想什么时候发言就可以发言。这样,表面上看大家自由发言,实际上是高度集中,严密组织。"自由发言"是为了表明买方内部立场一致,也是为了加大卖方的心理压力。"高度集中、严密组织"则是为了巩固自己的防线,保住机密,不给卖方以可乘之机。

3. 重在说明,以理服人

对于在买方的评论,卖方往往会以各种"辩解"进行抵挡,不会轻易就范认输。认输就意味着必须降价,而且还会损害自己的名声,所以买方想让卖方降价,必须充分说明,以理服人。也就是说,评论无论多么猛烈,有多少人发言,均要围绕"说理",据理压价。你手中的"价格分析材料"以及"卖方解释中的含混不清之处",都是买方手中的"理"。既然是说理,评论时的态度、语气就要平和、坦诚,轻易不要话中带刺,更不要动辄就威胁,只有在卖方不认输,"无理搅三分"时,方可以严厉的口吻对其施加压力。由于卖方一般都注重维护自己的商业形象,谋求长期贸易的利益,故而在评论阶段不会太过分;相反,只要你抓住了他的破绽,他会借此台阶修改价格,表示"成交诚意",而买方也应"见好就收",不要因谋求更大的降价而一味地"穷追猛打",过早地把气氛搞僵。

4. 评论中再侦察,侦察后再评论

卖方在买方评论面前为自己辩解应允许,但不一定能够阻挡住买方的进攻。买方通过卖方的辩解,可以了解更多的情况,对于组织下面的进攻有好处,虽然不能马上得到卖方降价,但晚一点也跑不掉。相反,不耐心听卖方解释,往下再谈就会缺乏针对性,搞不好转来转去就是那么几句话:"我给你解释过了","你该降价不降价,没有道理"。使谈判无法进行下去。如果仔细听清了对方的解释，该舍弃就换方向再攻；若又抓到新的矛盾，则再评时又有新意，使谈判逐步向纵深发展。

价格评论中，作为卖方其应对策略应当是沉着解答。即不论买方如何评论、怎样提问甚至发难，也要保持沉着，始终以有理、有利、有节为原则，并注意运用答问技巧，不能乱了方寸。

任务 19.2　掌握价格评论的策略

19.2.1　推敲价格及价格解释

(1)报价内容和我方预期内容不一致的部分。尽管通过了多次协商、沟通，但最终双方对产品的认识还可能存在不一致的方面。原因是多方面的，如对方的不理解、不习惯，或者对方有意识地改变报价，这种改变可能是善意的，也可能是别有用心的。如果我方对这种改变没有异议的话，就不一定再提出，如果需要修改的话就要在这些方面做好准备。

(2)报价内容不合理的部分。报价内容有不合理的部分完全是有可能的，尽管经过认真测算，但是由于某些原因，如上面提及的价格结构的复杂性和有些内容不宜公开，再加上卖方可能对买方所在的行业、经营方式等方面有许多不理解的地方，都会造成报价的不合理。尤其是国际间的合作和贸易，受到更多因素的制约和干扰，报价中必然会有不合理的部分。发现这个问题时应该认真总结，并准备修改的建议。

(3)对于复杂的大型项目要准备评论意见书。通过对上述两类问题的认真思考和分析，要进行评论，最好形成书面的评论书，这样在评论中可以有序进行，避免遗漏，保持内容的严密性和逻辑性，容易得到对方的认同。同时，该评论书又将成为卖方下一轮报价的方向和依据。

19.2.2　价格评论

准备就绪后新一轮谈判就开始了。买方对卖方的报价进行评论，目的是让卖方认识到价格的不合理，从而改变报价的内容。评论是系统的讲述，不仅说出问题所在，而且讲明理由。用语诚恳，摆事实，讲道理，不用指责、贬低、讽刺、挖苦性质的语言。即使已经经过几轮报价，也没有必要出现不耐烦的情绪。评论的结果是明确要求对方重新报价，切忌提出自己需要的价格。因为在许多具体问题尚不清楚的情况下，提出明确的价格对自己方面是很不利的。当然可以以比较模糊的概念提出要求："贵方的报价不够合理，明显偏高，希望重新报价，我们再来协商。"

这个过程中，卖方合适的态度同样是"聆听"。对于买方的评论进行反驳、辩解甚至经常打断对方的讲话，都是不合适的。仔细认真地听清楚对方的评论，是获得对方信息最有效的机会，对以后修改报价和进一步合作都有好处。即使认为其中存在着误会、理解不准、有意识篡改等情况，也要让对方把话讲完，再来解释。因此，控制情绪是关键。听完对方的评论，不要马上进行回答，如果问题太多、太复杂则可以暂停谈判的进程，约定再次报价的时间。如果问题已经比较简单了，也应经过思考再回答对方的问题和陈述修改的意见，包括价格的数量和结构。

项目小结

商务谈判的报价是整个商务谈判中最艰苦的阶段。在其他问题已经得到初步解决的基础上进入报价阶段，谈判双方对报价都给予了很大的关注。

价格事关谈判双方的切身利益，实际上是交易利益的再分割，因此是商务谈判的核心。进行价格谈判时，首先要掌握谈判双方对价格的不同认识及影响价格的因素，其重要性在于它可以使我们在处理价格问题时考虑得更全面、更周到，也便于我们在通盘分析各个因素的基础上抓住主要矛盾，采取正确方法实施重点突破，掌握价格谈判的主动权。

其次要善于处理各种价格关系，把价格定在一个合理的范围内。报价策略直接影响价格谈判的开局、走势和结果。报价策略主要有报价起点策略、报价时机策略、报价表达策略、报价差别策略、报价对比策略和报价分割策略几种。

最后，若是想在谈判中获得主动，还要掌握并能应用价格解释策略以及价格评论策略。

主要概念

报价；书面报价；价格解释策略；价格评论策略

知识与技能训练

第一部分　知识训练

一、名词解释

1. 报价
2. 书面报价
3. 报价起点策略
4. 价格解释策略
5. 价格评论策略

二、填空题

1. 项目合作中双方对运作能力的认识有差异，项目发包方是以达到________为衡量标准，而项目承接方通常都以________作为主要的追求。

2. 当买者购买产品是为了投资需要时，他对________、________的关心可能就要超过对价格的关心。

3. 商品具有二因素：________与________。

4. 报价阶段即指双方各自提出自己的________。

5. ________与________是谈判过程中两个核心的问题。

三、单项选择题

1. 提供安装调试，免费维修，送货上门等服务在影响价格的因素中是属于(　)。

A. 主顾的评价　　　　B. 产品或企业的声誉

C. 购买方所得到的安全感　　　　D. 货款支付方式

2. 为了迎合买方的求廉心理，将商品的计量单位细化，然后按照最小的计量单位报价。这种策略属于(　)。

A. 报价对比策略　　B. 报价分割策略

C. 报价差别策略　　D. 报价表达策略

3. 将本商品的价格与竞争者同一商品的价格进行对比,以突出相同商品的不同价格等。这种策略属于(　　)。

A. 报价对比策略　　B. 报价分割策略

C. 报价差别策略　　D. 报价表达策略

4. 面对(　　),不宜采用书面报价。

A. 实力强大的对手　　B. 实力相当的对手

C. 实力较弱的对手　　D. 以上皆错

5. 价格评论的过程中,卖方合适的态度是(　　)。

A. 聆听　　B. 反驳

C. 辩解　　D. 经常打断对方的话

四、多项选择题

1. (　　)交易性质更能减少价格水平在谈判中的阻力。

A. 大宗交易　　B. 一揽子交易　　C. 小笔生意　　D. 单一买卖

2. 下列属于价格解释内容的是(　　)。

A. 对货物价格的解释　　B. 技术费的解释

C. 技术服务费的解释　　D. 技术资料费的解释

3. 买方面对卖方的分项报价和逐项的解释,应按(　　)来进行评论。

A. 技术类　　B. 设备类　　C. 技术服务类　　D. 外观类

4. 先报价的有利之处在于(　　)。

A. 先报价对谈判的影响较大

B. 先报价若出乎对方预料,往往会打乱对方原有部署

C. 买方听完先报价后可以对原有部署做调整

D. 买方可能迫使卖方照他们原有路子谈下去

5. 造成报价内容不合理的原因包括(　　)。

A. 价格结构的复杂性　　B. 有些内容不宜公开

C. 卖方对买方所在的行业不了解　　D. 卖方对买方所在的经营方式不了解

五、简答题

1. 谈判中影响价格的因素有哪些?

2. 简述价格谈判中的价格关系有哪些?

3. 报价必须遵循的原则包括哪些?

第二部分　技能训练

一、案例训练

[训练目的]

通过该训练任务,有助于学生:

1. 掌握报价的依据,以及详细的报价表给谈判带来的帮助。

2. 运用相关商务谈判报价阶段的相关知识如价格解释等知识分析案例,通过实践操作掌握应该通过什么样的讲解方式,使得对方接受条件,从而有效地将知识转化为技能。

[训练步骤及要求]

1. 教师选择恰当案例，拟定需要讨论分析的问题。

2. 确定案例训练组织形式：分组集体讨论会(4～6人)。

3. 老师主持课堂案例讨论，各小组选出一名代表阐明本小组的分析要点。

4. 教师进行最后点评与总结。

5. 各小组在讨论分析案例的基础上按以下要求撰写、提交"案例分析报告"，文字表述要精练、观点明确。

《KB大厦报价》案例分析报告
时　　间：
分 析 者：
班　　组：
问题分析：
➢问题一：
➢问题二：

[实训考核]（百分制）

评分维度	出　　勤	步骤完整	内容的充实性	实战性强	演练临场表现	创新性	团体配合意识
百 分 比	10%	10%	10%	20%	20%	20%	10%

[案例介绍]

KB大厦的报价

KB大厦是某市市中心的一栋住宅楼，建筑总面积为10 500 m²，总高度55 m，地下1层，地上17层，施工范围为全部桩基工程、围护工程、土建工程、水电安装工程和道路围墙等室外总体工程。上海DY建筑有限公司通过投标承接该项工程，在报价过程中给出了详细的价格构成。现将其中的总费用表列出如下：

费用表

编制单位：DY

工程名称：KB大厦

序　号	名　称	表　达　式	金额(元)
1	直接费(土建)	土建直接费＋吊装直接费	8 555 136
2	直接费(打桩)	打桩直接费	286 852
3	其他直接费(土建)	(1)×3.5%	299 430
4	其他直接费(打桩)	(2)×4%	11 474
5	直接费小计	(1)＋(2)＋(3)＋(4)	9 152 891
6	综合间接费(土建)	[(1)＋(3)]×10.5%	929 729
7	综合间接费(打桩)	[(2)＋(4)]×30%	89 498
8	费用合计(土建)	(1)＋(3)＋(6)	9 784 295

续表

序　号	名　称	表　达　式	金额(元)
9	费用合计(打桩)	(2)+(4)+(7)	387 823
10	费用合计	(8)+(9)	10 172 118
11	利润	(8)×7.5%+(9)×7%	760 970
12	开办费	开办费	
13	人工补差	人工工日合计×2.4	146 012
14	施工流动补贴	人工工日合计×2.5	152 096
15	主要材料差价	主材合同合计－主材预算合计	18 441 116
16	机械台班补差	机械96价合计－机械93价合计	427 012
17	次材差价	土建材料费×2.11%+吊装材料费×13.36%+打桩材料费×16.5%	151 993
18	费用合计	(10)+(11)+(12)+(13)+(14)+(15)+(16)+(17)	13 654 317
19	其他费用	(5)×0.05%+(18)×0.15%+(18)×0.15%	45 539
20	税前补差	税前补差	
21	税金	[(18)+(19)+(20)]×3.41%	467 165
22	甲供材料	甲供材料	
23	税后补差	税后补差	
24	总造价	(18)+(19)+(20)+(21)+(22)+(23)	14 167 022

编制人:张×　　　　审核人:王×

岗位证号:125　　　　岗位证号:36

[问题讨论]

1. 详细的报价表给谈判带来什么帮助？尤其在价格谈判中,这样详细的价格罗列给建筑企业带来什么有利因素？给业主带来什么有利因素？

2. 价格解释中应该如何讲解,使得业主能接受？

二、项目训练

[实训项目]　团队项目:商务谈判报价演练练习

[实训目的]

通过该实训项目的操作,使学生了解谈判双方对价格的不同认识,谈判中影响价格的因素,价格谈判的开价和价格解释策略以及接盘和价格评议策略,从对价格有一个初步认识到深入价格谈判的过程,系统全面地为今后参与谈判奠定基础。

[实训要求]

教师先制定一定的商务活动场景,根据教学班级的分组情况,按一定数量的小组分别选择不同的场景进行设计和表演。

[实训操作步骤]

1. 对教学班级的学生进行项目分组(6～8人),明确组内分工。

2. 教师设计有关的商务活动场景。

3. 学生对该商务活动场景进行分析,并设计相关的情节。

4. 各项目小组根据场景进行表演。

5. 同学互评，教师点评。

6. 本次实训综合成绩评定。

[实训考核]　(百分制)

1. 实训准备工作(10 分)。

2. 各项目小组对本次实训的组织、分配、管理等过程(20 分)。

3. 各项目小组对选定场景进行表演(45 分)。

4. 项目小组的团队合作精神(15 分)。

5. 同学互评，教师点评(10 分)。

项目8　商务谈判磋商

学习目标

◆知识目标

通过本项目的教学，使学生了解谈判中有关磋商方面的基础知识以及磋商阶段在商务谈判中的重要作用。学习商务谈判磋商阶段具体内容和应用方面的知识，可以为学生走上工作岗位处理有关商务谈判磋商阶段的问题时提供参考与借鉴，并为其日后从事商务活动奠定坚实的基础。

◆技能目标

通过本项目的学习，使学生能够根据具有商务磋商阶段的相关理论及策略，合乎规范地进行商务谈判，同时根据讨价、还价、谈判僵局解决等特点准确选择和恰当运用常用商务谈判磋商阶段的策略。

学习情境20　讨价策略的选择和应用

【入门案例】

一对夫妻看到一幅广告中卖做配景的老式座钟非常喜欢。妻子说："这座钟是不是你见过的最漂亮的一个？把它放在我们家的过道或客厅中，瞧起来一定不错。"丈夫表示同意，两人商量好要买下这个老式座钟。

钻研之后，他们决定去古董店里找寻那座钟。并且约定只能出500元以内的价钱。他们经过三个月的搜寻后，终于在一家古董店的橱窗里瞧到那座钟。妻子兴奋地喊了起来："就是这座钟！没错，就是这座钟！"丈夫说："记住，我们绝对不可越过500元的预算。"他们走近那座钟。"哦喔！"妻子说道："时钟上的标价是750元，我们还是回家算了，我们说过不可超出500元的预算，记得吗？""我记得，"丈夫说："不过还是试一试吧，我们已经找了那么久，不差这一会儿。"

夫妻俩暗地里商量，由丈夫作为谈判者，争取以500元买下。随后，丈夫鼓起勇气，对售货员说："我注意到你们有座钟要卖，定价就贴在座钟上，并且蒙了不少灰，显得有些旧了。"之后，又说："我给你出个价，一口价，不然就不买了。你可能会吓一跳，你准备好了吗？"他停了一下以增加效果。"你听着——250元。"那座钟的售货员连眼也不眨一下,说道:"卖了,那座钟是你的了。"

那个丈夫的第一个反应什么呢?得意洋洋?"我真的很棒!不但得到了优惠,还得到了我想要的东西。"

不!绝不!他的最初反响一定是:"我真蠢!我该对那个家伙出价150元才对!"你也晓得他的第二反响:"这座钟怎么这么便宜?一定是有什么问题!"

但是,他还是把那座钟放在客厅里,瞧起来非常漂亮,好像也没什么问题。但是他和太太却始终感到不安。那晚他们歇息后,半夜曾三次起来,因为他们没有听到时钟的声响。这种情形持续了无数个夜晚,他们的健康迅速恶化,开始感到紧张过度并且都有了高血压。

(本文由作者根据网络相关资源改写)

【分析提示】

这对夫妇买到了便宜货却心惊胆战地以为是个残次品,原因在于本应该进行一场紧张谈判的交易,却在售货员的轻描淡写中结束了,售货员不经价格磋商就以250元的低价卖给了他们,导致这对夫妇对营业员的态度表示怀疑。由此可见,在一场正式和完整的商务谈判中,磋商起着非常重要的作用。

任务20.1 讨价前的准备

讨价是指要求报价方改变报价的行为。谈判中,一般卖方在首先报价并进行解释后,如果买方对卖方的报价有所质疑或者认为与自己的期望目标相差太远,必然会在评论对方报价的基础上要求对方改变报价。因此,讨价是商务谈判中价格磋商阶段的正式开始。

20.1.1 探明对方报价的依据

一般来说,商务谈判中报价依据主要有两个:第一,该报价对报价方有利,报价方出最高价,即在预期成交价的基础上再加上一定的超额利润;若为买方报价,则在预期成交价的基础上减去一定的利润,以便能够在今后的谈判中进行讨价还价。第二,选择成功可能性最大的报价,即在报价时,考虑到对方的承受能力和市场的行情,以免开价过高或过低吓退对方。

在实际的商务谈判中,报价需要遵循以下原则:

(1)根据市场行情进行报价,即随行就市。

(2)以主要出口国或者进口国的最近成交价为依据进行报价。

(3)参照买主或卖主所在地的均价作为依据。

(4)通过对国际上该产品的行情走向进行预测作为报价依据。

(5)通过调查该商品的生产、库存情况、主产地的经济政治情况获得数据,作为报价依据。

当然,这些报价依据并不是一成不变的,在商务谈判报价时仅起参考作用,并不是报价的决定因素。在报价时,最根本的依据是谈判双方想不想达成交易,想在何时达成交易。因此,在具体报价时,需要根据情况,灵活处理。

【案例阅读 20.1】

美国芝加哥的大都会酒店，是一套12层多达300个房间的大建筑，地处市南，位置极佳。19世纪20年代因被意大利籍黑手党头目卡邦租用其中的两层50个房间作为总部，大酒店更是声名遐迩。但是好景不长，1947年卡邦死于梅毒，之后，黑手党开始没落，大都会酒店也空置至今。1991年曾有传说酒店内藏有珠宝，可经过挖掘搜寻后，只找到一堆尸骨，这更使大都会酒店罩上了一层神秘的色彩。

此后，芝加哥市政府先后采取了一系列措施：查封该楼，不准入内；列为古迹，不准拆除。而最为令人吃惊的是政府于1992年宣布出售大都会酒店，售价一美元，至今尚无人问津。

一美元可买下一家大酒店，这绝非是天方夜谭式的大笑话。因为，像这样廉价的房屋在全美各州均有买卖，房屋的外表大都破败不堪，房主因无法出售或抵押而由政府收回统一处理。但是根据美国有关法律，购买这类旧房不准拆卸必须由买主在购入后一年内将其翻新，且至少使用五年后方可转手。前不久，一位失业的男子花1美元在维珍尼亚州的一个小镇买了一所两室的住房，而在室内拣到73美分，所以，他实际上只花了27美分便得到了这所住房。但是，他的整个翻修工程却花了3000美元。

大都会酒店同样如此，它虽年久失修但不准拆除，只许翻新，以求重现该楼及附近当年的繁荣旧貌。据预算，它的修理翻新需要耗资近1亿美元。

一美元买下大酒店固然令人神往，但要再投入1亿美元在购入一年内对酒店进行翻修就让人望而却步了。这就应了一句谚语：老鼠拖扫帚——大头在后头。

（本文由作者根据网络相关资源改写）

20.1.2 判断谈判形势

1. 判断双方的分歧

首先需要弄清楚谈判双方的真正分歧点，分析对方的谈判重点是什么并区分出哪些是对方可以接受的，哪些是对方不感兴趣或者不能接受的。如果双方谈判分歧过大，可以拒绝进行谈判或者考虑由我方报价，建议对方重新报相对合理的价格或者对产品数量、品质、交货时间、支付方式等进行一些改变。

在采取以上策略的同时还需要明确思路，把所有需要进行谈判的问题列出清单；综合分析对方的谈判方式和谈判特点，对于不同的谈判方式采取不同的策略应对；再次明确方所不能让步的以及能够做出适当让步的方面；最后需要列出己方可以考虑让步的幅度和范围，若能在总体上获得较大的利益则没有必要在次要问题上进行纠缠。

2. 判断对方的真正立场

为了能够在谈判过程中掌握更多的谈判主动权，谈判人员要做到能够获悉对方的真正立场，做到在谈判中应努力引导对手在谈判初始阶段尽可能多地表述观点或提出要求。即使对方的观点或要求与己方立场存在明显的差异，也应该尽量认真对待并冷静分析其合理的一面。在对方观点或要求合理的情况下，己方应积极努力地去填补双方立场间的空隙，但绝不能轻易让步。即使需要做出某种让步，也应提出相应的对等或附加事项，要求一并解决。

在听取对方的观点或要求之后，应向对方清楚表达己方的立场，不能因为害怕双方分歧过大而回避自己的观点或要求。一旦提出与对方不同的观点或要求，应努力论证自己立场的科学性、合法性与合理性，并向对方阐明乙方立场的利弊得失。

谈判过程中应尽量强调双方利益的一致性，强调双赢的目标，努力减少双方分歧，争取达到谈判的预期目的。

【案例阅读 20.2】

1972 年 12 月，在欧共体的一次首脑会议上，英国首相撒切尔夫人又一次让人们领教了她坚毅刚强的意志力的“铁”魅力。

她在这次会议上表示，英国在欧共体中负担的费用过多。她说，英国在过去几年中，投入了大笔的资金，却没有获得相应的利益，因此她强烈要求将英国负担的费用每年减少 10 亿英镑。这个高得惊人的要求使各国首脑们脸色发青，他们认为撒切尔夫人的真正目标是减少 3 亿英镑(其实这也是撒切尔夫人的真正意图)。于是他们提议只能削减 2.5 亿英镑，他们认为这个数字是能解决问题的。可是，素有“铁女人”之称的撒切尔夫人是不可能为这样一个在她看来微不足道的数字所动的，她仍然坚持原有的立场，于是，谈判陷入了僵局。一方的提案是每年削减 10 亿英镑，而另一方则只同意削减 2.5 亿英镑，差距太大，双方一时难以协调。

其实，这种情况早在撒切尔夫人的预料之中。她的真实目标并不是 10 亿英镑，但她的策略是以提出的高价，来改变各国首脑的预期目标。然而对手并没有轻易地改变自己的立场，双方处于一种僵持状态。这时，英国和法国这个在欧共体中处于领导地位的国家相互使用了威胁的手段。撒切尔夫人告诉下议院，原则上必须按照她提出的方案执行，暗示对手并无选择的余地，同时也在含蓄地警告各国，并对法国施加压力。针对英国的强硬态度，法国也采取了报复的手段，他们在报纸上大肆刊登批评英国的文章，说英国在欧共体中采取低姿态，企图以此来解决问题。

面对法国的攻击，撒切尔夫人明白，要想让对手接受她提出的目标是非常困难的，因此，必须让对方知道，无论他采取什么手段，英国都不会改变自己的立场，绝不向对手妥协。由于撒切尔夫人顽强的抵制，终于迫使对手做出了很大的让步。一旦对方的立场发生了动摇，撒切尔夫人就逐渐地把欧共体各国首脑的期待转向自己所期待的目标。最后，欧共体终于同意每两年削减 8 亿英镑。撒切尔夫人的真实目标终于得到了实现，她的高起点的策略取得了应有的效应。

(本文由作者根据网络相关资源改写)

任务 20.2　讨价的策略

20.2.1　见好就收的策略

讨价是伴随着价格评论进行的，因此讨价应本着尊重对方和说理的方式进行；同时，讨价不是买方的还价，而是启发、诱导促使卖方降价，为还价做准备，如果在此时采取强硬策略，高压使对方降价，很可能使谈判过早地陷于僵局，对乙方不利。因此在谈判过程的讨价环节中应保持心平气和、充分信赖的气氛，充分说理，以求最大的效益，即使碰到卖方漫天要价，也不能出现不耐烦或者发怒的情况。

20.2.2 揣摩对方心理,掌握讨价的次数

讨价次数是一个客观数,又是一个心理承受数。“心理承受数”不反映改善后价格是否接近评价程序,而只反映谈判对方对你的讨价有所反应,对你所要求的条件愿意考虑。

从讨价方式分析:当以分块、分类方式讨价时,分三块就意味着至少可以讨三次价。其中水分大的部分,不能只讨一次价就停止,至少要攻击两次以上。在每次讨价时不要忘了这次讨价的“目标”,对方每一次改善要量一下距离,评一次对方的态度,以改变讨价的攻击点。

【案例阅读 20.3】

王先生买了一套新房,位于滨河路,环境幽雅。入住之前,免不了装修一番。上哪儿买油漆?啥牌子好?这对于一个搞学问的人来说,也许就不是一件简单的事了。不管三七二十一,先上街考察一番,货比三家嘛!

走在人民路上,嘿,远远地就瞧见一块醒目的门牌——“贼好油漆店”,欢迎你的光临。去瞅瞅吧,王先生迈步走进这家店铺。

店子不算小,两间连体,高高低低摆满了全国各种名牌油漆。王先生一时有些无措,平素对于这门子行当就比较陌生,面对眼前的一切,怎么选择呢?

正彷徨间,年轻的老板娘上前搭讪,顿生解围之感。王先生强自镇静了一下,开始听对方介绍产品。老板娘真个是滔滔不绝,犹如黄河浪流,只冲得王先生如坠五里云雾之中。好不容易,老板娘停下来了。什么,这桶320元,就这桶了吧!交完钱,拎起桶,王先生飞也似的离开了那家油漆店。回到家中,他越想越感到蹊跷,不值吧,就30公斤,一桶漆,值吗?

可自己确实不懂,怎么能凭空揣度呢?对了,上网查查。新浪上没有,到百度上看看。啊,厂家有报价。才200!再看看,还是200!这不是60%的利润吗?太黑了吧。就这老板娘好像还说什么,今儿你来了,要是大老板漆房子,我卖的都是380元。

不对,王先生一拍头,拎起漆桶,摔门径自朝那家贼好字号走去。老板娘又是一脸堆笑地迎了出来。王先生二话不说,换漆!

老板娘楞了好一会儿,回过神忙问原因。王先生自不答话,兀自站立。老板娘悻悻然。王先生说我要这桶。老板娘说,这桶我都是卖520,少一分也不行!470,多一个子我也不出!王先生答道。不买,不买!大叫不止。他说,这个我刚上网查了,出厂价400,我没少给你!你也不能太黑了吧?老板娘还在争执,500,要不我给你退钱。谁还要钱?王先生的文人脾气来了。老板娘见势不妙,接受了这个价格。

王先生拎起漆桶大步离开了贼好油漆店。

(本文由作者根据网络相关资源改写)

学习情境21 还价策略的选择和应用

【入门案例】

阿尼是谈判大师夏派罗在外地的一位朋友。那时,夏派罗在巴尔地摩开律师事务所。一天,接到客户电话说,想卖出他三年前花100万美元买下的一处位于巴尔地摩和华盛顿之间的地产。他刚买下,房地产也就开始下滑。税费、保险还有其他费用又花了60万美元,简直是雪上加霜。这块地皮很久都无人问津。最近有人对那块地感兴趣。客户要求夏派罗帮他谈成这笔生意。

夏派罗开始了解情况,包括:那块地皮周边类似地产的价格,附近地区地价涨落的趋势等。客户给他地产的定价是310万美元,底线是160万美元。

买家是GG建筑材料公司,是一家上市公司。夏派罗立即找到它的相关信息——季报、半年报、年报、损益表、新闻报道、相关文章。得知他们刚刚上市几个月,手中有大量的通过出售股票募集的现金。还调查了GG公司的营业范围。他们在芝加哥、得克萨斯、密西西比以及佛罗里达都有销售中心。其业务已拓展到全美国。据他们的宣传材料上讲,还要继续扩展到中部大西洋地区。这对夏派罗来说是个好消息,因为客户的地产正位于这一带的中部。渐渐地,夏派罗获得的信息越来越多。就在那时,想到了他的朋友阿尼,他在那个地方经营一家电视台。估计电视台的老板应该认识当地不少人。于是,打电话给阿尼,问他是否了解GG建筑材料公司。阿尼说GG公司没有在电视台做广告,不是他的客户。“不过,在一次商会的招待会上,GG建筑材料公司的副总经理对我说:‘你是巴尔地摩人,能不能给我介绍几个当地的房地产经纪人?’”夏派罗由此推断GG建筑材料公司要在巴尔地摩建立分公司,他们对房地产有迫切的需求。

谈判开始对方反复说夏派罗定价离谱,说他们公司可能会集中精力拓展南部业务。而关注这个地区只是他们的谈判策略。这种说法显然不太诚实。他们说的与夏派罗了解的情况不一致。

最后,夏派罗说尊重他们的意见。还说:“我们还有其他的选择需要考虑,比如说把这块地分割开出售(事实上也确实如此)。万一以后你们决定在我们这个地区开展业务而我们还没有把这块地卖出去,请再和我们联系。”

这时,夏派罗的客户狠狠地捏了一下他的腿。很显然他有点沉不住气了,认为夏派罗太冒险。这位客户度日如年。这么多年来他这块地都无人问津,现在终于有人感兴趣了,希望谈判千万不能破灭。等到第十天GG公司打来电话,说想再谈谈。不同意310万美元的价格,经过讨价还价,最终以170万美元成交。

(本文由作者根据网络相关资源改写)

【分析提示】

还价又称“还盘”,一般是指针对卖方的报价买方做出的反应性报价。还价是商务谈判中交易磋商的一个必备环节,它是整个谈判的中心,还价要力求给对方造成较大的压力和影响或改变对方的期望;同时,又应着眼于使对方有接受的可能,并愿意向双方互利性的协议靠拢。因此,还价前的筹划,就是要通过对报价内容的分析和计算,设计出各种相应的方案和对策,使谈判者在还价过程中得以贯彻,以发挥“后发制人”的威力。

任务21.1 还价的注意事项和方式

21.1.1 还价的注意事项

在商务谈判中，要进行有效的还价就必须注意以下事项：

(1)在还价之前需要充分了解对方报价的内容，准确了解对方提出条件的真实意图。要做到这一点，还价之前需要调查对方报价中的条件哪些是主要的、不能让步的；哪些是次要的、可以做出让步；哪些是虚设的或具有诱惑性的，甚至有的条件的提出，仅仅是交换其关键条件的筹码。只有把这一切搞清楚，才能提出科学的报价。

(2)为了调查清楚对方报价的真实意图，需要核对对方报价中所提的各项交易条件：弄清其报价依据或弹性幅度，注意倾听对方的解释和说明。但不能随便进行评论，更不能主观地猜测对方的动机和意图，以免给对方反击提供机会。还价应掌握在双方谈判的协议区内，即谈判双方互为临界点和争取点之间的范围，超过此界线，谈判难以获得成功。

(3)如果对方的报价超出己方能够承受的范围，与己方要提出还价条件相差太大的时候。不必轻易地提出自己的还价，而应先拒绝对方的还价。必要时可以中止谈判，给对方一个出价，让对方在重新谈判时另行报价，再继续进行谈判。

21.1.2 还价的方式

还价中，谈判者要确保自己的利益和主动地位，要根据交易内容、所报价格，以及讨价方式，采用不同的还价方式。

(1)按照谈判中还价的依据，还价方式分为按可比价还价和按成本还价两类。

①按可比价还价。这种方法指己方无法准确掌握所谈商品本身的价格，而只能以市场上同类商品的价格或竞争者所提供的商品的价格做参照进行还价。这种方式的关键是准确选择用以参照的商品，以及判断其可比性和价格的合理性，只有可比价格合理，还价才能使对方信服。

②按成本还价。这种方法指己方能计算出所谈商品的成本，以成本为基础再加上一定比率的利润作为依据进行还价。这种还价方式的关键是需要准确标的物的计算成本，成本计算越准确，还价的说服力就越强。

(2)按照谈判中还价的项目，还价方式又可分为总体还价、分别还价。

①总体还价。总体还价即一揽子还价，它是与全面讨价对应的还价方式，即把相关商品分类，分别集中还价，或仅还一个总价。

②分别还价。分别还价是分别讨价后所进行的还价方式，是指把交易内容划分成若干类别或部分，然后按各类价格中的可商讨部分或按各部分的具体情况逐一还价。

【案例阅读21.1】

荷伯与妻子到墨西哥旅游，妻子想到商业区观光，荷伯独自向旅馆走去。他看到在相距很远的地方站着一个当地的土著居民，这人在大热的天气里身披几件当地的披肩毛毯独自叫卖："1200比索！"

"他在和谁说话呢？"荷伯问自己，"绝对不是对我说！首先，他怎么知道我是一个旅游者呢？其次，他不知道我在暗中注意他。"荷伯继续往前走，却听到身后仍然有脚步声，原来，小贩一直跟着他，就像两人系上了链条一样，他一次又一次地叫道："800比索！"

荷伯有点生气了，开始小跑，但是小贩紧跟着一步不落，这时，他已经降到 600 比索了，到了十字路口，因车辆横断了马路，荷伯不得不停住了脚步，小贩却仍然在唱他的独角戏："600 比索，500 比索，好吧，400 比索！"

这时候，小贩紧跟着使荷伯很生气，他气呼呼地说："我告诉你我不买！别跟着我了！""好吧，你胜利了。"他回答说："只对你，200 比索！""你说什么？"荷伯叫道。此时，他对自己说的话也吃了一惊，因为他压根没有打算买披肩毛毯。"200 比索！"小贩又重复了一遍。"给我一件，让我看看。"

又是一番讨价还价，小贩的最终要价是 170 比索，荷伯从小贩口中得知，在墨西哥的历史上以最低价格买到一件披肩毛毯的是一个来自加拿大温尼培格的人，他花了 175 比索，但他的父母出生在墨西哥的瓜达拉贯拉。而荷伯买的这件只花了 170 比索，使他在墨西哥历史上创造了买披肩毛毯的新纪录。

当荷伯回到旅馆的时候，妻子正躺在床上翻阅杂志。"嗨！看我买的什么？"荷伯得意地对妻子说。"一条漂亮的披肩毛毯！""你花了多少钱？"妻子漫不经心地问道。"是这么一回事，"荷伯充满信心地解释说："一个土著谈判家要价 1 200 比索，而一个国际谈判家，就是周末有时间同你住在一屋的这个人，花 170 比索就买到了。"妻子讪笑道："真有趣，我也买了同样一件，在壁橱里，花了 150 比索。"

（本文由作者根据网络相关资源改写）

任务 21.2　还价的策略

21.2.1　比照还价法

比照还价法是指商务谈判的一方通过对对方的报价的调查和分析，对比参照商品的报价，按照一定的升降幅度进行还价的策略。

(1)运用比照还价法的主要条件是已经清楚对方的报价意图，即对方的真正期望。

(2)运用比照还价法同时说明了对判明谈判的形势及对方讨价还价的实力有了一定的了解。

(3)比照还价法一般还适用于买方或谈判实力不够雄厚，对价格掌握不很明了的一方。

谈判的一方若遇到对方采用比照还价的策略时，应采取以下应对策略：

①以退为进，反主动为被动，通过一系列的反问探询对方还价的根据，摸清对方的价格目标，确定其最高目标、理想目标、最低目标，做到心中有数，不要轻易让步。

②若买方还价太低，胡乱杀价，可以较为正式的表达自己的不满；或报以长时间的沉默，摆出一副可谈可不谈的姿态，迫史对方做出较大让步，重新还价。

21.2.2　反攻还价法

反攻还价法是指进行谈判的一方采用反驳攻击的方法，部分否定甚至全部否定对方的报价的还价策略。

(1)运用反攻还价法的主要条件如下：

①当对方的报价极不合理，策略性虚报的部分过大，或者过分夸大己方的优势的情况下，可以采用反攻还价法。

②当对方缺乏谈判经验，对价格掌握不很明了，对对手缺乏了解，并明显表现出谈判底气不足时，可采取反攻还价法。

(2)运用反攻还价法需要注意下列问题：

①做好对对方的调查以及资料的准备，作为反攻的武器。即己方根据报价的内容和自己所掌握的价格比价的资料，推算出对方的虚价有多少及还价空间的大小，并尽力揣摩对方的真实意图，制订攻击的方案。

②制定反攻的对策。一般把对方报价中还价空间最大，我方反驳资料最充分的内容作为攻击点，由点到面，全面推翻对手的报价。

③作好反攻的实施安排。通过对面临问题分门别类、分清问题的轻重缓急，设计出相应的对策。通常的做法是可列出反驳问题的表格以及实施步骤，并以此表为依据同对方交涉。

(3)谈判的一方遇到对方采用反攻还价的策略时，应采取以下应对策略：

①当卖方的报价被买方全盘推翻时，卖方采取相同的策略，诱使拿出一个同样明显不合理的方案，然后以其人之道还其人之身，以谋求谈判的主动权。

②卖方后发制人，以谦虚求教的态度请求买方拿出自己的方案，然后针对方案进行挑剔和反驳，变被动为主动，引导对方回到自己的立场上来。

21.2.3 求疵还价法

求疵还价法是指商务谈判中的一方采用挑剔的方法提出部分真实、部分夸大的意见，试图否定对方报价的策略。

(1)运用求疵还价法的主要条件如下：

①卖方的报价确有问题，但多属次要的、枝节方面的问题。

②对手欠缺谈判经验。在这种情况下，买方应想方设法抓住对方商品的缺陷，做适当的夸大。迫使卖方把卖价的标准降低，使己方有更多的讨价还价的余地，同时也让对方知道，买方是有谈判经验的，不会轻易被人欺骗。

(2)运用求疵还价法的技巧及注意的问题：

①必须掌握对方商品的有关知识，才能对对方商品吹毛求疵，才能使对方服气。如果能有理有据地将对方商品挑出瑕疵来，比如从商品的性能、质量、款式、色泽等方面，将会对对方的商品价格形成较大的压力。

②在挑剔对方商品时，忌面面俱到、抓不住重点，这样不但不足以说明问题，反而会引起对方的怀疑，从而影响谈判的气氛和进展。

③面对谈判对手，不可直率地表露出自己的愿望或动机，要有耐心地、合理地保持若即若离的态度，使对手一直处于焦虑不安的状态。这样不但能把握谈判的主动权。而且在保持谈判不破裂的情况下，一般能取得较佳的效益。

(3)谈判的一方若遇到对方采用求疵还价的策略时，应采取以下应对策略：

①必须沉着、有耐心，那些不符合常理的同题及要求，随着时间的推移，自然会露出马脚来，并且失去了影响力。

②对于某些非关键性的问题和要求，要能避重就轻或视若无睹地一笔带过，不做过多的纠缠。

③当对方在浪费时间，节外生枝，或做无谓的挑剔，或提出无理的要求时。必须及时提出抗议或者中止谈判以表示自己的不满。

④向买主建议一个具体且能够彻底解决的、合理的办法，而不去讨论那些没有关联的问题。

学习情境 22 磋商过程中威胁和僵局的缓解和应对策略

【入门案例】

我国浙江省一个玻璃厂就玻璃的生产设备的有关事项与美国诺达尔玻璃公司进行谈判。在谈判过程中，双方就全套设备同时引进还是部分引进的问题发生分歧，双方代表各执一端，互不相让，导致谈判陷入尴尬的僵持局面。在这种情况下，为了使谈判达到预定的目标，我方玻璃厂的首席代表决定主动打破这个僵局。谈判代表思索了片刻后主动面带微笑的换上一种轻松的语气，避开双方争执的尖锐问题，向对方说："你们诺达尔公司无论在技术、设备还是工程师方面，都是世界的一流水平。用你们的一流技术和设备与我们进行合作，我们就能够成为全国第一的玻璃生产厂家，利润是非常可观的。我们的玻璃厂发展了，不仅仅对我们有好处，而对于你们公司的利益就更大，因为这意味着你们是在与中国最大的玻璃生产厂合作，难道你们不是这样认为的吗？"

对方的谈判首席代表正是该公司的一位高级工程师，听到赞扬他的话，他立即表现出很高兴的样子，谈判的气氛顿时豁然开朗，双方之间一下子就轻松活跃起来。我方代表趁机将话题一转，强调资金的有限是客观现实，我方无法将设备全部引进，迫不得已才提出部分引进的想法。同时，还强调其他很多国家与我国北方的一些厂家进行谈判和合作，如果他们仅仅因为不能全部引进设备这一小问题而不能投入最先进的技术和设备，那么就将很快面临着失去中国市场的不利局面。

对方代表听到这番话，终于意识到双方合作的广阔发展前景，如果因为设备引进规模的问题而不能够顺利达成协议，不仅将要损失暂时的经济利益，而且还有失去中国市场的严峻考验。竞争如此激烈，一旦被别人占领，很难再进入中国的市场；另外，如果因为对公司影响不是很大的谈判具体内容而导致谈判破裂，对公司也不好交代。至此，美方代表也只有按照我方的意愿，在双方进一步讨论后，顺利达成了部分引进设备的协议。在这次谈判中，我方玻璃厂不仅成功地节省了大笔的外汇，而且该厂在诺达尔公司的帮助下迅速发展起来，最终在市场竞争中顺利占得先机，成为同行中的佼佼者。

（资料来源：吕晨钟．学谈判必读的 95 个中外案例[M]．北京：北京工业大学出版社，2005.）

【分析提示】

在谈判的过程中，难免会因为双方各自坚持己方的利益不愿妥协而出现僵局，尤其是当双方条件相差过于悬殊的时候。在这个案例中，双方已经达到了不能让步的僵持阶段，显然，他们都明白双方的真正需要，但都不舍得放弃己方的利益来成全对方，在这样的场合下，如果还是围绕着原来的话题，已经不能取得任何进展，按照原来的思路走下去，试图寻找替代方案显然也是行不通的。因此，转移话题就是一个很好的方法。通过恰当的变化话题，使谈判的气氛得到改变和缓和，让双方在崭新的谈判氛围中重新讨论有争议的问题和条款，最终达成一致。

任务 22.1 谈判僵局产生的原因

谈判僵局是商务谈判过程中出现难以再顺利进行下去的僵持局面。在谈判中谈判双方各自对利益的期望或对某一问题的立场和观点存在分歧，很难达成共识，但是又都不愿做出妥协向对方让步时，谈判进程就会出现停顿，谈判即进入僵持状态。僵局的出现一般归结于以下原因：

1. 立场观点的争执

双方各自坚持自己的立场观点而排斥对方的立场观点，形成僵持不下的局面。在谈判过程中如果双方对对方的立场观点产生主观偏见，坚决认为己方是正确合理的，而对方是错误的，并且谁也不肯放弃自己的立场观点，往往会出现争执，陷入僵局。而双方真正的利益需求会被这种立场观点的争论所搅乱，双方又为了维护自己的面子，不但不愿做出让步，反而用否定的语气指责对方，迫使对方改变立场观点，谈判就变成了不可相容的立场对立。

谈判者出于对己方立场观点的维护，心里往往会对对方产生偏见，不能冷静尊重对方观点和客观事实。双方都固执己见排斥对方，而把谈判中共同的利益忘在脑后，甚至为了保护自己的立场观点而以中止谈判相要挟。这种僵局处理不好就会破坏谈判的合作气氛，浪费谈判时间，甚至伤害双方的关系，最终使谈判走向破裂的结局。

【案例分析 22.1】

云南省小龙潭发电厂，就 6 号机组脱硫改造项目于 2002 年跟丹麦史密斯穆勒公司签订了一系列脱硫改造合同，改造后检测结果，烟囱排放气体并未达到合同所承诺的技术指标。该电厂于 2004 年又与史密斯穆勒公司为此事进行交涉，要求对方进行经济赔偿。

索赔谈判前，我方在确认对方的责任方面进行了大量调研和数据收集工作。首先，咨询清华大学、北京理工大学等国内该领域的知名专家，在理论上对这一问题有个清楚的认识。其次，对改造后烟囱排放气体进行采样分析以及数据计算。另外，对比分析对方提供的石灰品质以及脱硫效率。根据调研结果，对照 2002 年原合同中的条款和参数，我方最终认定是史密斯穆勒公司的责任。

在索赔正式谈判中，双方在责任问题上各执一词，谈判出现了僵局。史密斯穆勒公司采取了“打擦边球”的策略，试图推脱责任，把赔偿金额压到最低。合同要求脱硫率是 90%，脱硫率瞬间值达到了这一指标，甚至还高于 90%。但我方要求的是长期值而不是瞬间值，对方试图以瞬间值逃脱一定责任，而我方则以平均值说明问题。我方经过长期统计，平均值仅有 80%左右，远远没有达到合同要求。在脱硫剂石灰上，丹麦的国家制度规定石灰原料由国家提供，而我国则由企业自己提供。史密斯穆勒公司认为，脱硫效率低是我方未提供合适的石灰造成，我方应负一定责任。

双方最终达成协议：一方面，史密斯穆勒公司派遣相关人员继续进行技术改造，另一方面，对方就无法实现的合同技术指标部分进行赔偿。

（本文由作者根据网络相关资源改写）

2. 面对强势一方的反抗

谈判中占优势的强势一方向另一方施加强迫条件，被强迫一方越是受到逼迫，就越不退让，从而形成僵局。当谈判中一方占有一定的优势时，往往会以优势者自居而向对方提出不合理的交易条件，强迫对方接受，否则就威胁对方中止谈判。被强迫一方出于维护自身利益或是维护尊严的需要，拒绝接受对方强加于己方的不合理条件，反抗对方强迫。这样双方僵持不下，使谈判陷入僵局。

3. 信息沟通的障碍导致的谈判僵局

谈判过程是一个信息双向沟通的过程，只有信息正确、全面、顺畅的沟通时，双方才能互相深入了解，以达到共同利益的实现，才能正确把握和理解对方的利益和条件。但是实际上双方的信息沟通会遇到种种障碍，造成信息沟通受阻或失真，使双方产生对立，从而陷入僵局。

信息沟通障碍指双方在交流信息过程中由于主客观原因而造成的理解障碍。其主要表现为：双方文化差异所造成的宗教障碍、习俗障碍、语言障碍；由于知识结构、受教育程度的差异所造成的问题理解差异；由于表达能力、表达方式的差异所造成的传播障碍等。这些信息沟通障碍使谈判双方不能准确、真实、全面、畅通地进行信息、观念、情感的沟通，甚至会产生误解和对立情绪，使谈判不能顺利进行下去。

例如，一个咖啡厅生意很好，业务繁忙，于是多雇了几名服务员，还是忙不过来。于是，每当客人要求续杯的时候，新来的服务员总是说："等一下。"这让客人很不舒服，慢慢地，客人便少了起来。咖啡厅发现了这个问题，赶紧对服务员进行培训，要求大家在客人提出要求的时候都回答："马上来。"这两种说法在行为上是等效的，但在客人听来却有天壤之别。

4. 谈判者礼仪、行为的失误

谈判者行为的失误常常会引起对方的不满，使其产生抵触情绪和强烈的对抗，使谈判陷入僵局。例如，个别谈判人员工作作风、礼节礼貌、言谈举止、谈判方法等方面出现严重失误，触犯了对方的尊严或利益，就会产生对立情绪，使谈判很难顺利进行下去，造成很难堪的局面。

【案例阅读 22.2】

时间：元旦至春节期间

地点：某宾馆多功能餐厅

[场景]众多的宾客在恭维中国台湾地区吴老先生来大陆投资，吴老先生神采飞扬，高兴地应承着这些祝贺的话。宾主频频碰杯，服务小姐忙进忙出，热情服务。

不料，过于周到的服务小姐一时疏忽，将桌上的一双筷子拂落在地。"对不起"服务小姐忙道歉，随手从邻桌上拿过一双筷子，褪去纸包，搁在吴老先生的台上。

吴老先生的脸上顿时多云转阴，煞是难看，默默地注视着服务小姐的一连贯动作，刚举起的酒杯一直停留在胸前。众人看到这里，纷纷帮腔，指责服务小姐。

服务小姐很窘，一时不知所措。

吴老先生终于从牙缝里挤出了话："晦气，"顿了顿："唉，你怎么这么不当心，你知道吗？这筷子落地意味着什么？"边说边瞪大眼睛："落地即落第，考试落第，名落孙山，倒霉呀，我第一次在大陆投资，就这么讨个不吉利。"

服务小姐一听，更慌了，"对不起，对不起"，手足无措中，又将桌上的小碗打碎在地。

服务小姐尴尬万分，虚汗浸背，不知如何是好，一桌人也有的目瞪口呆，有的吵吵嚷嚷地恼火，有的……

就在这时，一位女领班款款来到客人面前，拿起桌上的筷子，双手递上去，嘴里发出一阵欢快的笑声："啊，吴老先生。筷子落地哪有倒霉之理，筷子落地，筷落，就是快乐，就是快快乐乐。"

"这碗么，"领班一边思索，同时瞥了一眼服务小姐，示意打扫碎碗。服务员顿时领悟，连忙收拾碎碗片。"碗碎了，这也是好事成双，我们中国不是有一句老话吗——岁岁平安，这是吉祥的兆头，应该恭喜您才是呢。您老这次回大陆投资，一定快乐，一定平安。"

刚才还阴郁满面的吴老先生听到这话，顿时转怒为喜，马上向服务小姐要了一瓶葡萄酒，亲自为女领班和自己各斟了满满一杯。站起来笑着说："小姐，你说得真好！借你的吉言和口彩，我们大家快乐平安，为我的投资成功，来干一杯！"

（本文由作者根据网络相关资源改写）

5. 偶然发生事件的干扰

在商务谈判所经历的一段时间内有可能出现一些偶然发生的情况。当这些情况涉及谈判某一方的利益得失时，谈判就会由于这些偶发因素的干扰而陷入僵局。例如，在谈判期间外部环境发生突变，某一谈判方如果按原有条件谈判就会蒙受利益损失，于是他便推翻已做出的让步，从而引起对方的不满，使谈判陷入僵局。因此谈判者随时都要根据外部环境的变化而调整自己的谈判策略和交易条件，因此这种僵局的出现也就不可避免了。

以上是造成谈判僵局的几种因素。面对僵局不要惊慌失措或情绪沮丧，更不要一味指责对方没有诚意，要弄清楚僵局产生的真实原因是什么，分歧点究竟是什么，谈判的形势怎样，然后运用有效的策略技巧突破僵局，使谈判顺利进行下去。

任务 22.2 打破谈判僵局的策略和技巧

1. 尽量回避双方分歧，转移议题

当双方对某一议题产生严重的分歧不愿意让步而使得谈判陷入僵局时，一味地争辩解决不了问题，因此可以采用回避有分歧的议题，换一个新的议题继续与对方谈判。这样做有两点好处：一是可以争取时间先进行其他问题的谈判，避免长时间的争辩而耽误宝贵的时间；二是当其他议题经过谈判达成一致之后，对有分歧的问题产生正面影响，再回过头来谈陷入僵局的议题时，双方谈判的气氛会有所好转，思路会变得开阔，问题的解决便会比以前相对更加容易。

2. 尊重客观事实，时刻关注双方利益

由于谈判双方各自坚持己方的立场观点而使谈判陷入僵局。这时候处于激烈争辩中的谈判者容易脱离客观实际，忘掉大家的共同利益。因此，当谈判双方陷入僵局时，需要先冷静一下，要克服主观偏见，从尊重客观事实的角度看问题，关注双方的整体利益和长远目标，而不要一味追求某个问题论辩的胜负。如果是由于某些枝节问题争辩不休而导致僵局，这种争辩是没有意义的，双方要尽快结束无谓的争论。即使争辩的是关键性问题，也要客观地考虑双方的立场和条件，充分考虑对方的利益要求和实际情况，认真冷静地思索己方如何才能实现比较理想的目标。

【案例分析22.3】

辽宁省盘锦市A公司从事某添加剂业务，在2008年金融海啸导致许多工业原材料价格暴跌时，决定以低价从国外大量购进该产品。

A公司做了大量的市场调研工作，首先通过互联网搜寻该添加剂主要生产国的信息，又通过对各国产品的性价比对确定英国B公司为谈判对象。我方A公司还通过电子邮件等方式与B公司进行沟通，把我方的基本情况和所需产品信息传递给对方，也进一步获取了对方的信息。

在谈判过程中，双方首先出现的争执是谈判地点的确定。B公司要求我方派人员赴英国谈判，而我方要求对方来华谈判，双方都清楚在本国谈判的优势——有助于控制谈判。在金融危机使全球经济不景气的大环境下，我方利用买方市场优势，使B公司主动找上门来谈判。

双方初次面谈富有成效，确定了要进口产品的品种、数量、进口时间等，并在其他方面也达成了基本共识。但在接下来的价格谈判上出现了僵局，挑战来自多方面。首先，双方初次合作缺乏信任，交易金额大，交货分批进行，合同履行时间长达两年。其次，合同的定价涉及未来两年该产品世界市场价格的波动与走势，汇率波动的影响等问题。双方都想采用对己有利的价格条款以规避风险。经多次反复面谈，最终以一个折中但对我方更优惠的价格达成协议。

（本文由作者根据网络相关资源改写）

3. 制定多种方案，尽量有替代方案进行选择

如果双方仅仅采用一种方案进行谈判，当这种方案不能为双方同时接受时，就会形成僵局。实际上谈判中往往存在多种满足双方利益的方案。在谈判准备期间应该准备多种可供选择的方案。一旦一种方案遇到障碍，就可以提供其他的备选方案供双方选择。当然这些替代方案要既能维护己方切身利益，又能兼顾对方的需求，才能使对方对替代方案感兴趣，进而从新的方案中寻找双方的共识。

4. 在维护己方的利益上，尊重对方，有效退让

当谈判双方各持己见互不相让而陷入僵局时，谈判人员应该明白，商务谈判的目的是达成协议实现双方共同利益，如果促使合作成功所带来的利益要大于固守己方立场导致谈判破裂的收获，那么退让就是有效的做法。

采取有效退让的方法打破僵局需要基于以下三点认识：

(1)己方需要明智地认识到在某些问题上稍做让步，而在其他问题上争取更好的条件；在眼前利益上做一点牺牲，而换取长远利益；在局部利益上稍做让步，而保证整体利益。

(2)己方多站在对方的角度看问题，消除偏见和误解，在不伤害自己利益的基础上，对己方一些要求过高的条件做出一些让步。

(3)主动退让姿态向对方传递了己方的合作诚意和对对方的尊重，促使对方在某些条件做出相应的让步。

5. 对暂时出现的僵局进行冷处理，要求暂时休会

当谈判出现僵局而一时无法用其他方法打破时，可以采用冷处理的方法，即要求暂时休会。由于双方争执不下，情绪对立，彼此很难冷静下来进行周密的思考。休会以后，等双方情绪平稳下来，可以思考一下双方差距的性质，并对前一阶段谈判进行总结，考虑一下僵局会给己方带来什么利益损害，环境因素有哪些发展变化，谈判的紧迫性如何等。

另外，也可以在休会期间向上级做汇报，请示一下上级对处理僵局的指导意见，是否能做出某些让步策略，以便能够采取下一步的行动，获得更多的利益。再有，可以在休会期间让双方相关人员进行接触，融洽一下双方僵持的关系；或者组织双方谈判人员参观游览、参加宴会、舞会和其他娱乐活动。在活动中双方在轻松愉快的气氛中进行无拘无束的交流，进一步交换意见，重新营造友好合作、积极进取的谈判气氛。经过一段时间的休会，当大家再一次坐到谈判桌上的时候，原来僵持对立的问题会比较容易沟通和解决，僵局也就随之被打破了。

【案例分析 22.4】

中海油某公司欲从澳大利亚某研发公司（以下简称 C 公司）引进“地层测试仪”，双方就该技术交易在 2000 至 2002 年期间举行了多次谈判。地层测试仪是石油勘探开发领域的一项核心技术，掌控在国外少数几个石油巨头公司手中，如斯伦贝谢、哈利伯顿等。他们对中国实行严格的技术封锁，不出售技术和设备，只提供服务，以此来占领中国广阔的市场，赚取高额垄断利润。澳大利亚 C 公司因缺乏后续研究和开发资金，曾在 2000 年之前主动带着他们独立开发的、处于国际领先水平的该设备来中国寻求合作者，并先后在中国的渤海和南海进行现场作业，效果很好。中方于 2000 年初到澳方 C 公司进行全面考察，对该公司的技术设备很满意，并就技术引进事宜进行正式谈判。考虑到这项技术的重要性以及公司未来发展的需要，中方谈判的目标是出高价买断该技术。但 C 公司坚持只给中方技术使用权，允许中方制造该设备，技术专利仍掌控在自己手中。他们不同意将公司赖以生存的核心技术卖掉，委身变成中方的海外子公司或研发机构。双方巨大的原则立场分歧使谈判在一开始就陷入僵局。

中方向 C 公司表明了立场之后，对谈判进行“冷处理”，回国等待。迫于资金短缺的巨大压力，C 公司无法拖延谈判时间，在 2000—2002 期间，就交易条件多次找中方磋商，试图打破僵局。由于种种原因，中澳双方最终没能达成协议，谈判以失败告终。但中海油科技工作者走出了一条自力更生的技术创新之路。

（本文由作者根据网络相关资源改写）

6. 对方提出的要求不合理时，己方需要据理力争

当对方提出不合理条件，制造僵局，给己方施加压力时，特别是在一些原则问题上提出无理的要求时，己方要以坚决的态度据理力争。因为这时如果做出损害原则的退让和妥协，不仅损害己方利益和尊严，而且会使得对方变本加厉。所以，己方要明确表示拒绝接受对方的不合理要求，揭露对方故意制造僵局的不友好的行为，使对方收敛起蛮横无理的态度，放弃不合理的要求。

项目小结

通过对本项目的学习，使学生掌握交易磋商是交易的非常重要的阶段，应该做好对有关问题的调查研究和可行性分析，并且，应该对合同条款进行充分的准备。参加交易磋商的人员不仅应该具有较好的语言表达能力，磋商沟通能力，还要熟悉交易磋商技巧，掌握交易产品的指标和性能等以及典型市场等情况。

主要概念

讨价；还价；按可比价还价；按成本还价；比照还价；反攻还价；求疵还价法；信息沟通障碍

知识与技能训练

第一部分 知识训练

一、名词解释

1. 讨价
2. 还价
3. 按可比价还价
4. 总体还价
5. 比照还价

二、填空题

1. 若僵局持续发展，双方严重对峙且无法解决时，可采用________、________。

2. 双方文化差异所造成的________、________、________，会使谈判双方不能准确、真实、全面、畅通地进行信息、观念、情感的沟通，甚至会产生误解和对立情绪，使谈判不能顺利进行下去。

3. 双方各自________而排斥对方的立场观点，形成僵持不下的局面。

4. 对于________，要能避重就轻或视若无睹地一笔带过，不做过多的纠缠。

5. 在挑剔对方商品时，忌________、________，这样不但不足以说明问题，反而会引起对方的怀疑，从而影响谈判的气氛和进展。

三、单项选择题

1. 当对方提出不合理条件，制造僵局，给己方施加压力时，特别是在一些原则问题上提出无理的要求时，己方要(　　)。

A. 以坚决的态度据理力争　B. 退让一步　C. 断然停止谈判　D. 不去理会对方

2. 当谈判出现僵局而一时无法用其他方法打破时，可以采用(　　)的方法，即要求暂时休会。

A. 据理力争　B. 冷处理　C. 向上级汇报　D. 直接跳过

3. 谈判者行为的失误常常会引起对方的不满，这种行为包括(　　)。

A. 政治分歧　B. 宗教信仰
C. 价值观导致的一语不合　D. 工作作风、言谈举止

4. (　　)是商务谈判过程中出现难以再顺利进行下去的僵持局面。

A. 谈判中止　B. 谈判中断　C. 谈判结束　D. 谈判僵局

5. 总体还价即(　　)，它是与全面讨价对应的还价方式，即把相关商品分类，分别集中还价，或仅还一个总价。

A. 总和还价　B. 总数还价　C. 一揽子还价　D. 加成还价

四、多项选择题

1. 在议价阶段，需要采取以下四个步骤中的部分或全部才能使交易达成，其错误的顺序是(　　)。

A. 对谈判形势做出判断、互为让步磋商、打破僵局、探明对方报价的依据

B. 探明对方报价的依据、互为让步磋商、对谈判形势做出判断、打破僵局

C. 探明对方报价的依据、对谈判形势做出判断、互为让步磋商、打破僵局

D. 对谈判形势做出判断、探明对方报价的依据、打破僵局、互为让步磋商

2. 改变谈判环境不是比较好的(　　)策略。

A. 摸底　　B. 讨价还价　　C. 让步　　D. 打破僵局

3. 所有导致谈判僵局的谈判主题中，(　　)不是最为敏感因素。

A. 价格　　B. 立场　　C. 付款　　D. 关系

4. 若僵局持续发展，双方严重对峙且无法解决时，可采用(　　)。

A. 调解　　B. 仲裁　　C. 让步　　D. 反问劝导法

5. 下列有关谈判气氛的论述中正确的是(　　)。

A. 谈判开始瞬间的影响最为强烈，此后，气氛波动较为有限

B. 当双方走到一起准备谈判时，气氛就已形成

C. 双方见面时的寒暄同样能决定谈判气氛

D. 谈判人员的大脑运动是决定气氛的实质内容

五、简答题

1. 商务谈判的报价依据有哪些？

2. 运用反攻还价法的条件有哪些？

3. 信息沟通障碍包括哪些？

第二部分　技能训练

一、案例训练

[训练目的]

通过该训练任务，有助于学生：

1. 了解商务谈判中收尾阶段的时机及收尾阶段的策略，拓展、丰富的相关知识，加深对商务谈判收尾阶段的深入理解。

2. 运用相关商务谈判收尾阶段的知识分析从事商务活动人员的活动，有效地将知识转化为技能。

[训练步骤及要求]

1. 教师选择恰当案例，拟定需要讨论分析的问题。

2. 确定案例训练组织形式：分组集体讨论会(4～6 人)。

3. 老师主持课堂案例讨论，各小组选出一名代表阐明本小组的分析要点。

4. 教师进行最后点评与总结。

5. 各小组在讨论分析案例的基础上按以下要求撰写、提交“案例分析报告”，文字表述要精练、观点明确。

《手表批发商的谈判》案例分析报告
时　　间：
分 析 者：
班　　组：
问题分析：
➤问题一：
➤问题二：

[实训考核]（百分制）

评分维度	出　勤	参与的主动性	内容的充实性	分析的逻辑性	知识的应用性	创 新 性
百 分 比	10%	15%	20%	15%	20%	20%

[案例介绍]

有位性急的手表批发商，经常到农村去推销商品。有回他懒得多费口舌去讨价还价，心想都是老顾客了，就照和上回的成交价差不多的价钱出手得了。

他驱车来到一个农场，走进公路边的一家商店，进门就对店主人说："这次，咱们少费点时间和唾沫，干脆按我的要价和你的出价来个折中，怎么样？"

店主人不知道他葫芦里卖的什么药，不置可否。他以为这是同意的表示，就说："那好！价钱绝对叫你满意，绝对不掺水分，你只要说打算进多少就行了。趁今天天气好，咱哥俩省下时间钓鱼去！"他的报价果然好得出奇，比头回的成交价还低出不少。心想对方肯定高兴，便一厢情愿地问："照这个价钱，你打算进多少？"

可是对方答道："一只也不进！"这可把他弄懵了，问道："一只也不进？你在开玩笑吧，这个价钱可比上回低了一大截呀！你说实话，要多少？"

店主说："你以为乡下人都是老憨？你们这些城里来的骗子呀，嘴里说价钱绝对优惠，实际上比你心里的底数不知要高出多少呢？告诉你吧，任你说出大天来，我也是一只不进！"

整整一个下午，两人讨价还价，直到日落西山才成交。成交价比他原来所说的"绝对令对方满意"的价钱又低了一大截，这趟生意做下来，他不但一分钱没有挣到，反而赔了汽油钱。

问题：

1. 手表批发商犯了什么样的错误？
2. 为什么他没有赚到钱？
3. 如果是你会怎么讨价还价？

二、项目训练

[实训项目]　团队项目：模拟一个商务活动的场景

[实训目的]

通过该实训项目的操作，使学生了解在不同的商务活动中需要讨价还价的环节，各自需要采取的策略以及陷入僵局后应该如何处理，明确商务人员了解和掌握商务谈判磋商阶段的必要性和重要性，找出其存在的问题，并提出可行的解决措施。

[实训要求]

教师先制定一定的商务活动场景，根据教学班级的分组情况，按一定数量的小组分别选择不同的场景进行设计和表演。

[实训操作步骤]

1. 对教学班级的学生进行项目分组(6～8 人)，明确组内分工。
2. 教师设计有关的商务活动场景。
3. 学生对该商务活动场景进行分析，并设计相关的情节。
4. 各项目小组根据场景进行表演。
5. 同学互评，教师点评。
6. 本次实训综合成绩评定。

[实训考核] (百分制)

1. 实训准备工作(10 分)。
2. 各项目小组对本次实训的组织、分配、管理等过程(20 分)。
3. 各项目小组对选定场景进行表演(45 分)。
4. 项目小组的团队合作精神(15 分)。
5. 同学互评，教师点评(10 分)。

项目 9　商务谈判让步阶段

学习目标

◆知识目标

通过本项目的教学，使学生能掌握谈判中有关商务谈判让步阶段的基础知识，深刻理解商务谈判让步阶段在商务谈判中的作用及有关商务谈判让步阶段具体内容和应用方面的知识，为学生走上工作岗位后，在处理有关商务谈判让步阶段问题时提供有益的参考与借鉴，并为其奠定从事商务活动的坚实基础。

◆技能目标

通过本项目的学习，使学生能够根据所掌握的商务谈判让步阶段的相关理论及策略，合乎规范地进行商务谈判；同时具有根据实际条件准确选择和恰当运用常用商务谈判让步阶段的策略。

学习情境 23　向对方让步的原则与策略

【入门案例】

朝鲜停战谈判中，美国人态度傲慢，蛮不讲理。在谈判军事停战分界线问题时，我方不能接受其横蛮要求，美国便悍然单方面宣布休会，叫嚷：让飞机大炮去辩论吧！但中朝人民不吃美国这一套，你气焰嚣张，我便奉陪到底，继续以打促谈，逼迫美国回到谈判桌前。

交换战俘问题，是谈判中争议最大而又费时最长的一个焦点。按国际惯例，停战后，双方应交换全部战俘。但美国和李承晚集团却炮制所谓“一对一的交换”、“平民顶战俘”等论调，人为地造成遣返战俘上的歧视政策和不平等政策，理所当然地被我方否定。美国不仅拒绝遣返我方被俘人员，还对我方被俘人员进行残害，搞什么“甄别”，强迫刺字，按手印，写“血书”，乃至毒打、截肢、杀害，以胁迫他们改变要求遣返的意愿，致使这一问题阻挠停战协定的签订达一年半之久。在当时，周恩来本想通过一定的让步来打破僵局，但他考虑到美方仍在作困兽斗，所以不急不躁，坚持三条原则，即美国蛮横无理时不能让步，虚张声势时不能让步，不起作用时不能让步，归结到一点，让步必须能扭转局势。美国人继续在战场上遭到痛击，加之美国总统选举在即，选民普遍要求和平，国内外的压力迫使其当权者转弯，改变其拖延谈判的伎俩，于 1953 年 3 月主动提出了先交换伤病战俘的建议。

毛泽东、周恩来敏锐地抓住美方的新动向，同意先交换伤病战俘，并建议恢复谈判。周恩来鉴于美国已开始唱低调，停战已有希望，于是提出遣返战俘分两步走的提议：停战后立即遣返一切坚持回国的战俘，而将其余的转交中立国，有关方面必须保证他们的遣返权利得到尊重。这是一个重大的让步，但美方寻找借口反对把暂时不遣返的战俘移交中立国，周恩来考虑再三，同意把他们交由设在朝鲜非军事区的中立国遣返委员会看管一个时期，以保证他们在不受威胁的情况下行使被遣返的权利。以此为契机，双方终于在1953年6月8日达成了最后协议，使这一拖延已久的棘手问题得到了解决。

（资料来源：胡长明．大智周恩来[M]．北京：中共党史出版社，2008.）

【分析提示】

谈判要有结果，必须掌握“互动”的原则，己方要善于在不损害自身根本利益的情况下做出一定让步，以打破僵局，但这必须以对方表现出谈判的诚意为条件。对方有了诚意，有了松动，就要把握时机，以求成功。

任务23.1　商务谈判中向对方让步的原则

商务谈判过程中，努力寻求双方各种互利的解决方案是一种正常渠道达成协议的方式，但在解决一些棘手的利益冲突问题时，如双方就某一个利益问题争执不下，恰当运用让步策略是非常有效的工具。即当利益冲突不能采取其他的方式协调时，一方适当的让步策略的使用在商务谈判中会起到非常重要的作用。总体来讲让步策略必须服从以下原则：

1．目标价值最大化原则

商务谈判中很多时候双方并不只是为了实现单一的目标，在谈判过程中对于多目标的处理过程难免会出现冲突，谈判的过程实质上是双方在冲突中寻求利益最大化的过程，但这种利益最大化是总的利益最大化而不是单个目标或者所有目标的利益最大化，因此在谈判中往往会使用让步的策略。但是由于不同目标的重要性和紧迫程度不同，因此在使用让步策略时需要优先解决重要及紧迫的目标，在条件允许的情况下再争取实现其他目标的利益最大化。所以，使用让步策略就是要保护重要目标价值的最大化。成功的商务谈判者在解决这类矛盾时所采取的思维顺序是：①评估目标冲突的重要性、分析自己所处的环境和位置，在不牺牲任何目标的前提下冲突是否可以解决；②如果在冲突中必须有所选择的话区分主目标和次目标，以保证整体利益的最大化，但同时也应注意目标不要太多，以免顾此失彼，甚至自相混乱，留给谈判对手可趁之机。

【案例阅读23.1】

谈判中除了必不可少的“火力侦察”以外，有时候还可辅以某种自傲之情，即让自己的语言流泻出一定的豪气和胆气，借以攻破对方的心理底线，迫使其做出最大限度的让步。20世纪80年代，蛇口招商局负责人袁庚，同美国PPC集团签订合资生产浮法玻璃的协议。谈判时，在蛇口方面每年所付给美方的知识产权费用所占销售总额的比率上，双方产生了较大的分歧。美方要价是6%，而蛇口方面还价是4%，经过一番讨价还价的争论，美方被迫降下来一个百分点，要价为5%；而蛇口方面还价是4.5%。这时，双方都不肯再让步了，于是谈判出现了僵局。怎么办呢？休会期间，袁庚出席美方的午餐会，在应邀发表演讲时，他念念不忘台下的PPC集团的谈判对手，于是故意将话题转向谈论中国文化上。他充满豪情地说："早在千年以前，我们民族的祖先就将四大发明——即指南针、造纸术、印刷术和火药无条件地贡献给了全人类，而他们的后代子孙却从未埋怨过不要专利权是愚蠢的；恰恰相反，他们盛赞祖先具有伟大的风格和远见。"一席豪情奔放的讲话，把会场的气氛激活了。接下来，袁庚转到正题上，说："我们招商局在同PPC集团的合作中，并不是要求你们也无条件地让出专利，不，我们只要求你们要价合理——只要价格合理，我们一分钱也不会少给！"

这番话，虽然是在谈判桌外说的，却深深触动了在座的PPC集团的谈判者。回到谈判桌以后，PPC集团很快做出让步，同意以4.75%达成协议，为期十年。蛇口的这个协议，比其他城市的同类协议开价低出了一大截。从达成的协议上不难看出，与最初的要价相对比，美方让步是1.25%；而我方让步仅0.75%。这个数字，给我们的启示就是：谈判中，如果能适当地表达一下豪情和胆气，并辅以恰当的让步，是有可能促使对方做出更大的让步和妥协的。

（本文由作者根据网络相关资源改写）

2. 时机原则

让步策略中的时机原则就是在谈判过程中寻找恰当的机会和场合采取相应的让步策略，使该策略的作用发挥到最大、最佳。但是，在谈判过程中，最佳时机往往非常难以把握，在把握采取让步策略的最佳时机时，常常存在以下问题：

(1)最佳时机难以判定，有些谈判人员会将对方提出要求的时机认定为最佳时机、有些谈判人员则认为接近谈判尾声时才是最佳时机。

(2)由于采取让步策略的随意性导致时机把握不准确。在商务谈判过程中，有些谈判者根据自己的喜好、节奏、性格等因素随意采取让步策略，而不顾及整个谈判过程的节奏以及所处的场合及谈判的发展方向，这种随意性的让步会导致谈判原则甚至是谈判主动权的丧失，进而导致谈判的失败。

3. 清晰原则

商务谈判让步策略中的清晰原则要求对于让步的标准、让步的理由、让步的对象、让步的具体细节以及实施步骤应当清楚明确，避免因为过度或者过小的让步导致谈判中产生新的问题和矛盾。违反清晰原则的现象有：

(1)让步的标准不明确，错使对方感觉双方意图错位，甚至感觉己方并没有做出让步。

(2)让步的方式、内容、步骤不清晰，即在谈判中己方所做的每一次让步都应该使对方能够清楚地感受到，让步的方式、内容必须准确、力度适中，从而激发对方的反映。

4. 弥补原则

当谈判陷入僵局，不做出让步就有可能使得谈判中止的话，己方需要坚持弥补原则，即在某一方面给予对方的优惠，而在其他方面需要对方给予补偿。如果在谈判中发现某些问题如果己方让步后能够换取更大的利益，则应当毫不犹豫地采取让步策略，以保持整个谈判的优势。但是，采取让步策略不是轻率地采取行动，必须慎重处理。

【案例阅读 23.2】

日本有一位年轻人办了一家制陶公司，招聘了 11 名高中毕业生。可是，到了年底，这些年轻人却突然将一纸请愿书递到了同样年轻的老板面前。为首的一位雇员说："我们一直按你的吩咐在办事，可是，今后怎么办我们内心却全然无数。所以，我们希望老板能同我们签一个协议，规定每年涨多少工资。如果你不愿意签它，那我们就只好集体辞职了。"老板有些吃惊，竭力劝说道："这个要求我办不到。因为公司才开始营业，连我自己也无法预料它今后会怎么样，所以无法按你们的要求保证将来的工资。当初录用你们，就是为了使大家一起来把公司办好。为了创造美好未来，我们只有一起加油干。"但是，那些年轻人却反复强调说："可是，谁知道今后公司会怎么样呢？你不保证给我们涨工资，我们能放心吗？"任凭老板如何劝说，年轻员工们就是认定一条死理：不保证每年增加工资，就立即辞职。最后，年轻老板拿定主意：坚决不让步，同时要稳住员工。于是他便决定对员工晓以事理，表明自己对他们的一片真心。他说："我虽然不能同你们签订协议，但是我一定会为你们着想的。你们不相信吗？你们有辞职的勇气，就不能有相信我的勇气吗？如果没有信任我的勇气，连上当的勇气也没有吗？和我一起再工作一段时间，你们就会确认我是不是骗子了。那时候，如果你们认为自己真上当受骗了，你们可以杀死我！"此言一出，顿时让年轻员工们怔住了，没曾想到老板会如此诚恳、坦率，霎时间，他们觉得，跟这样的老板干，完全可以放心。一次未写成书面协议的协议，便在老板一片真情实话中完成。

（本文由作者根据网络相关资源改写）

任务 23.2　向对方让步的策略

在谈判过程中，经验丰富的谈判者为了达到自己预期的目的和效果，尽量把握好让步的尺度和时机，一步一步采取既定策略，最终取得较好的结果。

23.2.1　最后一次到位的让步策略

这是一种较坚定的让步方式。它的特点是在谈判的前一阶段，无论对方作何表示，己方始终坚持初始报价，不愿做出丝毫的退让。到了谈判后期，却做出大步的退让。当对方还想要求让步时，己方又拒不让步了。但是这种让步策略的优点在于前面阶段拒绝让步以及强硬的态度，是为了向对方传递本方的坚定信念。如果对手缺乏毅力与耐心，那么就有可能使己方在谈判中获得较大利益。当己方在最后阶段一次让出全部可让利益时，对方会有获胜感及对己方留下既强硬又大方的强烈印象。采用这种方式时可能会出现两个问题：一是对方再三要求让步而遭到拒绝的情况下，可能等不到最后就离开谈判桌；二是最后让步虽然很晚，但是幅度过大，往往会导致对方进一步纠缠。因此，可把这种让步方式概括为"冒险型"。

【案例阅读 23.3】

2003 年 5 月，中国南方某市工艺品公司作为供货方同某外商就工艺品买卖进行谈判。谈判开始后，工艺品公司谈判人员坚持 800 元一件，态度十分强硬，而外商只出 500 元的价格，且亦是毫不示弱。谈判进行了两日，没取得任何进展。外商提出休会再谈一次，若再不能取得共识，谈判只能作罢。我方坚决不退让，眼看谈判即将破裂。

第三天谈判继续开始，双方商定最后阶段谈判只定为3个小时，因为没有办法破解僵局，再拖延下去只能是浪费时间。谈判进行了两个多小时仍是毫无进展。在谈判还剩下最后10分钟时，双方代表已做好退场准备了，这时工艺品公司首席代表突然响亮地宣布："这样吧，先生们，我们初次合作，谁都不愿出现不欢而散的结局，为表达我方诚意，我们愿把价格降至660元，但这绝对是最后的让步。"外商代表先是一惊，而后沉默了好几分钟，就在谈判结束的钟声即将敲响之时，他们伸出了手说："成交了！"

这次谈判中，工艺品公司在做了最大限度的坚持后，一步到位地让步，既维护了谈判的胜利结束，也博得了对方的信任，双方不失时机地握手言和了。

（本文由作者根据网络相关资源改写）

23.2.2 坦诚以待的让步策略

坦诚以待的让步策略是指在让步阶段的一开始就全部让出可让利益，而在随后的阶段里无可再让。这种让步策略坦诚相见，比较容易使得对方采取同样的回报行动来促成交易成功。同时，率先做出大幅度让步会给对方以坦诚感、信任感。同时这种让步策略也有利于谈判速战速决，降低谈判成本，提高谈判效率。

但是采用坦诚以待的让步策略时要注意，相比较于一次性让步策略，有可能失掉本来能够力争到的利益；这种让步操之过急，会使对方的期望值增大而要进一步讨价还价，而由于己方可出让利益已经全部让出，因此在后面的阶段中皆表现为拒绝，这样一来就可能导致僵局。

23.2.3 逐步进行的让步策略

逐步进行的让步策略又有以下不同的形式：

1. 等幅度让步策略

等幅度让步策略是指在让步的各个阶段等额地让出可让的利益，即让步的节奏和让出的数量都是均等、稳定的。对这种让步策略的要求是能够在谈判过程中步步为营，稳扎稳打，以较为谨慎的态度控制谈判的节奏，做到既不张扬也不胆怯。

采用这种让步策略的优点是对于双方充分进行讨价还价比较有利，容易在双方利益均等的情况下达成一致。但是需要注意这种策略不仅效率较低，而且通常要消耗双方大量的精力和时间，从而使谈判成本急剧增加，并且容易使人产生疲劳的感觉。

这种策略适用于竞争比较激烈的谈判。在缺乏谈判知识或经验的情况下，以及在一些同陌生人进行的不熟悉的谈判中运用这种策略，效果也比较好。

2. 幅度递减的让步策略

这是一种让步幅度逐轮递减的方式。这种方式的优点在于：一方面让步幅度越来越小，使对方感觉己方是在竭尽全力满足其要求，也显示出己方的立场越来越强硬，同时暗示对方虽然己方仍愿妥协，但让步已经到了极限，不会再轻易做出让步；另一方面让对方看来仍留有余地，使对方始终抱着把交易继续进行下去的希望。因此，可以把这种让步方式称为"希望型"。幅度递减的让步策略又分为：

(1)小幅度递减的让步策略。这种让步策略是指己方在谈判过程中，让步的幅度逐渐减少，以显示坚定的立场和态度，通常这种策略表明让步方虽然愿意进行一定的妥协，但是不会轻易做出让步，同时也提醒对方，其能够得到的好处越来越少，迫使对方尽早下决定。

(2)中等幅度递减的让步策略。这种让步策略与小幅度递减的让步策略基本相同,只是让步幅度的递减比较大。这种策略向对方传递出己方进行妥协的意愿比较强烈,因此在谈判初期容易提高对方的期望值,使得对方容易采取步步紧逼的策略。

(3)大幅度递减的让步策略。这种让步的策略比较危险,谈判一方一开始就做出很大让步,这将会迅速提高对方的期望值,而且这么大的让步也会让其感觉很意外。但是,接着妥协的一方可以拒绝让步,以及最后为达成交易用小小的让步来冲销这种对自己不利的效果,让对方清楚,即便再进一步地讨论也是徒劳无功的。

(4)大幅度递减但又有反弹的让步策略。在采用这种策略时谈判一方在拒绝让步时态度极为坚决,反而将其价格又略微地上浮一些,这是对谈判对方做出的一种对抗或反攻;其后,再次做出一点小小的让步,使对方欣喜若狂、更加珍惜,从而迅速达成交易。

3. 幅度递增的让步策略

这是一种让步幅度逐轮增大的策略,在实际的商务谈判中应尽力避免采取这种让步方式,因为这样做的结果会使对方的期望值越来越大,每次让步之后,对方不但不能感到利益的满足,并且会认为己方软弱可欺,从而助长对方的谈判气势,诱发对方要求更大让步的欲望,使己方很有可能遭受重大损失。这种让步方式可以概括为"诱发型让步"。

以上所述的让步策略具有各自的特点及利弊,分别适用于不同特点、内容和形式的谈判。当然,让步策略与形式并非具有同定的模式,但它确实需要谈判者对让步制定周密的计划,事前就能做到胸有成竹;在让步的时机与尺度上有意识地表达自己的态度和决心;在让步中争取到对方的心理满足,实现让步的最佳效果。

【案例阅读 23.4】

莎利和琳达都要船运一批计算机零件,她们正在和各自的委托人谈判每个单件的运输价格。琳达做出了三次让步,每个单件每次都让了 4 美元,最后一共让了 12 美元。与之相对,莎利做出了四次让步,分别是 4 美元、3 美元、2 美元、1 美元,最后总共让了 10 美元。在这时,她们都对船主说这是她们最后的让步了,不能再让了。可是比较起来,莎利就容易使人相信。因为通过她做出让步的方式,可以看出她的让步越来越小,说明可以让的空间已经逐渐减小了,很有可能现在已经达到了尽头。可是,琳达就不一样了,因为她三次都做出了同样的让步,所以船主不太相信她的话,尽管事实上,琳达做出的让步要比莎利的大。

让步的方式虽然多种多样,且它们都能达到相同的目的,但是它们的效果和人们为此做出的努力却是不相同的。我们寻求理想的让步方式,是为了尽量有效地、高效率地达到最好的结果。

(本文由作者根据网络相关资源改写)

学习情境 24　迫使对方让步的原则与策略

【入门案例】

美国金融大亨艾卡恩,20 世纪 80 年代时兼并了经营不景气的环球航空公司。为使公司扭亏为盈，决定减少飞行员20%的工资，谁知遭到飞行员工会的抵制，艾氏只好同工会开始了一场马拉松式的谈判。谈判陷于僵局时，艾氏对飞行员们解释道："我要购买环航，本身就要花许多钱。我只能在得到了你们在工资问题上的让步时，才能这样做。"一飞行员代表高声问道："你为什么专门要同我们飞行员作对呢？"艾氏沉着地说："不，我一向钦佩飞行员，而不是在作对。每当我乘坐班机旅行时，或者飞机震颤时，我都会想起驾驶舱里的那些伙计们。多么重大的责任，多么专门的职业啊。你们干的是一件了不起的工作，我一辈子也不会够格的。"唱罢赞歌，他话锋一转，道："但是，这里只有一个问题，就是你们的薪水确实太高了。如果你们坚持自己的想法，那就可能导致与钢铁工业那样的可悲的下场。"

（资料来源：樊建廷．商务谈判[M]．大连：东北财经大学出版社，2007.）

【分析提示】

由于艾卡恩使用了告以后果与利害关系的方式，飞行员们终于明白了艾卡恩的态度，开始退却了，在飞行员做了让步的前提下，协议总算达成。尽管开始时飞行员们对艾卡恩充满了敌意，可是，由于艾卡恩使用了赞扬加晓以后果的两手，迫使对方败下阵来。由此可见，以"后果"为武器，只要利用得当，它也能够带来另一种可喜的"后果"——那就是促使对方做出让步，从而达成协议。

任务24.1　迫使对方让步的原则

在商务谈判过程中，如果没有双方的让步、谅解和妥协，要想达成协议或共识，是不可能的。而能够使对方做出让步则是对己方最有利的结果，迫使对方做出让步有以下原则：

1. 加强自信、显示豪气的原则

谈判中除了对对方进行详细的调查以外，有时候还可辅助以自信的流露，即让己方的言语间流露出一定的豪气和胆气，借以攻破对方的心理底线，迫使其做出最大限度的让步。

2. 表面上示意恭维原则

谈判中想要迫使对方让步，可以利用说恭维话这样的手段，先让对手陷入自满的情绪，解除思想上的戒备，然后再伺机给予反击，以求得己方的最大利益。

【案例阅读24.1】

美国有一个医务总监，在领导反吸烟运动中，同美国烟草公司进行过多次谈判桌上的交锋，要求对方不做烟草广告，不生产供妇女、运动员和未成年人吸的香烟等。一次，烟草公司请出一位竭力鼓吹"吸烟无害论"的著名的足球运动员来现身说法，参加谈判。那位医务总监先让同行的一名反吸烟运动成员与足球明星谈判。这位谈判者对足球明星说："不错，我看过你的比赛，不愧是国足水平。尤其是在同××队的那场比赛中，你那一脚凌空抽射，简直妙极了。如此球技，可谓空前绝后的了！"一番恭维话，让那位足球明星喜不自禁，一下子便飘飘然起来，干脆信口开河，大谈起禁烟无用的道道来。他说："你们搞的那个科学调查材料，没有一点价值，更不用说有说服力了。"那位反吸烟运动成员这才开始据理反驳："可是，你忘记了，政府也引用了那份调查报告。"足球明星不屑地说："那不过是一个偶然的插曲罢了！"接下去双方谈起吸烟上瘾的问题来。足球明星自鸣得意地高谈阔论:"吸烟即使有那么一点害处,也是微不足道的。何况那尼古丁也根本不会让人上瘾。我的妻子就是一个例子,她虽然吸烟好几年,却轻而易举地戒掉了。所以,你们的上瘾之说根本不能成立。"

这时候,那位医务总监说话了:"你的妻子戒烟?那也只不过是一个偶然的插曲罢了!"话音刚落,全场便发出一阵讥笑之声,弄得那位球星十分难堪,再也没吱声。这时,医务总监义正言辞地说:"我们的结论是建立在严密扎实的科学研究基础之上的;这种对运动员和年轻人的毒害决不能够再继续下去!……"最终,这次谈判迫使烟草公司做出一定的让步,反吸烟运动者取得了第一回合的胜利。那位反吸烟运动的成员一开始就注意了谈判的策略,他让对方请来的现身说法者自投罗网的方法,就是故意吹捧、恭维对方。然后,那位医务总监抓住对方的言辞再予以以牙还牙式的反击。尽管话语有些轻松幽默,却收到了以其人之道还治其人之身的良好效果。

(本文由作者根据网络相关资源改写)

3. 晓之以理,表明真心原则

在商务谈判过程中,双方谈判者不能仅仅从己方的利益出发,而忽略对方的心理活动和态度。如遇到对手急于求成的情况,作为谈判的另一方,则可以借机,以强硬的、不容置辩的口气,一针见血地指明对方的要价对他们自身利益的危害及其利害关系,同时展示一下己方为对方着想的诚意,以达到促使对手让步的目的。

【案例阅读 24.2】

柯泰伦是苏联派往罗威的全权代表,有一次,他就进口罗威鲱鱼有关事项与罗威商人谈判,罗威商人精于谈判,开出了一个很高的价钱,而柯泰伦久经商场一下子识破了对方的用意,买卖双方坚持自己的价格,谈判一时间无法进行,为了打破僵局柯泰伦对罗威商人说:"好吧,我只好同意你们的价格了,但是如果我方政府不予批准的话,我愿意以自己的工资支付差价,当让要分期支付,可能要支付一辈子的。"罗威商人对这样的谈判对手无可奈何,只好降低鲱鱼的价格。

(本文由作者根据网络相关资源改写)

4. 以利害步步紧逼的原则

在洞悉对方底细或者弱点之后,另一种谈判策略是,稳住自己的阵脚,继而晓以后果、告以利害的方式,步步紧逼地逼迫对方节节退却和让步。当然,此时的语言运用不妨灵活一些,可软可硬,可柔可刚,可收可放,总之,以逼对方妥协为最高目标。

任务 24.2 迫使对方让步的策略

通常,商务谈判中的利益可分为三部分:可以放弃的、应该维护的、必须坚持的。对于第二、三部分的利益,特别是第三部分的利益,在谈判中难于获得,往往需要经过激烈的讨价还价,才能逼迫对方让步。

1. 适度爆发情绪的策略

在商务谈判中,情绪的爆发通常有以下两种情况:一种为既定条件下情不自禁的爆发,一种为有目的的爆发。情不自禁的爆发一般是因为在谈判中，一方的态度或行为引起了另一方的反感，或者一方提出的谈判条件过于苛刻而引起的，是一种无意识的、自然的、真实的情绪发作。有目的的爆发则是谈判者为了达到自己的谈判目的而有意识地进行的情绪发作，确切地说，这是情绪表演，是一种迫使对方做出让步的谈判的策略。

在谈判中，当双方就某一问题争论时，或者对方的态度、行为欠妥以及要求不合理时，己方可抓住这一时机，情绪爆发，指责对方有意制造僵局，缺乏谈判的诚意。情绪爆发的激烈程度应视当时的谈判环境和氛围而定。在一般情况下，对方在这种氛围突然变化面前往往会不知所措，很容易动摇信心和立场，甚至怀疑和检讨是否做得太过分了，从而重新调整和确定自己的谈判目标，做出某些让步。

但是毫无理由的情绪爆发会使对方一眼看穿；而激烈程度过小，起不到震撼、威慑对方的作用；但是爆发的激烈程度过大，或者让对方感到小题大做，失去真实感，或使谈判无法修复。时机和激烈程度的掌握要根据每局谈判的具体情况来确定。

【案例阅读 24.3】

美国一家航空公司要在纽约兴建大的航空站，想请求爱迪生电力公司提供优惠电价。这场谈判的主动权掌握在电力公司一方，因为航空公司有求于电力公司。因此，电力公司推说如给航空公司提供优惠电价，公共服务委员会不会批准，不肯降低电价，谈判相持不下。

这时，航空公司突然改变态度，声称若不提供优惠电价，它就撤出这一谈判，自己建厂发电。此言一出，电力公司慌了神，立即请求公共服务委员会给予这种类型的用户以优惠电价，委员会立刻批准了这一要求。但令电力公司惊异的是航空公司忍让坚持自己建厂发电，电力公司不得以再度请求委员会降低价格，到这时，电力公司才和航空公司达成协议。

（本文由作者根据网络相关资源改写）

2. 分化策略

当商务谈判进入实质性问题讨论阶段时，谈判双方往往会暂时停止谈判，分别内部进行讨论，商讨下一步对策。在讨论中可能会对对方提出的条件产生不同的看法，如果本方管理者不能有效地控制和约束这种分歧而使之表面化、外在化的话，另一方就可以积极地开展“统战”工作，分化对方。

而将对方谈判人员中持有利于己方意见的人作为重点，以各种方式给予各种支持和鼓励，与之结成一种暂时的无形同盟，是运用分化策略的重点。比如对他的态度特别友善，对其意见多持肯定态度，有些意见如不能接受，则以很温和委婉的方式予以说明和拒绝；而对待不利于己方意见的对方谈判者则采取强硬态度。

若己方的这一策略运用得当，能使其本人毫无察觉。只要对方谈判人员中的某一成员持有不同的看法，其内部步调必然不一致，甚至对方的气势会大大削弱，就很有可能争取对方让步。

3. 竞争战略

在商务谈判中，制造和利用竞争迫使对方让步是一种有效的策略手段。当谈判中的一方存在竞争对手时，其谈判实力必然会大为减弱。例如，在中外合资谈判中，中方应有意识地邀请几家外商进行接触，当然接触有先后，在确定与某一家外商谈判时，即使没有对方的竞争对手时，己方也无妨故意制造假象来迷惑对手，以迫使对方让步。

【案例阅读 24.4】

山东某市塑料编织袋厂厂长获悉日本某株式会社准备向我国出售先进的塑料编织袋生产线，立即出马与日商谈判。谈判桌上，日方代表开始开价 240 万美元，我方厂长立即答复："据我们掌握情报，贵国某株式会社所提供产品与你们完全一样，开价只是贵方一半，我建议你们重新报价。"一夜之间，日本人列出详细价目清单，第二天报出总价 180 万美元。随后在持续 9 天的谈判中，日方在 130 万美元价格上再不妥协。我方厂长有意同另一家西方公司做了洽谈联系，日方得悉，总价立即降至 120 万美元。我方厂长仍不签字，日方大为震怒，我方厂长拍案而起："先生，中国不再是几十年前任人摆布的中国了，你们的价格，你们的态度都是我们不能接受的！"说罢把提包甩在桌上，里面那些西方某公司设备的照片散了满地。日方代表大吃一惊，忙要求说："先生，我的权限到此为止，请允许我再同厂方联系请示后再商量。"第二天，日方宣布降价为 110 万美元。我方厂长在拍板成交的同时，提出安装所需费用一概由日方承担，又迫使日方让步。

（资料来源：全国 2005 年 1 月高等教育自学考试国际商务谈判试题）

学习情境 25 阻止对方进攻的策略

【入门案例】

世界铁矿石三大供应巨头之一的澳洲必和必拓公司上周末发布消息称：5 月 26 日必和必拓已与日本、韩国和欧洲钢厂达成 2006 合同年度铁矿石价格协议，必和必拓供应的块矿和粉矿价格比 2005 年价格上涨 19%。巴西淡水河谷昨天又通过英国《金融时报》等媒体高调宣布：淡水河谷已经向中国的谈判代表宝钢发出了"最后通牒"，要求限期结束铁矿石谈判。

中国钢协副秘书长戚向东对外表示，虽然谈判形势对中国极为不利，到目前为止中国并未答应接受这一涨幅，仍然决心继续与之谈判，坚持拒绝涨价。作为世界上最大的铁矿石买家，2005 年中国钢铁企业进口铁矿石 2.75 亿吨，占全球铁矿石海运贸易量的 43%。谈判尚未结束，不考虑中国市场的情况做出的铁矿石价格决定，中国钢铁企业是不会接受的。

而某钢企一位不愿透露姓名的高层人士昨天对记者说：目前，日本、韩国和中国台湾地区的中华钢铁公司都先后接受了今年铁矿石价格再涨 19%的协议，留给中国钢铁企业的谈判时间和回旋余地确实都不多了。

"去年铁矿石涨价 71.5%，中国钢企为此多付出 100 亿元的成本。如果 2006 年下半年铁矿石开始供过于求，中国接受 19%的涨价就得不偿失了。"一直密切关注谈判进展的北京科技大学冶金学院教授、钢铁专家许中波表示，中国一定要将谈判继续下去，打破传统的定价体系，追求与欧洲不同的价格变动。

据淡水河谷公司(CVRD)首席财务官巴尔沃萨 26 日高调宣布："法国阿赛洛、韩国浦项制铁、德国蒂森·克虏伯，以及全球最大的钢铁制造商米塔尔已在短短的一周时间内被相继突破，纷纷同意今年铁矿石价格上涨 19%。现在正努力与中方在谈判中取得进展，既然同其他钢铁制造商谈的都是 19%的涨幅，我们就不可能区别对待。"

许中波认为:巴方是采取的"分化对手、各个击破、曲线围攻"的策略。"最先接受19%涨幅的蒂森·克虏伯以前并未参与过谈判,也不是主要的需求方谈判代表。而德国蒂森·克虏伯与CVRD在巴西有合资钢厂这样的利益相关事实同样让这一谈判结果不具有代表性。这只是CVRD针对中国的一种策略。5月23日,淡水河谷结束了与世界第二大钢厂阿赛洛的铁矿石价格谈判,并达成了19%的涨幅。其实阿赛洛正忙于应付被米塔尔收购,现在根本无心于铁矿石价格的谈判。"

面对巴方的高调态势,另一铁矿石供应方澳洲的必和必拓则暂离谈判桌,采取"坐收渔利"策略。必和必拓总裁ChipGoodyear表示:"最近一些欧洲和亚洲钢厂与力拓和淡水河谷达成19%的铁矿石涨幅,而中国钢厂作为世界上最大的铁矿石进口方,希望能和铁矿石供应商达成的价格涨幅低于19%。在整个铁矿石谈判过程中必和必拓的做法是正确的。目前谈判仍在进行中,如果暂时离开谈判桌对我来说不失为上策。"

(本文由作者根据网络相关资源改写)

【分析提示】

中方在这次谈判中,显得过于保守,没有充分掌握谈判的主动,使得对方步步进攻,导致了一定程度的被动。在前几轮谈判中,不断有传闻说中国钢企接受国际铁矿石的提价,这是海外研究机构与三大铁矿石供应商有意放出不真实的谈判结果在舆论中传播,中国钢协一再站出来辟谣,中国的钢企和相关协会似乎总在扮演一种被动的角色。其中宝钢作为谈判的唯一代表,不应该过于沉默,放弃话语权。

任务25.1 限制性策略

商务谈判中双方的让步是必要的,没有适度的让步,商务谈判很有可能无法进行下去。但在实际中,任何一方都不可能无限制的向对方让步,因为有可能伤害己方的利益,因此,必须采取一定的策略来阻止对方的进攻。

限制性策略是谈判双方用以阻止对方最坚固的盾牌。常用的限制性策略包括权力限制策略和资料限制策略。这种策略通常用于在商务谈判过程中,如果遇到对方步步紧逼而又无法采取充分的反击时,为了避免让步,常常以受到某种客观因素或条件的制约而无法满足对方的要求为理由,抵挡对方的进攻,从而使得这种客观因素对己方的限制,转变为对对方进攻的限制。

25.1.1 权力限制策略

参加商务谈判的人员所能实施的权力都是有限的,其权力的大小主要取决于以下三个方面:①上司的授权,谈判人员不能超越所授权力的界限来处理谈判中的问题。②国家的法律以及公司的政策,任何谈判人员都不能无视国家的法律和公司的政策来与对手谈判。③贸易惯例的要求,任何谈判人员都需要遵守贸易惯例来与对方谈判。

但是,并非受到这些授权的限制就会使得谈判人员处于不利地位,相反,当谈判人员权力受到限制时,往往能够使其立场更加坚定。因为任何一个谈判人员,在其本身受到以上三种权力限制时,任何谈判对手都不能强迫其视国家法律、公司政策于不顾而超越己方权力与对方达成协议。

当己方以权力限制策略为借口组织对方进攻时,对方只能选择以下三种应对策略:

①根据己方权力限制来考虑是否停止进攻，而接受己方现有的条件。因为我方权力有限，只能在其所能实施的权力内考虑成交。②放弃目前面对的谈判人员，去寻找更高一级的谈判者进行谈判，这样需要重新建立谈判关系，甚至有可能使得双方的关系陷入僵局。③由于我方的权力太小，因而双方协商终止谈判，但是这样将会使得之前已经取得的阶段性成果付之东流。

【案例阅读 25.1】

2003 年 10 月的一个上午，温州经济技术开发区招商局办公室里电话响起。电话是可口可乐驻温州办事处的一位人士打来的。他在电话里称，可口可乐公司有意在经济技术开发区投资建立生产基地，想先了解一下开发区的总体环境和投资政策。

于是招商局局长决定第二天亲自登门拜访。第二天，局长一行向可口可乐温州办事处的有关负责人介绍了温州经济技术开发区的有关情况。

一个月以后，可口可乐方技术部的人员来了，目的是了解开发区的投资环境。来访的技术部人士先是对招商局工作人员提出了一个要求———你们所说的每句话都必须提供相应的书面材料！不仅如此，这些技术部人员所问之处事无巨细，有的还让人瞠目结舌。"你们说温州经济技术开发区在全国国家级技术开发区中综合排名第 16 位，有证书吗？""滨海园区属于经济技术开发区吗？要有文件证明！"有个问题甚至提到："经济技术开发区管委会是否享有对滨海园区的管辖权？"不过对于提出的每个问题，招商局人员都尽量在当场就给出答案，一下子没办法解决的则在事后通过传真、电子邮件等方式处理。就在大家刚刚松了一口气的时候，可口可乐方派来的工程部人员又来了，之后，又派来了财务部、法务处、律师、财务总监……应接不暇的专业人士们要从投资环境、配套设施、政策法规、成本测算等各个方面对滨海园区进行综合评估，而且每位来访者都是这么"苛刻"和面面俱到。虽然烦琐，但是负责招商的人员一点都不敢马虎，每个问题都回答得十分仔细，同时提供详细的书面资料。从 2004 年 5 月，可口可乐谈判代表来温州到最后在中国香港特别行政区达成协议，他与开发区管委会及招商局之间的谈判大大小小足有二十余场。谈判大多围绕地价、税收、过路费等敏感问题展开。因为问题敏感，所以每次谈判都十分激烈，谈到接近双方底线的时候就变成了将声音提高八度，语速加快一倍的大声"争吵"。有关人员回忆说，整个谈判过程双方就像恋爱中的男女一样，吵吵闹闹，分分合合。有时谈到"痛"处，管委会和招商局方就大喊："这么苛刻的条件，我们不干了！"；有时可口可乐方也会因为管委会不降低门槛而"翻脸"，但一旦有一方强硬起来，另一方就会"软"下来，好言相劝，降低价码，以维系双方之间的关系。温州经济技术开发区招商局与可口可乐投资方的谈判也是如此，不过最后它们在彼此的妥协和谅解中走向了"联姻"的殿堂。

（资料来源：沈阳师范大学　国际商学院期末试题）

25.1.2　资料限制策略

在双方谈判中不适用权力限制策略时，可以采取资料限制策略来阻止对方的进攻。在商务谈判过程中，当对方要求我方就某一个问题做出进一步的解释，或者要求我方让步时，我方可以以谦虚的态度向对方告知，关于其提出的问题我方手头资料暂时没有或者不充分，有待进一步收集，或以该资料属于商业机密，不方便透露为理由，拒绝做出答复。

但是，利用资料限制策略来阻止对方的进攻也不能经常使用，因为如果我方频繁地以资料不全、资料机密而搪塞对方，容易使对方怀疑我方无心谈判或者直接提出请我方准备齐备资料后继续谈判，这样反而会使谈判陷入被动的局面。

任务 25.2　以攻对攻策略

以攻对攻策略是指己方让步之前向对方提出某些让步要求，将让步作为进攻手段，变被动为主动。

在商务谈判过程中，运用以攻对攻的策略阻止对方进攻的做法是：当对方就某一个问题逼迫我方进行让步时，我方可以将这个问题与其他问题联系在一起进行考虑，在其他问题上要求对方做出让步，从而达到以攻对攻的效果。例如，在货物买卖谈判中，当买方向卖方提出再一次降低价格的要求时，卖方可以要求买方增加购买数量，或是承担部分运输费用，或是改变支付方式，或是延长交货期限等。这样做容易使得双方同时做出让步，我方也不会损害己方利益，或者双方都不做出让步。

【案例阅读 25.2】

一名顾客前来购买盘子，他向老板问道："这个铜盘子多少钱？"

精明的老板回答："你的眼光不错，75 块。"

顾客："别逗了，这儿还有块压伤呢，便宜点。"

老板："出个实价吧。"

顾客："我出 15 块钱，行就行，不行拉倒。"

老板："15 块，简直是开玩笑。"

顾客做出让步："那好，我出 20 块，75 块钱我绝对不买。"

老板说："小姐，你真够厉害，60 块钱马上拿走。"

顾客又开出了 25 块，老板说进价也比 25 块高。顾客最后说，37.5 块，再高他就走人了。老板让顾客看看上面的图案，说这个盘子明年可能就是古董等。

（本文由作者根据网络相关资源改写）

项目小结

在商务谈判磋商阶段，对己方条件做一定的让步是双方必然的行为。如果谈判双方都坚持自己的阵线而不后退半步的话，谈判永远也达不成协议，谈判追求的目标也就无法实现。通过本项目的学习，能够使学生了解谈判者都要明确己方要求的最终目标，同时还必须明确为达到这个目标可以或愿意做出哪些让步，做多大的让步。掌握让步本身就是一种策略，它体现谈判者用主动满足对方需要的方式来换取己方需要的精神实质。并且能够真正理解如何灵活运用让步策略，是磋商阶段最为重要的事情。

主要概念

时机原则；等幅让步策略；分化策略；迫使对方让步策略；限定性策略；以攻对攻策略

知识与技能训练

第一部分 知识训练

一、名词解释

1. 以攻对攻策略
2. 等幅让步策略
3. 时机原则
4. 等幅让步策略
5. 小幅度递减的让步策略

二、填空题

1. 在双方谈判中不适用权力限制策略时，可以采取________策略来阻止对方的进攻。
2. 常用的限制性策略包括权力________和________策略。
3. 在商务谈判中，________迫使对方让步是一种有效的策略手段。
4. 幅度递减的让步策略，是一种________的方式。
5. 商务谈判让步策略中的清晰原则要求对于________、________、________以及________应当清楚明确。

三、单项选择

1. 在让步的最后阶段一步让出全部可让利益被称为（　　）。

A. 坚定的让步方式　　B. 等额让步方式
C. 不平衡让步方式　　D. 风险性让步方式

2. 让步的实质是（　　）。

A. 损失　　B. 妥协　　C. 逃避　　D. 策略

3. 谈判投入少、依赖性差、占有优势的一方适合使用的让步方式是（　　）。

A. 坚定　　B. 妥协　　C. 不平衡　　D. 风险性

4. 谈判中最常见的让步方式是（　　）。

A. 0/0/0/60　　B. 15/15/15/15　　C. 49/10/0/1　　D. 26/20/12/2

5. （　　）谈判者的目的是达成协议而不是获取胜利。

A. 让步型　　B. 立场型　　C. 价值型　　D. 原则型

四、多项选择

1. 商务谈判中，让步的基本原则有（　　）。

A. 一次让步幅度不要过大，节奏不宜过快
B. 不要承诺做同等幅度的让步
C. 使我方较小的让步能给对方以较大的满足

D. 在我方认为重要的问题上自己先让步

E. 使对方觉得我方让步不是件容易的事情

2. 根据谈判者让步的程度，谈判风格可分为（　　）。

A. 合作型模式　　B. 软弱型模式　　C. 强有力模式

D. 中立型模式　　E. 分歧型模式

3. 在缺乏谈判经验的情况下，进行一些较为陌生的谈判，谈判人员不应采取（　　）让步方式。

A. 坚定　　B. 等额　　C. 风险性

D. 不平衡　　E. 逐步

4. 迫使对方让步的主要策略有（　　）。

A. 利用竞争　　B. 最后通牒　　C. 撤出谈判

D. 软硬兼施　　E. 给予贿赂

5. 当己方以权力限制策略为借口阻止对方进攻时，对方可选择的策略有（　　）。

A. 根据己方权力限制来考虑是否停止进攻，进而接受己方条件

B. 放弃目前面对的谈判人员，去寻找更高一级人员重新建立谈判关系

C. 终止谈判

D. 向相关部门投诉

E. 拖延谈判时间

五、简单题

1. 简述商务谈判中的让步策略。

2. 商务谈判人员权力大小取决于哪些方面？

3. 违反清晰原则的现象有哪些？

第二部分　技能训练

一、案例训练

[训练目的]

通过该训练任务，有助于学生：

1. 了解商务谈判让步的内容，拓展、丰富谈判知识，加深对商务谈判让步阶段的深入理解和实际应用。

2. 运用相关商务谈判让步策略从事商务谈判活动，有效地将知识转化为技能。

[训练步骤及要求]

1. 教师选择恰当案例，拟定需要讨论分析的问题。

2. 确定案例训练组织形式：分组集体讨论会（4～6人）。

3. 老师主持课堂案例讨论，各小组选出一名代表阐明本小组的分析要点。

4. 教师进行最后点评与总结。

5. 各小组在讨论分析案例的基础上按以下要求撰写、提交"案例分析报告"，文字表述要精练、观点明确。

《轻工制品的商务谈判》案例分析报告

时　　间：
分 析 者：
班　　组：
问题分析：
➢问题一：
➢问题二：
➢问题三：
➢问题四：

[实训考核]（百分制）

评分维度	出　勤	参与的主动性	内容的充实性	分析的逻辑性	知识的应用性	创　新　性
百 分 比	10%	15%	20%	15%	20%	20%

[案例介绍]

AB 公司：主营某轻工产品装备的开发和制造。

PH 公司：主营某轻工产品装备配件的生产制造销售。

随着中国经济的持续、稳步增长，AB 公司的主要产品在中国逐步打开销路，经营业绩逐年增长。在市场开拓的过程中，AB 公司的营销人员和公司高管注意到，位于中国上海的 PH 公司加工生产的同类产品在中国占有较大的市场，并在业内受到好评。此前，AB 公司的同类配件均在美国本土配套，为了降低成本，方便产品的售后服务，AB 公司拟与 PH 公司在中国合资建立一家企业，从事该产品的生产、销售和售后服务。为此，AB 公司向 PH 公司发出了提议建立合资企业的《业务建议书》。

收到该《业务建议书》后，PH 公司召集了多次分析研讨会议，对 AB 公司的合资意图、合资企业的市场定位、管理架构、运行模式等进行了深入分析，并聘用了一家资深企业并购咨询管理公司，委托其对本合资案进行战略分析。该咨询管理公司在进行了大量调研查询的基础上，对本案进行了全面透彻的分析，并出具了《关于 AB 公司与 PH 公司设立合资企业的专题分析报告》。根据该报告，PH 公司确定了合资谈判的工作方案，明确了在合资合同谈判中的重点、难点和应对方案。PH 公司认为：在本次合资合同谈判中，重点和难点问题有两个：出资比例和出资形式。出资比例涉及对未来公司的控股权问题，而出资形式则涉及 AB 公司拥有的两项该生产线（该企业的产品）的关键制造技术（KNOW-HOW），PH 公司试图通过合资将该两项关键技术由 AB 公司以技术投入的方式投入到合资公司，且这种投入是独占的、排他性的。这可以看做是对于己方利益的初步分析。接下来进一步分析，在控股权和关键技术之间哪一个对中方更重要？结论是关键技术对中方更重要，并且作为一家生产整条轻工产品装备性生产线的合资企业，外方要求对企业的控股权也是比较合理的，即外方在控股权问题上让步的可能性比较小。基于这些分析，制定的谈判方案和策略为：在第一轮谈判时，由中方先行提出中方投资超过 51% 占绝对控股地位；外方对此可能不会同意，在经过多轮磋商后，中方表示可以对控股设想放弃，但作为一种对中方让步的回报，中方坚持外方的投入中除现金投入外，其拥有的两项关键技术(KNOW-HOW)应以一个合理的评估价进入,并以特别约定的形式,明确该技术的投入是独占的、排他的。依据这一方案,经与AB公司多轮谈判,与对方取得了一致意见,签订了《AB公司与PH公司合资成立中外合资上海AP机械有限公司合同书》,达到了中方的预期,较好地维护了中方的利益。

[问题讨论]

1. 中方采取了什么样的谈判策略?

2. 为什么其策略能够取得成功?

3. 对你有什么启示?

二、项目训练

[实训项目] 模拟谈判

请各组自由选取谈判主题,进行模拟谈判。并把本组可以让步的项目以及预期目标进行列表,在谈判终止时检查是否达到。

[实训目的]

通过该实训项目的操作,使学生了解在商务谈判中让步策略的重要性并能够将让步策略在实际业务中灵活应用。

[实训要求]

教师先制定一定的商务活动场景,根据教学班级的分组情况,按一定数量的小组分别选择不同的场景进行设计和表演。

[实训操作步骤]

1. 对教学班级的学生进行项目分组(6~8人),明确组内分工。
2. 教师设计有关的商务活动场景。
3. 学生对该商务活动场景进行分析,并设计相关的情节。
4. 各项目小组根据场景进行表演。
5. 同学互评,教师点评。
6. 本次实训综合成绩评定。

[实训考核] (百分制)

1. 实训准备工作(10分)。
2. 各项目小组对本次实训的组织、分配、管理等过程(20分)。
3. 各项目小组对选定场景进行表演(45分)。
4. 项目小组的团队合作精神(15分)。
5. 同学互评,教师点评(10分)。

项目 10　商务谈判结束阶段

学习目标

◆知识目标

本项目研究商务谈判签约，通过学习商务谈判签约阶段的策略、商务谈判的结束工作能正确操作和鉴别正误，即能鉴别谈判行为的正误及所采取策略的正误，能依据相关谈判收尾策略对谈判对手进行正确的判断，以达到较好的结果。

◆技能目标

通过本项目的学习，使学生能够根据所掌握的商务谈判结束阶段的策略和了解相关注意事项，合乎规范地进行商务谈判；同时具有根据谈判对手表现以及特点准确选择和恰当运用相应策略的技能。

学习情境 26　促成签约的策略

【入门案例】

一位年轻的先生去买房子，当他和售楼小姐还价到 590 万，还想再往下还时，对方的老板亲自出马了。这时买方就开始抱怨，嫌房子颜色不对、梁柱不对称等等。老板也心知肚明，对方想要再压价，后来老板同意以 580 万成交，但有一个条件就是必须当场做决定。

而买方说要回去考虑考虑，毕竟买房子花的不是小数目。但老板很坚决，如果他回去了，隔天再来，还想再还价，那就免谈，也就是说出了这个门再回来，价钱就回到 590 万，绝不二价。

因为买方嫌东嫌西，而老板已经照买方的要求减价了，如果还不买，出了这个门，就不是理想的买主了，老板要买方自己想清楚。

看起来，老板的要求似乎一点也不过分。于是，这位先生想了半天，迫于情势，当场决定买下来。

（本文由作者根据网络相关资源改写）

【分析提示】

在商务谈判中，如果要建立长远的关系，在收尾时就要让对方觉得很开心，或让他觉得自己很聪明，才会有下一次的谈判，换句话说，谈判结束时，谈判桌上也许不能使双方都完全满意，这就是为什么达成完美的谈判的收尾非常困难。

这里还牵涉一个底线的问题，收尾要看底线。谈判之前每个人心里都会有底线。在这个故事中，卖方由原来的 590 万降到 580 万，是他的底线，他要争取比底线还要高的价格；而买方原来的底线是不超过 600 万，所以 500 多万是比他的上线还要低的价码。

任务 26.1　商务谈判结束的方式

商务谈判结束方式一般包括成交、中止、谈判破裂。

26.1.1　成交的方式

成交是指谈判双方达成协议，交易最终得到实现。成交的前提是双方对交易条件经过多次谈判达成共识，对全部或绝大部分问题没有实质上的分歧。成交方式是双方签订具有高度约束力和可操作性的协议书或合同，为双方的商务交易活动提供操作准则。由于商务谈判内容、形式、地点的不同，因此成交的具体做法也是有区别的。

【案例阅读 26.1】

某计算机公司的一个客户有个奇怪的习惯，每次谈判人员和计算机公司谈妥所有条件后，客户公司的副总就会出面，要求对方再提供三个优惠。开始时，计算机公司还据理力争，想要把对方的这一请求挡回去。后来交道打多之后，就干脆在谈判的过程中预留三项，专门等待对方副总来砍，然后爽快答应，双方皆大欢喜。

（资料来源：聂元昆．商务谈判学[M]．北京：高等教育出版社，2009.）

26.1.2　中止的方式

中止谈判是指谈判双方因为某种原因未能达成全部或部分成交协议而由双方约定或单方要求暂时停止谈判的方式。中止如果是发生在整个谈判的最后阶段，在解决最后分歧时发生中止，就是终局性中止，并且作为一种谈判结束的方式被认可。

中止可分为有约定期限的中止与无约定期限的中止。

1. 有约定期限的中止

有约定期限的中止谈判是指谈判双方在中止谈判时对恢复谈判的时间进行约定的中止方式。如果双方认为成交价格超过了原订计划或让步幅度超过了预定的权限，或者需要等待上级部门的批准，暂时使谈判难以达成协议，但双方均有成交的意向和可能，于是经过协商，一致同意中止谈判。这种中止是一种积极姿态的中止，它的目的是为双方创造条件以最后达成协议。

2. 没有约定期限的中止

没有约定期限的中止谈判是指双方在中止谈判时对恢复谈判的时间没有具体约定的中止方式。没有约定期限的中止的典型是冷冻政策。在谈判中，或者由于交易条件差距过大，或者由于其他原因，而双方又有成交的需要而不愿使谈判破裂，双方于是采用冷冻政策暂时中止谈判。此外，如果双方对造成谈判中止的原因无法控制时，也会采取没有约定期限的中止的做法。例如，国家政策突然变化，经济形势发生重大变化等不可控力出现时，谈判双方难以约定具体的恢复谈判的时间，只能表述为："一旦形势许可"、"一旦政策允许"，然后择机恢复谈判。这种中止双方均出于无奈，对谈判最终达成协议造成一定的干扰和拖延，是被动式中止方式。

【案例阅读 26.2】

王先生自己开办了一家公司，然而，在名片上他的头衔并不是经理，而是业务员，这样，外出谈判时，一遇到什么难题，王先生就说："我只是一个业务员，这件事我没办法做决定，需要向公司汇报。"从而为自己争取到更多的时间。

（本文由作者根据网络相关资源改写）

26.1.3 谈判破裂造成的结束

谈判破裂是指谈判双方经过最后的努力仍然不能达成共识和签订协议，从而结束谈判。谈判破裂的前提是双方经过多次努力之后，没有任何磋商的余地，至少在谈判范围内的交易已没有任何希望，谈判再进行下去已无任何意义，在这种情况下结束谈判。

谈判破裂依据双方的态度可分为友好破裂结束谈判和对立破裂结束谈判：

1. 友好破裂结束谈判

友好破裂结束谈判是指谈判双方能够互相体谅对方面临的困难，阐明难以克服的实际障碍而友好地结束谈判的做法。在友好破裂方式中，双方没有过分的敌对态度，只是各自坚持自己的交易条件和利益，在多次努力之后最终仍然达不成协议。

在这种情况下，双方态度始终是友好的，能充分理解对方的立场和原则，能理智地承认双方在客观利益上的分歧，对谈判破裂抱着遗憾的态度。谈判破裂并没有使双方关系破裂，反而通过充分的了解和沟通，产生了进一步合作的愿望，为今后双方再度合作留下可能的机会。

【案例阅读 26.3】

马经理与孙行长是大学时代的好朋友，由于经营不善，马经理的公司屡屡亏损，于是打算请孙行长帮忙贷款 3 000 万元，重振旗鼓。孙行长很是为难，对方是好朋友，不帮忙说不过去，可是帮忙又怕他还不上贷款。正踌躇间，他的秘书给他出了个主意，让他去见马经理时带上相关的政策文件，告诉马经理由于国家政策已经无法贷款，这样既避免承担风险，又不会伤了朋友感情。

（本文由作者根据网络相关资源改写）

2. 对立破裂结束谈判

对立破裂结束谈判是指双方或单方在对立的情绪中结束未达成任何协议的谈判。造成对立情况下破裂结束谈判的原因有很多，如对对方的态度强烈不满；在对待对方时不注意交易利益实质性内容，较多责怪对方的语言、态度和行为；一方以高压方式强迫对手接受己方条件，一旦对方拒绝，便不容商量断然破裂；双方条件差距很大，互相指责对方没有诚意，难以沟通和理解，造成破裂。这种破裂不仅没有达成任何协议，而且使双方关系恶化，今后很难再次合作。所以，在破裂不可避免的情况下，首先要尽力使双方情绪冷静下来，不要使用过激的语言，尽量使双方能以友好态度结束谈判，至少不要使双方关系恶化；其次，要尊重客观，讲道理，不要攻击对方，要以理服人，以礼待人。

任务 26.2　商务谈判促成签约的策略

谈判中达成协议阶段，是通过中间阶段艰苦的讨价还价，取得一致意见后，进入成交的阶段，也是谈判的最后关键阶段。该阶段的主要任务就是促成签约。谈判的结果，只有签订合同才有实际意义。所以，谈判者为达成协议、促成签约必须采取一定的策略。

1. 期限策略

期限策略要仔细观察和分析对方的既定截止期限。对方可能在谈判开始时提出一个截止日期，也可能不明确截止期限，还可能以截止期限作为一种战术给己方施加压力，但不管对方采取何种做法，谈判总是有一个预定的截止日期，正确地推测对方的既定截止日期，有助于己方掌握谈判的主动权。同时己方要根据谈判的实际情况，合理地确定一个截止日期，但要避免暴露己方的这一截止日期，以便能够主动地促进谈判进程。

【案例阅读 26.4】

美国某工会要求公司加薪，公司先加了 5 美元，再加了 2 美元，工会还是不满意。为了达成妥协，公司决定再加 3 美元，结束谈判。但是，具体怎么让步，谈判人员出现了分歧。一种意见认为，公司应该先让 1 美元，不行再让 2 美元，这样可以实现公司利益最大化。另一种意见认为，这样的方式会让工会认为公司还可以继续让步，要结束谈判，就应坚持不让步，等工会失去耐心的时候，再一下让出 3 美元，欢欢喜喜地结束谈判。公司经过权衡，选择了第二种方案，果然收到了不错的效果。

（资料来源：袁其刚．国际商务谈判[M]．北京：高等教育出版社，2007.）

2. 优惠劝导策略

优惠劝导策略即是向对方提供某些特殊的优惠，促成尽快签订合同。例如，采用打折、附送零配件或相关产品、提前送货、赠送试用品等方式。

【案例阅读 26.5】

马来西亚一个有名的讲师专门教授神经语言学。一次，一个公司邀请他去讲课，他先给公司总裁做了一个课程简报，总裁听了很高兴，觉得课程不错，问讲师授课费多少。讲师开价 6 万马币，总裁听了觉得价格可以接受，但还是按照例行程序让专门负责的人和讲师谈判。经过谈判，讲师最后说："贵公司总裁人不错，那么就 5 万马币吧。"总裁听到这样的结果更高兴了，但他不知道，讲师在讲价的时候就预留了一万的空间，并故意在谈判的最后阶段让给他，让他心理上得到满足。

（本文由作者根据网络相关资源改写）

3. 行动策略

行动策略是谈判一方以一种主要问题已基本谈妥的姿态采取行动，促使对方签订合约。例如，我们可以开始着手草拟协议，边写边向对方询问喜欢哪种付款方式、要求将货物送到哪个地方或仓库。

4. 主动提示细节策略

主动提示细节策略即谈判一方主动向对力提出协议或合同中的某一具体条款的签订问题，以敦促对方签约。例如，验收条款，要共同商定验收的时间、地点、方式以及技术要求等。

学习情境27 谈判的收尾工作

【入门案例】

美国ITT公司著名谈判专家D. 柯尔比曾讲过这样一个案例：柯尔比与S公司的谈判已接近尾声。然而此时对方的态度却突然强硬起来，对已谈好的协议横加挑剔，提出种种不合理的要求。柯尔比感到非常困惑，因为对方代表并非那种蛮不讲理的人，而协议对双方肯定是都有利的，在这种情况下，S公司为什么还要阻挠签约呢？柯尔比理智地建议谈判延期。之后从各方面收集信息，终于知道了关键所在：对方认为ITT占的便宜比己方多多了！价格虽能接受，但心理上不公平的感觉却很难接受，导致了协议的搁浅。结果重开谈判，柯尔比一番比价算价，对方知道双方利润大致相同，一个小时后就签了合同。

（本文由作者根据网络相关资源改写）

【分析提示】

谈判收尾阶段是谈判者最容易忽视而又最容易出问题的阶段。一方面，认为谈判已大告成功，紧张的情绪松弛下来，此时的精力已不充沛，注意力很容易分散，很容易出现差错和漏洞，使谈判留下隐患。另一方面，如果盲目乐观或盲目悲观，看不到终结谈判的时机，不能抓住机遇顺利终结，谈判目标将很难实现。

任务27.1 商务谈判收尾阶段的判定

谈判双方需要正确判定谈判收尾的时机，才能运用好收尾阶段的策略。错误的判定可能会使谈判失败，已付出的大量劳动付之东流。错误的判定也可能毫无意义地拖延谈判成交，丧失最好的成交机会。因此，谈判收尾可以从以下两个方面判定。

27.1.1 从谈判涉及的交易条件判定

这个方法要求谈判双发从谈判所涉及的交易条件解决的情况来分析判断谈判是否已经进入收尾阶段，若所涉及条件达到以下标准，即可判断谈判已进入收尾阶段：

1. 所涉及交易条件中留下的分歧是否占据主要地位

如果所留下的分歧在数量上仅占所有交易条件的极少部分并且交易条件中的最关键问题已经达成一致，仅剩下一些无关紧要或者对于实质性结果没有影响的问题，那么可以判定谈判已进入收尾阶段。因为谈判中关键性问题常常会起决定性作用，也常常需要耗费大量的时间和精力。谈判是否即将成功，主要看关键问题是否达成共识。如果仅仅在一些次要问题上达成共识，而关键性问题还存在很大差距，是不能判定进入终结阶段的。

【案例阅读27.1】

某公司曾遭遇过这样的一个商家老总，曾是雀巢公司的西区总监，极具资历，非常熟悉厂方的谈判方式。销售谈判收尾时，该公司破天荒地用了三天三夜的时间。对方坚持区域总代为龙头的分销模式，该公司坚持多支撑点的网络分销模式（也就是近年来被炒得沸沸扬扬的“深度分销”模式）。显然，采用谁的模式对谁更加有利，结果谁也说服不了谁，谈判眼看陷入僵局。

这时该公司提出了一个建议：既然双方的分销模式都可以预见到实现销售指标的未来，那么我们来玩一个游戏，好像打麻将轮流坐庄，各坐庄3个月。我们是厂家，请对方允许我们先坐庄3个月。

僵局就此打破！

结果这个庄该公司坐了8年。

之后该公司用这个方法搞定了所有和其争夺未来主导权的商家。不过，时隔8年之后重新考虑当初的那场谈判：如果不是该公司的分销模式确实有效，如果不是整个销售团队受到这个赌局的激发而拼命工作，如果对方没有尊重这个约定（对方在3个月内确实积极配合），结果会怎么样呢？只有天知道。

（本文由作者根据网络相关资源改写）

2. 判断谈判对手提出的条件是否已经达到或者接近己方的成交底线

己方的成交线是指己方能够接受的最低交易条件，是谈判中达成一致的下线。如果对方认同的交易条件已经达到或者接近己方的成交底线，那么谈判自然进入收尾阶段。此时需要抓住时机，努力维持这种状态，才能有效地促成谈判的成功。同时，在保持己方最低成交线的同时，仍需要利用一切时机和有利条件，在双方都认可并且能够接受的范围内，尽量为己方争取更好的结果。如果能争取到更优惠的条件当然更好，但是考虑到各方面因素，此时不可强求最佳成果而重新形成双方对立的局面，使有利的时机丢掉。因此，谈判交易条件已进入己方成交线时，就意味着收尾阶段的开始。

3. 判定双方在交易条件上是否达成一致性或者有极大的可能达成一致性

双方在交易条件达成一致，不仅指价格等基础条件达成一致性，还包括对其他相关的问题所持的观点、态度都有了共识。并且对极个别问题的特殊处理上也应使双方认可。因为个别问题的特殊处理如果不当，有分歧，很可能会使谈判者在协议达成后提出异议，使谈判重新陷入僵局，甚至丧失取得的成果，使前面的劳动成果付之东流。因此，在交易条件基本达成一致的基础上，个别问题的特殊处理也达成一致意见，才能判定收尾阶段的到来。

【案例阅读27.2】

浙江有一家门锁制造企业，其“电镀”工序是外包的，按加工单价乘以合格品数量来结算加工费。离他们30 km外的一家电镀厂拿到了这份常年订单，但3个月后，合作就出现了问题：验收的数量老是合不拢。

协议约定的数量验收流程是这样的：锁厂发毛胚料给电镀厂，电镀厂根据送货单上的数量品种验收实物入库，电镀厂将成品送回锁厂，当场不验收，待锁具总装时验收。签协议时电镀厂曾经有疑问，但锁厂说这么多年来一直如此操作。为拿下单子，电镀厂方面也就作罢了，更何况这桩生意是由熟人介绍的。

问题恰恰就出在"当场不验收"上。结果双方不得不重开谈判，直到确认都满意的验收流程。

事情平息不久，锁厂又找了一家电镀厂分流部分"油水"较大的电镀业务。

收尾阶段的侥幸心态，导致了第一次让步，最后差点搅黄了一单稳赚的生意。事后我们了解到，当初锁具厂确定的验收方式，完全是谈判人员考虑日后的"方便"，并不是厂方的"惯例"。

采购方利用心态上的高姿态，往往喜欢将一些有利于己方的合作方式强加于供应商。一些著名公司和其经销商签署的"经销合作协议"长达几十页，商家为了获得合作的机会也只能忍气吞声。

例如，价格、销售指标、销售奖励都已谈好，但商家必须接受厂家的物流规则，"商家代垫费用—厂家兑现"的流程和周期，以及厂家造成的供货不足不减扣销售指标等。只有一类商家除外——现代商超！他们用厂家对付传统商家的方法对付厂家："一切按照我们的制度合作！"于是乎，厂家也像传统商家一样，有了规模没有了利润。

（本文由作者根据网络相关资源改写）

27.1.2 从谈判的时间判定是否进入收尾阶段

谈判活动都需要在一定的时间内完成，约定的谈判结束时间临近，也就意味着谈判进入了收尾阶段。谈判时间的判定有以下三个标准：

1. 双方约定的谈判结束时间临近

这种约定谈判时间的活动多建立在双方实力差距不大，有较好的合作意愿和合作基础，并且双方在政治、经济、文化和利益方面没有较大的分歧基础上，双方能够一起确定整个谈判活动所需要的时间和控制整个谈判活动的进度，在这种情况下，双方容易在约定时间内达成协议，反之则比较难进入收尾阶段。能够按照约定的谈判时间结束谈判活动有利于双方在时间的压力下提高工作效率，避免长时间的纠缠在一两个问题上。如果在约定时间内不能达成协议，一般也应该遵守约定的时间将谈判告一段落，或者另约时间继续谈判，或者宣布谈判破裂，双方再重新寻找新的合作伙伴。

2. 占有强势地位的一方单方限定的谈判时间

在谈判活动中占有强势地位的一方通常会出于自身利益或者从选择其他合作伙伴的角度出发限定谈判时间，这种时间的限制有利于将压力转嫁到对方身上，但是，被限定方可以遵守时间限制，也可以不遵守，关键取决于交易条件是否符合己方要求的目标，若条件合适，则可以遵守对方提出的时间限制。

另外，也可利用对手对时间限定的重视性，向对方争取更优惠的条件，以对方优惠条件来换取己方在时间限定上的配合。如果以限定谈判时间为手段向对方施加不合理要求，会引起对方的抵触情绪，破坏平等合作的谈判气氛，从而造成谈判破裂。

3. 不可预料因素导致的谈判时间

本来双方已经约定好谈判时间，但是在谈判进行过程中出现不可预料因素，例如市场行情发生急剧变化、外汇行情大起大落、公司内部发生重大事件、国内政治形势突变等,谈判者突然改变原有计划,比如要求提前终结谈判。这是由于谈判的外部环境是在不断发展变化,谈判进程不可能不受这些变化的影响。

【案例阅读27.3】

1955年中国与美国进行大使级会谈之前,中国手中扣留了113名美国的间谍。根据谈判理论,中国拥有美国想要的筹码,必然会以此要挟美国做出让步。只有在谈判进展顺利或是有进展时,中国才有可能放掉美国间谍。基于这样的预期,美国制定了一整套谈判战略,准备在谈判桌上跟中国要人,就等着中国拒绝美国要求之后,展开第二轮第三轮攻势。可是,在谈判开始前一天,周恩来总理下了指示,把所有的间谍都放了,国际舆论一下倒向了中国。而美国由于根本没有料到中国会放人,闹了个手足无措,所有的战术都不起作用了,不知道应该如何应对。中国由此取得了谈判的主动权。

(本文由作者根据网络相关资源改写)

27.1.3 根据谈判内容收尾

每一次谈判的收尾也可以根据每次谈判的议题和内容来进行,即根据谈判的议题来确定收尾的时间。具体问题的解决程度有时以得出某个结论为止,有时需要延长谈判时间。根据谈判内容收尾的方式有利于谈判双方在一定的时间内,集中解决一些在谈判中比较难以解决的问题和难题,有利于推动谈判的深入,使谈判双方有成就感,同时也有利于保证每次谈判内容的相对独立性。对于时间较长的谈判,双方谈判人员需要做好谈判的各种准备工作:对于每次谈判的成果予以小结,并以双方同意的方式记录下来,下一次谈判时作为议事日程的第一个项目宣读后由双方通过,然后再进行下一步谈判。

【案例阅读27.4】

小陈就公司一重要项目已经和对方谈了一周了,对方是个谈判的老手,总是在不断地试探他的底线,迟迟不做决定,可是公司却希望早点谈出结果来。小陈左思右想,如果要很快出结果就要做出巨大让步,这不符合公司利益;可不做巨大让步对方就会不断试探底线,往下压价,速度就快不起来。突然,小陈灵光一闪,想出了一个主意。第二天,小陈又如约参加谈判,临走前叮嘱公司的同事在谈判进行一小时后打他手机。

谈判开始后,小陈主动做出了一些让步,对方一看,事情出现了转机,立刻紧紧跟上,不断压价。小陈做出为难的样子,摊开一份文件看了起来,沉吟半晌,欲语还休。对方正要继续施加压力的时候,小陈的手机响了,他合上文件,到室外接电话去了。对手趁机打开文件,发现是头一天公司关于这一项目下的指示,明确标出了底线,规定小陈必须在两天内结束谈判。文件上的数字几经涂改,显然是在开会时大家不断推敲的结果。等小陈回来后,对方直接将价格压到了公司指示的底线上,小陈几经争取,对方也坚决不让步,并以破局威胁,小陈只好“无奈”地签署了协议。其实,所谓的文件根本就是小陈自己做出来故意给对方看的。

(资料来源:郭芳芳.商务谈判教程:理论·技巧·实务[M].上海:上海财经大学出版社,2006.)

任务 27.2 收尾阶段签订协议的注意事项

27.2.1 运用法律拟好协议

协议本身是谈判各方就谈判内容意思表达一致的文件，是对谈判各方相互权利与义务关系的一种确定。协议一旦生效，对谈判的各方便会产生约束力。但是，协议本身不能保证获取谈判者的实际利益，必须依靠谈判各方对协议的信守履行。如果一旦发生对协议产生纠纷，就可能导致讼争。讼争一经产生，就存在一个法院管辖问题。根据我国《民事诉讼法》第 23 条规定："因合同纠纷提起的诉讼，由合同的履行地或签订地人民法院管辖。"

各国或各地的司法规定或多或少地存在着一定程度的地方保护主义，纠纷当事人都想选择就近、对己方有利的地方诉讼。所谓协议(合同)签订地，根据一般常识认为：协议的签订地，就是协议文本的成立地，也即谈判各方对协议文本一致认可的地点。但在司法实践中，却将其解释为协议文本的最后盖章地。因此，我们在争取己方拟写协议的同时，还要注意察言观色，谨防对方在协议签订地上做文章。例如，甲到乙处谈判成功，签署了协议，但甲却言称未带印章，建议将协议带回甲处盖章，再寄回乙处。那么，此协议的签订也就不是在乙地，而应是甲地。为了防止类似事件的发生，乙方不应当马上戳穿对方用意，使原本达成的协议泡汤，而应当采取委婉的方法来解决。如可以说："不要紧，幸好我公司管章的小马也不在。"这样，话虽短，既可以避免伤害对方的自尊心，不致产生误解，又可以掌握主动权，使最后盖章权(即协议最终生效)落在乙方手里。甲方这时即使再不情愿，也无话可说了。等甲方盖了章的协议寄回来，乙方再在一式二份的协议上盖章，然后寄给甲方一份。这样，协议签订地仍旧在乙地。有经验的谈判者常常利用起草、修改协议的时机，进一步谋取己方的利益。因此，谈判者必须运用法律知识使谈判协议的条款内容完整、责任明确、具体，形式规范、合法，体现权利和义务的一致性。谈判者在谈判时应就价格问题、规格问题、合同完成问题以及索赔问题逐一进行论及，语言要求简练，明了，尽量使用法言法语。

【案例阅读 27.5】

销售员小张终于谈好了一个客户，签字盖章，约定三日内对方付款。接下来的三天小张一直忙着别的事情，对方曾让他抽空去取支票，因为觉得对方很有诚意，小张倒也不急。第七天小张去取支票，不料被告知别的厂家搞促销，公司觉得挺有"赚头"，先把钱付给他们了，请他过几天再来，临了还加了一句"你要早来三天就好了。"

后来小张又去了几次，对方要么没有钱，要么希望小张放点账期，因为钱还是不够。过了两个月，对方索性告诉他公司近来资金紧张，原来说好的合作只能暂缓。

这事让小张一直郁闷至今，大骂对方没有诚信、缺德！其实，那客户已经准备好了钱，与他们合作的另外一个厂家得知了这个消息，自然不希望客户分散资金，于是软硬兼施，把这场已经定下来的合作搅黄了。

(资料来源：建材商界，2008 年 8 月 1 日)

27.2.2 运用逻辑规律拟好协议

利用逻辑规律有助于人们正确严密地思维。思维的正确性和严密性，有助于人们准确地言辞达意；我们无法设想一个思维混乱、语无伦次的人会在谈判中获胜。

(1)在协议拟写中,要严防偷换概念的事发生。

我国某机械厂与外商订立的出口机床合同,谈判后没有自己拟写协议,而是由外商单方拟写。关于噪音标准,按外商意见定为“悦耳为标准”,交货后正逢国际市场滞销,外商便以“噪音过大”为理由而退货。在这里,关于出口机床的质量标准没有具体规定,而外商所说的“悦耳”这个概念是非常含糊的,不是质量条款上的术语,因此,外商偷换概念,随意解释,单方面撕毁合同。

还有的在协议中,谈判人员把计量单位写成“筐”、“车”、“桶”等,这些都不是科学的计量单位,应尽量避免使用。

(2)在谈判过程中,不仅要注意防止谈判对手偷换概念,运用模糊语言迷惑己方,还要严格遵循探询——报价—磋商——成交——签约五个阶段,不能颠倒逻辑秩序。只有严格按照以上步骤,才能取得谈判的胜利,否则容易上当受骗。给己方带来不可估量的损失。

【案例阅读 27.6】

我国一家大型企业,在引进国外某公司设备的过程中,谈判的负责人、公司总经理××,思想麻痹,语言随便,随意超越谈判的逻辑秩序,导演了一场荒唐的谈判。在讨论洽谈程序中,不懂商务洽谈业务的总经理说:“这次洽谈,如顺利,就准备签订章程、合同。”这在谈判的逻辑秩序上来说,就本末倒置了。按照谈判的逻辑秩序,引进设备的商务洽谈,本应是行情调查研究,项目建议书及可行性研究报告在先,实质性章程在后。这些话语对己方其他代表起了误导作用,对对方谈判代表来说,起了暗示作用,使他们看到有空子可钻。于是,当我方要求对方提供设备看样品、技术资料、项目建议书时,该公司代表说:“噢,经理先生,我们的设备是最新的产品,远销世界合国。”说着,他便掏出一张点缀着繁星般红星的世界地图,声称这是其公司产品经销的国家和地区。接着又半诱半逼地说:“且不说这些,贵国有许多省、市也同我们签订了此类产品的合同。再说,双方是合资办企业,若设备低劣彼此都会遭受损失,何况我们有那么好的信誉,不会错的,你说对吗?贵方若不在意,还是先写协议、签约,这样贵方订的设备就稳拿了。我们这批设备可是非常紧俏的,一旦跟你们谈判拖的时间太长,恐怕……恐怕……”他这点小小的手腕居然急煞了我方代表。由于我方谈判代表们缺乏经验,加之受总经理语言的误导和该公司代表的威逼利诱,我方代表终于草草在其公司已拟好的协议上签了字。由于是先签章程后议价,我方便失去了主动权。在以后的三轮价格谈判中,卖主的要价螺旋上升,从 612 万、700 万到第三轮谈判上涨到 750 万,后来竟又提到 850 万元。

(资料来源:张亚军,包立军,王业军. 商务谈判与推销技巧实训[M]. 北京:科学出版社,2007.)

(3)拟写经济合同协议还要遵守相应格式和法律条文。在拟写商务协议时,其条款也必须首尾一致,不能与国家的政策规定、法律条文相矛盾。

例如,我国某一单位的谈判人员与美国一家公司的谈判人员在拟写的协议当中,有一条款美国公司谈判人员坚持要写进去:“美方可以将产权出售、转让给他人,不需经中方事先同意。”这一条款是违反我国的《中外合资经营企业法》有关规定的,由此可见,在拟写谈判协议的过程中,不仅要争取主动,而且还要有严谨的逻辑推理和雄辩的口才,只有如此,才能在拟定协议当中,发现漏洞,说服对方,取得最后胜利。

27.2.3 立定协议的格式，顺利完成商务谈判活动

现在的世界纷繁复杂，在谈判中也体现出这种复杂性，任何的口头协议都有可以不作为立约的依据。为了预防麻烦的出现，人们用白纸黑字的方式写出协议。但是如果写出的协议漏洞百出、模糊不清，那就无法起到书面协议所应有的约束作用。

在拟写协议中，我们应当充分保障自己的利益而又不掉进法律的陷阱，应当注意：

1. 格式严谨，表述严密

由于协议具有法效性地位，只要签字后，就必须照章履行，所以格式必须严谨，表达必须严密。谈判所涉及的数量、质量、贷款支付以及履行期限、地点、方式等，都必须严密、清楚，否则将会造成不可估量的经济损失。必须对商品规定详细、明确、科学的质量标准，有国家标准的，按国家标准执行；没有国家标准而有专业标准的，按照专业标准执行；没有国家专业标准的，按企业标准执行。如果有其他具体要求，也要说明写明。例如，北京有一单位与一家蔬菜公司签订的协议只有7个字："大白菜20万公斤。"结果大白菜在运输过程中腐烂了一半多。在当时谈判拟写协定的时候，因购货方没能明确质量标准，只能自食其果。表述严密，这是对协议文字的特殊要求。协议撰写过程中，文字的表达一定要做到字斟句酌。文字表达出现疏漏、歧义，使契约具有弹性解释，就会给协议的履行留下后患，轻者协议作废，重者引起纠纷，上当受骗。如将"西红柿"简称为柿子，结果货到后，发现不是订购方所指的西红柿。

例如，浙江三门县一家商行与内蒙古呼和浩特市某单位签订购买一批优质羊皮的合同，因将羊皮"……四平方尺以上。有剪刀斑的不要"误写成"……四平方尺以上，有剪刀斑的不要"，仅仅一个标点符号的误用，给对方可趁之机，结果导致三门县商行直接经济损失10余万元。由此可见，协议的撰写，必须做到天衣无缝，无懈可击。

2. 协议的内容必须具体、全面

协议内容应当由谈判双方予以确定，所以要依据双方共同确认无误的谈判记录。为避免出现麻烦，引起执行中的困难，它一定要具体、全面。在时间、地点、方式、违约责任等方面有详尽的规定。下面将容易产生错误的问题列出，谈判者在起草书面协议时应特别小心。

(1)价格方面的问题：

①价格是否最后确定？

②价格是否包括税收、关税和其他法定的费用？如果包括的话，在合同有效期内，倘使这些税率增加，应由谁支付这些增加的税务费用？

③价格确定是否已考虑汇率变动因素？

(2)合同完成问题：

①对"完成"是否有明确的解释？它是否包括客户对设备的测试？

②如果某些次要的零部件丢失，并不影响设备的性能和运转，能否签发一张完成或接受的证明书？

③协议的完成是否能分阶段进行？这点是否明确规定？

(3)规格方面的问题：

①买方取得执照、许可证或图纸的标准等的义务是否明确规定，并注明每件完成的时间？

②如果有什么国家或国标机构的一般标准可参照，是否明确运用哪些标准？

③规格测试方法是什么？

(4)清点、卸货与仓储等问题：

①是否明确谁来负责清点,谁来负责交货到现场,谁来负责卸货和仓储?

②一些永久或临时性工作由谁来负责安排、处理?

(5)索赔处理:

①处理的范围如何?

②处理是否排除未来的法律诉讼?

由于谈判是对双方的权力、责任、义务的划分,而谈判双方又处于不同的社会政治法律制度的管辖之下,因此,要使谈判各方的权力、责任、义务落到实处,确保执行,减少各种风险,只有用严密的措辞、逻辑性很强的语句来对此加以描述和规定。这会使得专业性的交易语言具有严谨性的特征。

因此,当拟定协议书时,一定要注意文体、语法和协议内容。条文事义不清,可能会导致对方做出不利于你的解释;条件写得过于松宽,会使对方有许多空子可钻;遗漏了条款,会导致你方的重大损失。反之,如果协议书是由对方拟写的,在签字之前,己方需要细心地琢磨每一个词句。遇到弄不清楚的陈词滥调或疑点,务必让对方进行解释并进行记录。

同时,在拟写协议书时,还应注意以下条款:

①详细的交货、付款办法。比如,在何种条件下,付款可以推迟或停止;关于不能按期交货或某些项目不符合协议时怎么办。

②在何种条件下,协议可以修改。

③关于执行双方所达成协议的特殊要求。其中包括详细技术条件及待完成工作的描述。

项目小结

商务谈判在谈判过程中,经过开局和报价再经过讨价还价,这个时候当双方的意见达成一致的时候,就进入了整个谈判的结束阶段。此时,按照商务的惯例,只要大家形成了一致,能够做成商业上的接受,商业的内容就被定下来,当然最终会形成一致。如果说克服了分歧,达成了一致的时候,进入了收场,就是结束阶段。通过本项目的学习,能够使学生掌握商务谈判结束阶段的策略和了解相关注意事项,合乎规范地进行商务谈判;同时具有根据谈判对手表现以及特点准确选择和恰当运用相应策略的技能。

主要概念

成交;中止;谈判破裂;期限策略;优惠劝导策略;行动策略

知识与技能训练

第一部分　知识训练

一、名词解释

1. 成交

2. 中止谈判
3. 谈判破裂
4. 优惠劝导策略
5. 行动策略

二、填空题

1. 商务谈判结束方式一般包括________、________和________。
2. 中止可分为________与________。
3. 谈判是否即将成功,主要看________。
4. 谈判交易条件已进入己方成交底线时,就意味着________。
5. 每一次谈判的收尾也可以根据每次谈判的________和________来进行。

三、单项选择题

1. 当拟定协议书时,一定要注意(　　)、语法和协议内容。

A. 格式　B. 文体　C. 字迹　D. 语言

2. 为避免出现麻烦,引起执行中的困难,协议一定要(　　)、全面。

A. 清晰　B. 合理　C. 具体　D. 详细

3. 由于协议具有(　　)地位,只要签字后,就必须照章履行,所以格式必须严谨,表达必须严密。

A. 法效性　B. 指导性　C. 决定性　D. 启发性

4. 在拟写商务协议时,其条款也必须(　　),不能与国家的政策规定、法律条文相矛盾。

A. 字迹清楚　B. 前后呼应　C. 文体统一　D. 首尾一致

5. 利用(　　)有助于人们正确严密地思维。

A. 逻辑规律　B. 自然规律　C. 社会科学　D. 哲学知识

四、多项选择题

1. 在拟写协议书时,还应注意以下条款(　　)。

A. 详细的交货、付款办法　B. 在何种条件下,协议可以修改
C. 关于执行双方所达成协议的特殊要求　D. 各国法律对条款的具体要求

2. 谈判是对双方的(　　)的划分。

A. 权力　B. 责任　C. 职责　D. 义务

3. 索赔处理包括(　　)。

A. 索赔的价格如何　B. 处理的范围如何
C. 处理是否排除未来的法律诉讼　D. 索赔是否涉及对方国家的利益

4. 优惠劝导策略包括(　　)。

A. 采用打折　B. 附送零配件或相关产品
C. 提前送货　D. 赠送试用品

5. 谈判破裂依据双方的态度可分为(　　)。

A. 友好破裂结束谈判　B. 对立破裂结束谈判
C. 中立破裂结束谈判　D. 被迫破裂结束谈判

五、简答题

1. 简述友好破裂结束谈判。

2. 简述期限策略。

3. 从谈判涉及的交易条件判断收尾阶段包括哪些内容?

第二部分　技能训练

一、案例训练

[训练目的]

通过该训练任务,有助于学生:

1. 了解商务谈判中的收尾阶段的时机及收尾阶段的策略,拓展、丰富的相关知识,加深对商务谈判收尾阶段的深入理解。

2. 运用相关商务谈判收尾阶段的知识分析从事商务活动人员的活动,有效地将知识转化为技能。

[训练步骤及要求]

1. 教师选择恰当案例,拟定需要讨论分析的问题。

2. 确定案例训练组织形式:分组集体讨论会(4~6人)。

3. 老师主持课堂案例讨论,各小组选出一名代表阐明本小组的分析要点。

4. 教师进行最后点评与总结。

5. 各小组在讨论分析案例的基础上按以下要求撰写、提交"案例分析报告",文字表述要精练、观点明确。

《晶体罩密封继电器引进项目谈判》案例分析报告

时　　间:

分 析 者:

班　　组:

问题分析:

➢问题一:

➢问题二:

[实训考核]　(百分制)

评分维度	出　勤	参与的主动性	内容的充实性	分析的逻辑性	知识的应用性	创 新 性
百 分 比	10%	15%	20%	15%	20%	20%

[案例介绍]

参加人:德国L公司总裁、专家、律师、中文译员一行四人,中方厂长、总工、副总工、引进办公室主任、外贸公司商务负责人、专家等一行十几人。

背景:德方第一次与中国做技术转让的生意,其技术水平较高,适于军用,且取费比其他国家都便宜,总体报价360万美元。其中,技术费和服务费110万美元,设备费250万美元。中方工厂认为该价可以接受,且工厂急等该项目上马投产。此次德方派团到北京,意在与中方确定设备价及合同文本。

德方在第一天开始谈判后,即提出将在德国双方谈判时的设备报价提高8%。中方对德方的提价行为十分意外，在谈判无果之后建议休息。工厂认为早签合同是第一要紧的事，可以同意提价 2%～4%。据此商务主谈归纳出具体对策为：首先，确定技术费，稳住对方，也缩小谈判范围。其次，鉴于设备费过去对方有报价，我们没有谈判过，可以针对原报价要求对方降价 5%。最后为了确保技术转让成功，要求在支付条件上扣对方 10%的合同金额作为保证金。恢复谈判后。面对中方提出的谈判方案，德方态度很强硬，甚至以不签合同威胁。在散会后，中方工厂厂长追到德方住宿的饭店表示价格好商量，暗示设备价可以上涨。

德方在会上先做了最后的陈述："同意付款条件中扣 10%作为保证金，但各种罚款——迟交、设备索赔等只能在生产线验收后一起结算，设备价提高 2%。"中方肯定了德方条件的改善，提出己方意见："同意 10%扣款，也同竟其他罚款可以在生产线验收后一并结算，不过要加计自发生罚款后到支付时所产生的利息；设备价可以不降 5%，但应维持原报价，也不能提价 2%。

然而，德方对中方的条件反应很强烈，从脸部表情到肢体语言，让人看了很不舒服，他们反复强调的是："我方的条件已考虑贵方要求，且改善了条件，中方能接受，就签合同；不能接受我方就回国了。"中方商务主谈针锋相对，认为双方均在努力，不仅德方，中方也做了很大让步。德方总裁突然站起，表示要走。中方主谈也站起来，表情由发怒转为平静，诚恳地请他从长远合作考虑。德方主谈冷冷地回答道："我们只看利益。"双方站在谈判桌两边相对而视，片刻后，中方主谈轻声而礼貌地表示："我方的态度已表明，是走是留贵方请便。贵方认为什么是利益，主意自己拿，不过后果也自负。"工厂厂长不知从何插嘴，只好瞪眼看着眼前局势的发展，德方态度从怒变为怨："昨天晚上，厂长跟我讲价格问题不大，怎么今天你来谈，就把问题搞糟了。"看到德方主谈从怒变怨，站着不走，中方应道："我也认为价格问题不大，贵方为什么要在原报价提高 2%呢？不提高不就行了？况且贵方提价没道理。还是请贵方好好考虑一下吧！"

德方一走，中方内部炸了锅，中方厂长又气又急，指责商务主谈太武断，并说，要不是出于礼貌，刚才他就当面同意德方条件了。提价 2%不过多花几万美元，要是为这 2%搞不成项目问题就大了。看到工厂厂长着急的样子，商务主谈耐心解释："第一，对方提价是不合理的，这次不谈好，以后执行合同时，德方还会欺负人，第二，他们不会跑，否则也太笨了。不会因微小之差而丢失大买卖；第三，目前的条件，德方已有利可图。"厂长气急交加、生病了，退席不参加讨论（直到合同谈成才出面）。当时决定带德方人员出去逛公园，消消气再谈。最多让出 2%，仍由工厂领导出面给出该条件。当讨论会还未结束时，德方派中文翻译来转告：建议晚上继续谈判。这个消息一下子使中方人员转忧为喜。针对这一消息，中方又调整了谈判方案：决心去掉对方 2%的提价。因为德方的主动建议说明对方已"投降"了，也证明中方的判断是正确的，方案也是正确的。

晚上，在德方住处继续谈判，话题从闲聊转到正题。因为是德方建议晚上继续谈的，所以德方主谈先说"可以不提价 2%，但 10%扣款太多，使我方回收资金不好办，希望中方降低该条件。"中方主谈心想扣 8%也可以，不过支付条件在上午的谈判中已为对方认可，于是在肯定了放弃 2%涨价后，集中从双方的风险大小论证 10%保证金的合理性，德方主谈几次动摇，但均被其律师以各种辩词又坚定下来，又造成谈判陷于僵持局面。

……

对方同意保留 10%的保证金，双方随即进入合同文本的谈判。只是德方为了保证收款安全，要求把"信用证格式"列入合同，而中方认为只需把"保证函格式"列入合同，并强调这是惯例，两种认识进行了激烈的交锋，甚至花了一整天讨论这些要求的必要性。

德方坚持信用证的格式以及支付条件全文必须附入信用证支付方式中的条件，甚至书面表示，倘若中方不同意，就不签合同。中方认为条件订得过死，对德方使用信用证也不利——会经常出现不符点。因为这些条件与合同执行有关。本无原则问题，但双方的理解不同，已结束的商务谈判又进入剑拔弩张的地步。最后中方做出妥协，方才结束谈判。

问题：

1. 在这场谈判中，德方在收尾阶段战略上使用了什么策略？中方应对的如何？

2. 试分别评价中方工厂（包含厂长）、中方外贸公司（含中方主谈）、德方（含主谈和律师）的谈判技巧。

二、项目训练

［实训项目］ 团队项目：模拟一个商务活动的场景

［实训目的］

通过该实训项目的操作，使学生了解在不同的商务谈判结束时需要进行的环节以及各自需如何签订一份完美的合同，明确商务人员了解和掌握商务谈判结束阶段的需要注意事项和签订合同协议时需要注意的事项，找出其存在的问题，并提出可行的解决措施。

［实训要求］

教师先制定一定的商务活动场景，根据教学班级的分组情况，按一定数量的小组分别选择不同的场景进行设计和表演。

［实训操作步骤］

1. 对教学班级的学生进行项目分组（6～8人），明确组内分工。
2. 教师设计有关的商务活动场景。
3. 学生对该商务活动场景进行分析，并设计相关的情节。
4. 各项目小组根据场景进行表演。
5. 同学互评，教师点评。
6. 本次实训综合成绩评定。

［实训考核］ （百分制）

1. 实训准备工作（10分）。
2. 各项目小组对本次实训的组织、分配、管理等过程（20分）。
3. 各项目小组对选定场景进行表演（45分）。
4. 项目小组的团队合作精神（15分）。
5. 同学互评，教师点评（10分）。

项目 11　约束商务谈判的各种因素

学习目标

◆知识目标

通过本项目的教学，使学生能掌握谈判中有关商务谈判约束因素的基础知识，深刻理解商务谈判约束因素在商务活动中的作用及有关约束因素的具体内容和应用方面的知识，为学生走上工作岗位后，在处理有关商务谈判中相关问题时提供有益的参考与借鉴，并为其奠定从事商务活动的坚实基础。

◆技能目标

通过本项目的学习，使学生能够根据所掌握的对商务谈判约束的各种因素，合乎规范地进行商务谈判；同时具有根据各国法律、文化、政治等特点准确选择和恰当运用常用商务谈判技能进行商务活动的能力。

学习情境 28　法律因素对商务谈判的约束

【入门案例】

中国某公司与美国公司谈判投资项目。其间双方对原工厂的财务账目反映的原资产总值有分歧。

美方：中方财务报表上有模糊之处。

中方：美方可以核查。不应该空口讲话，应有凭据证明查账依据不可靠。

美方：所有财务证均系中方工厂所造，我作为美国人无法一一核查。目前尚未找到可以信任的中国机构帮助核查。

中方：那贵方的断言只能是主观的、是不令人信服的。

美方：虽然我方没有法律上的证据证明贵方账面数字不合理，但我们有经验，贵方的现有资产不值账面价值。

中方：尊敬的先生，我承认经验的宝贵，但财务数据不是经验，而是事实如果贵方诚意合作，我愿意配合贵方查账，到现场一一核对物与账。

美方：不必贵方做这么多工作，请贵方自己纠正后，再谈。

中方:贵方不想讲理?我奉陪!

美方:不是我方不想讲理,而是与贵方的账没法说理。

中方:贵方是什么意思,我没听明白,什么"不是、不想;而是、没法"?

美方:请原谅我方的直率,我方感到贵方欲利用账面值来扩大贵方所占股份。

中方:感谢贵方终于说出了真心话,给我指明了思考方向。

美方:贵方应理解一个投资者的顾虑,尤其像我公司与贵方诚心合作的情况下,若让我们感到贵方账目有虚占股份之嫌,实在会使我方却步不前,还会产生不愉快的感觉。

中方:我理解贵方的顾虑。但在贵方心理恐惧面前,我方不能只申辩这不是"老虎帐",来说它"不吃肉"。但愿听贵方有何"安神"的要求。

美方:我通过与贵方的谈判,深感贵方代表的人品,由于账面值让人生畏,不能不请贵方考虑修改问题,或许会给贵方带来麻烦。

中方:为了合作,为了让贵方安心,我方可以考虑账面总值的问题。至于怎么做账是我方的事。如果,我没理解错的话,我们双方将就中方现有资产的作价进行谈判。

美方:是的。

(以上是中方现有资产的作价谈判)

(资料来源:聂元昆. 商务谈判学[M]. 北京:高等教育出版社,2009.)

【分析提示】

在此谈判中,双方都应用了商业法律语言。同时也对对方的法律有了较充分的了解,但是由于双方对对方的法律存在一些偏见,使得这次谈判的氛围并不是非常和谐,因此在谈判过程中,不仅要熟知对方的法律更要能够理解并且灵活运用对方的法律。

任务 28.1　商务谈判中的法律原则

国际商务谈判中的法律原则可以分为两个层次,第一层次是处理国际关系的一般准则,这些准则具有普遍的适用性,对于一切国际交往活动都可以使用;第二层次是处理国际商务关系的原则,依照具体的环境而应用。

28.1.1　处理国际关系的一般准则

处理国际关系的一般准则主要包括联合国宪章和和平共处五项原则。《联合国宪章》确认、固定和发展了各国公认的国际法基本原则,因而对于各国的国际行为有一定的约束和指导作用,已经成为国际上通用的行为规范和原则。它的基本原则包括会员国主权平等原则,和平解决国际争端原则,不干涉别国内政原则,真诚地履行宪章义务原则。

和平共处五项原则是中国与印度、缅甸在 20 世纪 50 年代前期所共同倡导并被世界上许多国家接受,成为处理不同社会和政治制度的国家之间相互关系的基本原则。其内容包括互相尊重主权和领土完整、互不侵犯、互不干涉内政、平等互利、和平共处。这五项原则是当今国际法基本原则的核心,它与联合国宪章的宗旨是一致的,即维护国际和平与安全,促进国际合作,发展各国间的友好关系。

除了上述《联合国宪章》与和平共处五项原则之外,在国际间的经济关系方面,由上述两个法律原则扩展出来的、处理国与国之间经济方面事务的原则还有国家主权和自然资源永久性原则、公平互利共谋发展原则等。

【知识拓展 28.1】

《联合国宪章》被认为是联合国的基本大法，它既确立了联合国的宗旨、原则和组织机构设置，又规定了成员国的责任、权利和义务，以及处理国际关系、维护世界和平与安全的基本原则和方法。遵守联合国宪章、维护联合国威信是每个成员国不可推脱的责任。1945 年 6 月 26 日，来自 50 个国家的代表在美国旧金山签署了《联合国宪章》。《联合国宪章》于同年 10 月 24 日起生效，联合国正式成立。1947 年 10 月，联合国大会把 10 月 24 日定为“联合国日”。

（本文由作者根据网络相关资源改写）

28.1.2 国际商务谈判的法律原则

国际商务谈判的法律原则是将国际间相互交往的一般法律及原则在国际商务活动中具体化，对于我国涉外企业以及来华企业来说，《中华人民共和国涉外经济合同法》以及近年颁布的独资企业、三资企业在华经营的有关条例，是对涉外商务的基本法要求。这些原则主要包括：

1. 遵守国家法律，维护国家主权

在涉外商务谈判中，不能不防止和警惕一些人为了本企业或本地区以至某些实权人物的利益，而不顾国格、人格，在谈判及合同的签订中，一味迁就外商，不仅不维护国家主权，甚至损害国家利益。因此只有把我国现行法规作为涉外谈判的依据，才能有效维护国家主权。这是对进行国际商务谈判的企业的基本要求。按照这一要求，所有进行国际商务谈判以及通过谈判所订立的合同，必须遵守中华人民共和国法律，不能损害中华人民共和国的社会公共利益。只有在这个前提下进行谈判签订的合同，才能得到法律的保护，也才能实现中外双方当事人所预期达到的经济效果；反之，合同无效，严重的还要受到法律的制裁。

从政府颁发的法律来看，主要有五类政策性的法令规定，即国别政策、产品政策、外汇管理、税收政策与商检法令。如果不顾上述五类政策性法令去就项目谈项目，在其中任何一项上的疏忽都会损害国家的经济主权，给国家造成巨大损失。

2. 平等互利，民主协商原则

进行国际商务谈判，不免涉及中外双方当事人的权益，不论双方当事人所在国的政治经济制度有何不同，经济实力有何差距，双方在谈判中以及在谈判合同签订中的法律地位是平等的，双方的权利义务也都是对等的。因此，平等互利、民主协商是我国经济合同法规定的基本内容。双方所签订的合同，履行结果也必须对双方有利，不能使得益和损失悬殊，任何采取欺诈或者胁迫手段订立的合同都将无效，情节严重者，还要受到法律的制裁。

3. 遵守国际惯例

在国际谈判中，国际惯例也是一种依据。所谓国际惯例，是指各国重复类似的行为而使其具有法律约束力的规范，它虽然是不成文的规定，但它构成了国际间谈判磋商的依据。在现代，国际惯例的形成基于三种情况：一是国家之间的外交关系，表现于条约、宣言、声明、各种外交文书等；二是国际机构的实践，表现于决议、判决等；三是国家内部行为，表现于国内法规、判决、行政命令等。它们构成国际惯例的证据。我国对外开放以来，制定了《中外合资经营企业法》、《中外合作经营企业法》、《外贸企业法》等一系列的涉外法律，这些都是从我国实际出发，参照国际惯例而制定的，是国际惯例的成文化、法律化、具体化，执行这些法律规定，就是在我国涉外经济领域适用国际惯例。随着改革力度的加大和对外开放的深化，在制定涉外法律时应该更全面更完整地纳入国际惯例和国际习惯做法，这当然是以坚持国家主权和保护国家经济利益为前提的。

【知识拓展 28.2】

国际铁矿石谈判的国际惯例

多年的铁矿石谈判形成了比较稳定的国际铁矿石定价惯例，它主要包括以下原则：

(1)同品种同涨幅：即只对各品种的矿石确定价格，不考虑该品种矿石中不同品质矿石的差异。2003 年至 2007 年连续 5 年的谈判结果中，每个品种内只有一个涨幅，并且除淡水河谷的球团矿外，各公司其余品种矿石的价格涨幅都是相同的。

(2)跟随：第一场谈判达成一致的首发价格将被其余各场谈判的谈判方接受，成为全年的定价标准，并且买方不会在以后的谈判中确定以更高的价格向其他卖方采购，卖方也不会在以后的谈判中确定以更低的价格向其他买方出售。

(3)离岸价：铁矿石价格以离岸价确定，不包含海运费等费用。

(4)合同价：即长协价，国际铁矿石价格一旦确定，那么下一财年的国际铁矿石均以此价格买卖，不受现货价格波动的影响。

(5)年度定价：价格谈判为一年一次，每年第四季度开始下一矿石年度的谈判。每个矿石年度的起止时间为当年的 4 月 1 日至次年的 3 月 31 日。

（本文由作者根据网络相关资源改写）

任务 28.2　商务谈判中的法律约束

28.2.1　商务谈判中法律的作用

市场经济是一种法治经济，商务活动中的任何环节都必须有法律的肯定，否则在实际操作中难免不能保证实施，因此，在对商务活动有重要影响的商务谈判中，必须依照法律准则，以保证谈判内容和最终合约的合法性。因此，在商务谈判中，法律能够起到关键的作用。

1. 法律对商务谈判活动具有限定性作用

法律的限定性作用主要是以法律条文的形式明确告知谈判双方合法性以及非法性的商务活动。并且说明违法者将要受到怎样的制裁等。

2. 法律对商务谈判活动具有创造性的作用

法律所提供的广阔空间给商务谈判提供了极大的创造力，寻求一些新的模式和方法来解决双方的合作问题。

【案例阅读 28.1】

一年前，按摩小姐周某想到国外发展，由于到国外搞按摩是国家禁止的，因此，当她得知不太正规的 B 公司可以做这项业务时便悄悄赶去洽谈。B 公司在收取了周小姐 3 万元人民币后，很快便与她签署了赴马来西亚的一家美容院做两年按摩工的“合同”，并为她办理了赴马来西亚的商务签证，当周小姐问起自己是去打工的，怎么手持的是商务护照时，B 公司欺骗说，那是为了便于出境，于打工无关，到那边后我们会安排好的，周小姐信以为真。

几天后，周小姐顺利抵达马来西亚。一天，同事在看到周某赴马的证件后不安地说，你怎么办理的不是工作准证而是商务签证呢？这可是非法打工行为，而且签证过期还不离境者就是非法滞留罪，一旦被查获，根据马来西亚法律将被处以罚款和监禁。周小姐知情后恐慌起来，就在她终日为自己的非法身份犯愁时，B公司在马来西亚的代理黄某找到她说，你只要交给我21 000马币用于打通关节，我就可以帮你办成移民，这样你就可以立足马来西亚了。此刻的周小姐轻信了黄某的话。周小姐先后将19 000马币和500英镑交给了黄某，但黄某收钱后不但没有为她办成移民，反而继续以种种理由向周小姐要钱，周小姐终于对黄某绝望了，但当她强烈要求黄某退还所交款项并送她回国时，黄某凶相毕露，他以移民虽没办成，但却为打点关系而亏空了不少为由，反而强迫周小姐"还钱"，当看到周小姐的确已身无分文时，黄某等人竟通过拳脚迫使周小姐去卖淫"抵债"。此刻的周小姐不敢告官，她害怕暴露自己的非法身份而遭监禁，但又不堪忍受黄某等人的威逼和欺诈，在悲愤交加、走投无路的情况下，周小姐鼓起勇气走进了我驻马使馆……

（本文由作者根据网络相关资源改写）

28.2.2 商务谈判中合同的订立及其效力识别

1. 合同订立的时间和地点

(1)合同成立时间。一般情况下，合同在承诺到达要约人时成立。除非法律明确要求采取书面形式、当事人约定要采取书面形式的或者当事人采用信件、数据电文等形式订立合同，要求在合同成立之前签订确认书的，在这些情况下当事人采用合同书形式订立合同的，自双方当事人签字或者盖章时合同成立。

我国相关法律规定，无论是双方当事人约定还是法律规定要采取书面形式，而双方当事人没有采取书面形式的，如果一方履行了主要义务，另一方也予以接受，合同成立。

(2)合同的成立地点。按照一般规定，承诺生效的地点(承诺到达的地点)为合同成立的地点。采用数据电文形式订立合同的，(以要约人，接受承诺人的)收件人的主营业地为合同成立的地点；没有主营业地的，其经常居住地为合同成立的地点。当事人另有约定的，按照其约定。

而书面合同的成立地点，当事人采用合同书形式订立合同的，双方当事人签字或者盖章的地点为合同成立的地点。

2. 缔约过失责任

缔约过失责任是指当事人在订立合同过程中，因过错违反依诚实信用原则负有的先合同义务，导致合同不成立，或者合同虽然成立，但不符合法定的生效条件而被确认无效、被变更或被撤销，给对方造成损失时所应承担的民事责任。

缔约过失行为主要有以下四种类型：

(1)假借订立合同，恶意进行磋商。即根本没有与对方订立合同的意思，与对方进行谈判只是个借口，目的是损害订约对方当事人的利益。恶意必须包括两个方面内容，一是行为人主观上并没有谈判意图，二是行为人主观上具有给对方造成损害的目的和动机。恶意是此种缔约过失行为构成的最核心的要件。

(2)故意隐瞒与订立合同有关的重要事实或者提供虚假情况。这种情况属于缔约过程中的欺诈行为。欺诈是指一方当事人故意实施某种欺骗他人的行为，并使他人陷入错误而订立的合同。《民通意见》第68条规定："一方当事人故意告知对方虚假情况，或者故意隐瞒事实情况，诱使对方当事人做出错误意思表示的，可以认定为欺诈行为。”

(3)泄露或不正当使用商业秘密。所谓泄露是指将商业秘密透露给他人，包括在要求对方保密的条件下向特定人、少部分人透露商业秘密，以及向不正当的手段获取的，其披露当然是违背权利人的意思的。所谓不正当使用是指未经授权而使用该秘密或将该秘密转让给他人。如将商业秘密用于自己的生产经营，由自己直接利用商业秘密的使用价值的行为或状态，或非法允许他人使用。无论行为人是否因此而获取一定的利益，都有可能构成缔约过失责任。

(4)有其他违背诚实信用原则的行为。在缔约过程中常表现为，一方当事人未尽到通知、协助、告知、照顾等义务而造成对方当事人人身或财产的损失的情形。

3. 合同的效力

合同效力是法律赋予依法成立的合同所产生的约束力。合同的效力可分为四大类，即有效合同，无效合同，效力待定合同，可变更、可撤销合同。

合同的效力表现在：

(1)合同对当事人的一般拘束力。依法成立的合同，对当事人具有法律约束力。当事人应当按照约定履行自己的义务，不得擅自变更或者解除合同。

(2)合同的效力。依法成立的合同，自成立时生效。合同的效力体现为双主事人订立合同的效果意思产生的法律效力，每一个合同的效力都是特定的，各个合同之间的效力都是不相同的。

合同只有在行为人有相应的民事行为能力；意思表示真实；不违反法律或者社会公共利益的条件下才可以生效。合法合同自成立时生效；依法律、行政法规规定办理批准、登记手续后生效；约定生效条件；约定生效期限。

【案例阅读 28.2】

美国 Y 公司向中国石家庄工厂销售了一条彩色电视机玻壳生产线，经过安装后，调试的结果一直不理想，一晃时间到了圣诞节，美国专家都要回家过节。于是全线设备均要停下来，尤其是玻璃熔炉还要保温维护。美方人虽过节是法定的，中方生产线停顿是有代价的，两者无法融合。

美方走后，中方专家自己研究技术，着手解决问题，经过一周的日夜奋战将问题最大的成型机调试好了，这也是全线配合的关键。该机可以生产合格的玻壳后，其他设备即可按其节奏运转。

等美方人员过完节，回到中方工厂已是三周后的事，一见工厂仓库的玻壳，十分惊讶，问“怎么回事？”当中方工厂告诉美方，自己调通生产线后，美方人员转而大怒，认为：“中方人员不应动设备，应该对此负责任。”并对中方工厂的外贸代理公司做出严正交涉：“以后对工厂的生产设备将不承担责任，若影响其回收贷款还要索赔。”

(本文由作者根据网络相关资源改写)

学习情境29　文化因素对商务谈判的约束

【入门案例】

小刘是一名职业女性，她反应敏捷，待人热情，工作能力强。有一次，小刘和几位同事一起前往东南亚某国洽谈业务，他们一行人受到了东道主的热烈欢迎，在随之为他们特意举行的欢迎宴会上，主人亲自为每一位来自中国的宾客递上一杯当地特产的饮料，以示敬意。轮到主人向小刘递送饮料之时，习惯于使用左手的小刘不假思索，自然而然地抬起自己的左手去接饮料，见此情景，主人却神色骤变，重重地将饮料放回桌上，扬长而去，一时间气氛变得异常尴尬，小刘也不知所措。

原来，在那个国家里，人们的左右手有着明显的分工。正式场合中，右手被视为“尊贵之手”，可用于进餐、递送物品以及向别人行礼。而左手则被视为“不洁之手”，用左手递接物品，或是与人接触、施礼，在该国被人们公认为是一种蓄意侮辱。

（资料来源：陆永庆．旅游交际礼仪[M]．大连：东北财经大学出版社，2001.）

【分析提示】

小刘在这次交往中违规犯忌，说到底是由于她不了解交往国的习俗所致。商务谈判并不仅仅是谈判各方基于经济利益的交流与合作，也是各种文化之间碰撞、沟通与协调。文化上的差异直接导致商务谈判中不同文化的碰撞甚至冲突，案例中小刘对于东道国文化差异的疏忽很可能会影响商务活动的顺利进行。因此，在进行跨国商务活动时，谈判人员必须熟悉各国文化的差异，认真研究对方的文化背景以及特点。

任务29.1　文化差异与商务谈判

29.1.1　文化的内涵

跨国商务谈判是跨越国界的商务活动，了解各国不同的文化环境以及考虑到商业活动中的文化差异在跨国商务谈判中是非常重要的。如果想取得同外方谈判的成功，超越文化的局限是一件艰巨而又至关重要的任务。

长期以来，人们在使用“文化”这一概念时，其内涵、外延差异很大，因此文化有广义与狭义之分。

广义的文化定位于人类与一般动物以及人类社会与自然界的本质区别，立足于人类社会独特的生存方式，即指人类在社会历史实践中所创造的物质财富和精神财富的总和，其涵盖面非常广，因此又被称做“大文化”。

与广义的文化相对的是狭义的文化，指社会的意识形态以及与之相适应的社会制度和组织机构，其排除人类社会中关于物质创造活动过程及其结果的部分，专注于意识形态活动及其结果，是一定社会的政治和经济的反映，同时又作用于一定社会的政治和经济活动，因此又被称做“小文化”。

本书所说的“文化”这一概念，是就“狭义文化”而言，即着重讨论一个国家或民族的历史、地理、风土人情、传统习俗、生活方式、文学艺术、行为规范、思维方式、价值观念等。它包含信仰、知识、艺术、习俗、道德等社会生活的各个方面。

【案例阅读 29.1】

20 世纪 60 年代，美国总统约翰逊访问泰国。在受到泰国国王接见时，约翰逊竟毫无顾忌地跷起了二郎腿，脚尖正对着国王，而这种姿势，在泰国是视为侮辱的，因此引起泰国国王的不满。更为糟糕的是，约翰逊在告别时竟然用得克萨斯州的礼节紧紧拥抱了王后。在泰国，除了泰国国王外，任何人都不得触及王后，这就使泰国举国哗然。约翰逊的举动产生了不小的遗憾，也成了涉外交往中的典型笑话。

（资料来源：陆永庆．旅游交际礼仪[M]．大连：东北财经大学出版社，2001.）

29.1.2　文化差异产生的原因

文化差异指不同国家、地区存在的文化差别，即人们在不同环境下形成的语言、风俗、生活方式、人生观、价值观等方面的差异，这种差异导致了人们对同一事物或活动产生了不同的理解和解释。造成文化差异的原因主要有以下几个方面：

1. 经济差异

经济基础决定上层建筑，经济水平及收入的差异决定了人们受教育的程度以及所关注的问题。例如，发达国家的人们生活富裕，受教育水平普遍较高，人们在满足了温饱问题之后，更注重生活品质，对安全的欲望普遍较强。而在经济相对落后的国家或地区，人们主要关心的是吃饭问题。

2. 地区差异

地区差异是由不同的地理环境所造成的差异，包括气候、地形、地貌以及资源分布的差异，不同地区的人们有着不同的语言、生活方式、生活习惯以及爱好。例如，居住在赤道附近的人喜欢穿颜色鲜艳的衣服，而北欧各国的人则相对偏好冷色调的服装。

3. 民族差异

民族间的差异主要体现在饮食、风俗习惯、语言等方面。例如，维吾尔族男女老少，能歌善舞，热情好客。而汉族人性格温和，情感不外露。这就形成了维吾尔族人在饮食、服饰、居住、节日、礼仪等物质生活和文化生活上与汉族人的显著差异。

【案例阅读 29.2】

有个酒店住入了一少数民族团体，团体中美丽的少女们都各戴着一个很漂亮的鸡冠帽。有个酒店男员工与之混熟了一点后，出于好奇，用手摸了一下一位少女的帽子，结果弄到族长那里去，族长以为男员工爱上了那位少女，向她求婚。后经酒店领导出面调解，二者以兄妹相称。

因为在历史上这个少数民族曾在一夜里受到外族的入侵，恰巧一公鸡鸣叫，唤醒了人们，才免去了一次灭族之灾。以后，为了纪念这只公鸡，村里美丽的少女都戴上鸡冠帽，男子一触摸就表示求婚。因此在与少数民族的交际中，应了解并尊重少数民族的风俗习惯，不做他们忌讳的事，这样才有利于各民族之间平等友好的交往。

（资料来源：张文．酒店礼仪[M]．广州：华南理工大学出版社，1997.）

4. 宗教信仰差异

宗教是人类社会和文化发展到一定阶段的产物，世界上的三大主要宗教：基督教、佛教和伊斯兰教分别有着不同的教义和戒条，这些会对教民认识事物的方式、处理事情的原则以及行为准则和价值观产生影响。例如，马来西亚国民大多信奉佛教，其教义规定不许喝含有酒精的饮料，而许多中国游客却经常对当地人热情劝酒，这样使得对方感到为难，甚至觉得受到侮辱。

29.1.3 各国商务谈判风格

1. 美国文化及谈判风格

美国文化的主要内容是强调个人价值，追求民主自由，崇尚开拓和竞争，讲求理性和实用，强调通过个人奋斗、个人自我设计，追求个人价值的最终实现推崇个体的性格显露，所以美国谈判者往往较为坦率、热情，对于获得的实利比较看重。

在谈判过程中，美国谈判者表现的坦率、热情自信，态度表现积极进取，尤其非常相信自己的实力，谈判中以我为中心的主导全局欲望很强。

美国谈判者注重大局，喜欢进行“一揽子”交易，更倾向于从总额入手进行权衡。所以，美国谈判者常常从总交易条件入手谈判，定下总条件后再谈判具体条款。

【知识拓展 29.1】

中国的群体性文化较强，非常重视家庭亲友关系，把它视为组成社会的细胞；而在西方国家，崇尚独立自主自强自立。中国人重视传统的君臣，父子，论资排辈，等级森严，而在英美国家，长辈与晚辈间地位平等，不计较老少界限，多以朋友相处。中国人的传统观念历来崇尚“四世同堂”“合家团圆”，自古就有“父母在，不远游”的良言古训；而在英美国家，18 岁的子女仍住在家里依靠父母生活是不可思议的事情，他们必须依靠自己的双手去独立生活。同样，年龄大的父母即使失去了生活自理能力，一般也不会拖累子女，他们往往要住进老人院，由社会关照。

（本文由作者根据网络相关资源改写）

2. 德国文化及谈判风格

德国是一个讲究秩序的国家，因此德国人往往严肃、认真，容易给人造成死板的印象。德国人的特点是勤奋、自信。严于律己的德国人很讲究形式和准时，公私事宜必须事先约定时间并准时赴约。未经预先约定想与德国人会面，是办不到的事，如果因故需要推迟约会或取消约会的话，一定要打电话通知对方。否则，不仅失礼，也被认为是对其的莫大侮辱。德国人工作中讲求效率，注重纪律，一丝不苟。

因此，德国人在谈判过程中条理清楚、思想表达明确，准备的方案简单明了，充分表现了德国人思维的系统性和条理性。而双方在列出需要讨论的问题时，德国谈判者不仅要求列出所有问题，同时在排序上还应体现各种问题的重要程度以及内在逻辑关系，否则视为逻辑不明。又如，每场议题应明确，如果讨论了一上午，还未涉及中心问题，德国谈判者一定会抱怨这次谈判组织无效率，意思不明确并且觉得是浪费了他们的时间。

3. 法国文化及谈判风格

法国人天性热情开朗，初次见面就能亲热交谈，而且滔滔不绝，犹如老熟人一般，法国人讲究服饰美，特别是妇女穿得非常时尚，特别喜欢使用化妆品，光口红就有早、中、晚之分，是世界上最爱打扮的妇女。和法国人约会必须事先约定时间，准时赴约是有礼貌的表示，但不要提前。送鲜花给法国人也是很好的礼品。法国人在公共场所不能有懒散动作，不能大声喧哗。

法国人对于事物较为敏感，为人友善，但处事时而固执，时而随和。

法国谈判者虽然不如德国谈判者那样严谨，但非常重视谈判的结果，不论什么会谈、谈判，均希望有文字记载，其名称灵活多样，诸如纪要、备忘录、协议书、议定书等，用来记录已谈的内容和谈判的进程。法国谈判者谈判思路灵活，善于交际并且手法多样，为了促成交易，法国人常常喜欢借助行政、外交、名人或相关第三者介入谈判。

4. 英国文化及谈判风格

英国文化崇尚绅士风度，英国人常常挂在嘴边，使用频率最高的词是 excuse me 和 sorry。英国人十分讲究诚信，如果一旦有不良诚信记录，就很难找到工作。在交际活动中，握手礼是英国人使用最多的见面礼节。在一般情况下，与他人见面时，英国人既不像美国人那样随随便便"嗨"一声，也不像法国人一样和对方热烈拥抱、亲吻。在进行交谈时，英国人，特别是年级较大的英国人，喜欢别人称呼其世袭爵位或者荣誉头衔，至少，也要郑重其事的称呼"阁下"、"先生"等。

这种等级、阶层观念，在英国人的谈判中也能体现，英国人谈判时，其程序性十分突出，每一过程和程序恪守其规定并且虽然能够随和的接受意见，但是却不轻易采纳。解决问题时，有时还关注阶级，颇为看重对手的身份、职位与自己是否对等，有的上了年纪的人甚至可以为对手不带领带与之会谈而生气。英国人谈判时非常具有绅士风度：不轻易动怒，也不轻易放下架子，谈判条件不爱大起大落，注意钻研论理，处理复杂问题比较冷静，因此英国人谈判节奏比较缓慢。

【知识拓展 29.2】

英国是一个岛国，历史上航海业曾一度领先世界；而汉民族在亚洲大陆生活繁衍，人们的生活离不开土地。比喻花钱浪费，大手大脚，英语是 spend money like lvater，而汉语是"挥金如土"。英语中有许多关于船和水的习语，在汉语中没有完全相同的对应习语，如 to rest on one's oars(暂时歇一歇)，to keep one's head above water(奋力图存)，all at sea(不知所措)等。

在汉语的文化氛围中，"东风"即是"春天的风"，夏天常与酷暑炎热联系在一起，"赤日炎炎似火烧"，"骄阳似火"是常被用来描述夏天的词语。而英国地处西半球，北温带，海洋性气候，报告春天消息的却是西风，英国著名诗人雪莱的《西风颂》正是对春的讴歌。英国的夏季正是温馨宜人的季节，常与"可爱""温和""美好"相关联。

（本文由作者根据网络相关资源改写）

5. 日本文化及谈判风格

日本人趋向于把人、社会集团、国家等一切事物想象成一个序列。因此，他们对于自己以及自己在集团和国家在等级序列中的地位比较敏感。所以，日本人重视人与人之间的差别，对权威有极大的敬畏和服从。日本人信奉精神至上的原则，他们追求精神的超越，他们对精神的追求超过了对物质的追求。而且日本人创新能力强，容易接受新的事物并且喜欢探索新事物。

日本谈判者进取性强，态度认真，个性内向，不轻信人，例如工作严肃细致，成就欲望高，但很少说真心话，或不到一定程度很难讲真心话；谈判中决定权依出席人的等级而定，已成定规。所以，日本人谈判的节奏较为鲜明——唯利而动，要想从日本谈判者手中得到一点利益，绝非易事。不少日本谈判者能根据所在企业或委托人的意志，灵活地处理眼前利益与长远利益的关系。例如，先在整台机器上让步，促成生意，或许所赚不多，但以后的零配件生意却非他莫属，届时，即可待价而沽。

任务 29.2 文化差异对商务谈判的影响及对待策略

29.2.1 文化差异对跨国商务谈判的影响

【案例阅读 29.3】

一位英国老妇到中国游览观光，对接待她的导游小姐评价颇高，认为她服务态度好，语言水平也很高，便夸奖导游小姐说："你的英语讲得好极了！"小姐马上回应说："我的英语讲得不好。"英国老妇一听生气了，"英语是我的母语，难道我不知道英语该怎么说？"老妇生气的原因无疑是导游小姐忽视东西方礼仪的差异所至。西方人讲究一是一，二是二，而东方人讲究的是谦虚，凡事不张扬。

（资料来源：陆永庆，等．旅游交际礼仪[M]．大连：东北财经大学出版社，2001.）

跨国商务谈判是指处于不同国家和地区从事商务活动的当事人，为满足各自需要，通过交流与磋商争取取得意见一致的行为和过程，它具有跨文化的属性。不同的文化很容易使人们相互疏远并形成沟通中的障碍。因此，谈判者要了解、尊重、接纳彼此的文化，而且要透过文化的差异，了解对方行为的真正意图，并使自己被对方所接受，最终达成一致的协议。总的来说，文化差异对谈判的影响主要体现在以下几个方面：

1. 语言沟通技巧的运用

语言是人与人之间进行沟通的桥梁，因此，文化差异对谈判过程的影响，首先表现在谈判的语言沟通过程中。虽然解决语言问题的方法也很简单，如雇佣一个翻译或者用第三方语言交谈，但来自不同文化背景的谈判人员所使用的语言在语义、使用环境中存在着很大的差异，如果不了解这些差异，那么就很容易误解对方所传播的信息，从而影响谈判目标的实现。

【知识拓展 29.3】

汉语中的亲属称谓有泛化使用的倾向，常用于非亲属之间：年轻人对长辈称"叔叔""阿姨"；对平辈称"大哥""大姐"。但在英语中，亲属称谓不广泛地用于社交。如果我们对母语是英语的长辈称"Uncle Smith""Auntie Brown"，对方听了会觉得不太顺耳。英语文化中只有关系十分密切的情况下才使用此类亲属称谓且后面不带姓，只带名，如"Uncle Tom"。

又如学生知道 teacher 的含义是"老师"，也就相应地把"王老师"称为"Teacher Wang"。其实，英语中 teacher 只是一种职业；汉语有尊师的传统，"教师"已不仅仅是一种职业，而成为一种对人的尊称。由于这种文化上的差异，造成学生的简单理解：王老师＝Teacher Wang。此外，还把汉语中习惯上称呼的"唐秘书""张护士"称为 Secretary Tang，Nurse Zhang，英语国家的人听起来感觉不可思议。英语中称呼人一般用 Mr.、Miss、Mrs. 等。

（本文由作者根据网络相关资源改写）

2. 非语言——肢体语言的使用

文化差异对谈判过程的影响不仅表现在语言沟通过程中，还表现在非语言沟通过程中。文化差异会导致不同国家或地区的谈判人员在肢体、动作语言的运用上有着巨大的差异。因此，当谈判人员发出不同的非语言信号时，具有不同文化背景的谈判对手极易误解这些信号，而且还意识不到所发生的错误。这种错误如果得不到及时纠正,就会对商务活动的进程造成影响。

【案例阅读 29.4】

有一位美国华桥,到国内洽谈合资业务,洽谈了好几次,最后一次来之前,他曾对朋友说:"这是我最后一次洽谈了,我要跟他们的最高领导谈,谈得好,就可以拍板。"过了两个星期,他又回到了美国,朋友问:"谈成了吗?"他说:"没谈成。"朋友问其原因,他回答:"对方很有诚意,进行得也很好,就是跟我谈判的这个领导坐在我的对面,当他跟我谈判时,不时地抖着他的双腿,我觉得还没有跟他合作,我的财都被他抖掉了。"

(本文由作者根据网络相关资源改写)

3. 谈判风格对商务谈判的影响

谈判风格是谈判者在谈判过程中谈判人员所表现的言谈举止、作风、处事方式、习惯爱好和控制谈判进程的方法、手段上。文化不仅决定着谈判者的伦理道德规范,而且影响着谈判者的思维方式和个性行为,从而使不同文化背景的谈判者形成迥异的谈判风格。

【知识拓展 29.4】

北美人和西北欧人,及中欧人更愿意将他们的讨论集中在工作上,而不是集中在个人上。寒暄只是在最低限度内进行。用在讨论所参加的音乐会、体育活动、所去过的餐馆、旅行经历或者个人爱好上的时间仅仅被视做是为了营建刚开始的和谐融洽的关系,而且被认为,如果进行太久是无益处的,如果讨论进行太久的话,被视做浪费时间。偏离正题的谈判通常被打断或缩短,将谈判者带回即将进行的问题讨论中。

欧洲地中海沿岸的人会经常发现与个人进行私人性联系是很必要的,并且通常会在会议前,会议的开始阶段,休息或吃饭期间,花时间去与其他人结识或更进一步了解别人。

(本文由作者根据网络相关资源改写)

29.2.2　对待文化差异影响的策略

【案例阅读 29.5】

在一次印度官方代表团前来我国某城市进行友好访问时,为了表示我方的诚意,有关方面做了积极的准备,就连印度代表团下榻的饭店里,也专门换上了、舒适的牛皮沙发。可是,在我方的外事官员事先进行例行检查时,这些崭新的牛皮沙发却被责令立即撤换掉。原来,印度人大多信仰印度教,而印度教是敬牛、爱牛、奉牛为神的,因此,无论如何都不应当请印度人坐牛皮沙发。

(资料来源:张文. 酒店礼仪[M]. 广州:华南理工大学出版社,1997.)

1. 做好谈判的计划工作

要充分了解自己及谈判对手的情况,不仅要全面动态地了解对手对协议的期望,更要了解对方的民族习性、谈判手段和语言文化等信息,同时要列出谈判双方可能有的各种选择,考虑哪些方案是自己可以接受的或是能被对方接受的等。谈判过程中时间的控制也很重要，不同文化具有不同的时间观念，对时间观念差异应有所准备。如北美文化的时间观念很强，尤其对美国人来说时间就是金钱。而中东等地时间观念则较弱，在他们看来时间应当是被享用的。

2. 克服沟通障碍

在谈判时要明确目标、善于变通，积极地、创造性地开展工作。要注意双方是否有沟通障碍，是否存在由于文化背景不同造成的语言和肢体语言上的误解。要注意克服沟通障碍。谈判的截止日期、分心、情绪压力、责任、文化认知背景都会让谈判者在考虑问题的时候更多依赖自己的文化惯性思维。对于这些诱因的理解能够帮助谈判者对待跨国谈判的文化因素。在谈判语言上，对于西方国家应采取外向型交流方式，尽量以简单、明确、坦率的方式表达自己的思想。

3. 掌握与不同国家和地区的商务谈判技巧

不同的文化造就不同的性格和行为，形成不同的谈判风格。不同的风格主要表现在谈判过程中的行为、举止和实施控制谈判进程的方法、手段上。在东西方商务谈判过程中，文化背景的差异、不同的文化心态、风俗习惯等，往往被很多人忽略，而常常正是这些因素的影响，决定了商务谈判活动的成败。在正确谈判意识指导下，涉外谈判者必须掌握谈判对手的谈判风格，灵活应变，对症下药，使国际商务谈判向有利于己方的方向发展。

4. 谈判后要针对不同国家的文化差异进行后续交流

在东方国家，商务活动争端的解决往往不完全依赖法律体制，而常常依赖双方间的关系。在这些文化中，书面合同很短，主要用来描述商业伙伴各自的责任，而签约仪式非常隆重和正式。但是在西方文化国家，一般将合同签订仪式视做既浪费时间又浪费金钱的举动，所以合同常常是通过相互寄发来签订的。就后续交流而言，美国文化强调把“人和事区分开来”，所以不太注意后续交流。而在东方文化国家，例如日本，保持与大多数外国客户的后续交流被视做国际商务谈判的重要部分。他们在合同签订很久以后，仍然会进行信件、图片和互访等交流。

学习情境 30　政治因素对商务谈判的约束

【入门案例】

美国汽车业“三驾马车”之一的克莱斯勒汽车公司拥有近 70 亿美元的资金，是美国第十大制造企业，但自进入 20 世纪 70 年代以来该公司却屡遭厄运，从 1970 年至 1978 年的 9 年内，竟有 4 年亏损，其中 1978 年亏损额达 2.04 亿美元。在此危难之际，艾柯卡出任总经理。为了维持公司最低限度的生产活动，艾柯卡请求政府给予紧急经济援助，提供贷款担保。

但这一请求引起了美国社会的轩然大波，社会舆论几乎众口一词：克莱斯勒赶快倒闭吧。按照企业自由竞争原则，政府决不应该给予经济援助。最使艾柯卡感到头痛的是国会为此而举行了听证会，那简直就是在接受审判。委员会成员坐在半圆形高出地面八尺的会议桌上俯视着证人，而证人必须仰着头去看询问者。参议员、银行业务委员会主席威廉·普洛斯迈质问他：“如果保证贷款案获得通过的话，那么政府对克莱斯勒将介入更深，这对你长久以来鼓吹得十分动听的主张（指自由企业的竞争）来说，不是自相矛盾吗？”

“你说得一点也不错，”艾柯卡回答说，“我这一辈子一直都是自由企业的拥护者，我是极不情愿来到这里的，但我们目前的处境进退维谷，除非我们能取得联邦政府的某种保证贷款，否则我根本没办法去拯救克莱斯勒。”

他接着说：“我这不是在说谎，其实在座的参议员们都比我还清楚，克莱斯勒的请求贷款案并非首开先例。事实上，你们的账册上目前已有了 4 090 亿元的保证贷款，因此务请你们通融一下，不要到此为止，请你们也全力为克莱斯勒争取 4 100 万美元的贷款吧，因为克莱斯勒乃是美国的第十大公司，它关系到 60 万人的工作机会。

艾柯卡随后指出日本汽车正乘虚而入，如果克莱斯勒倒闭了，它的几十万职员就得成为日本的佣工，根据财政部的调查材料，如果克莱斯勒倒闭的话，国家在第一年里就得为所有失业人口花费 27 亿美元的保险金和福利金。所以他向国会议员们说：“各位眼前有个选择，你们愿意现在就付出 27 亿呢？还是将它一半作为保证贷款，日后并可全数收回？”持反对意见的国会议员无言以对，贷款终获通过。

（本文由作者根据网络相关资源改写）

【分析提示】

艾柯卡所引述的材料，参议员们不一定不知道，只是他们没有去认真地分析过这些材料。艾柯卡所做的一切只是将议员知道的一切再告诉他们，并让他们真正明白他们所知道的。成功的奥妙就在这里。

任务 30.1 政治因素对国际商务谈判的影响

1. 政治因素对商务谈判的影响

政治因素在国际谈判中是一个很重要的背景因素，它包括所在国家或地区的社会制度、政治信仰、体制政策、政局动态、国家关系等。如国家关系友好，谈判一般较为宽松，能彼此坦诚相待，出现问题也比较容易解决；反之，国家关系处在或面临对抗与冷战状态，谈判会受到较多的限制，谈判过程的难度也较大，甚至会出现某些制裁、禁运或其他歧视性政策。有时由于政治因素的干扰，即使谈判的当事人有诚意达成的某些协议，也可能成为一纸空文。此外，政局动荡，该方谈判者自然地位脆弱；政府人事更迭，有可能导致现行政策的某些变化等。

2. 政治风险

经济作为社会生活和政治基础决定着政治格局，政治又反过来推动或抑制着经济的发展两者之间的这种辩证关系不断反映在国际政治以及经济生活中。20 世纪以来，由于经济利益冲突带来的地区战争此起彼伏，海湾战争、科索沃战争就是例证。此外，出于政治上的原因而对友方的经济援助、经济同盟，对敌方的经济封锁、终止贸易往来等做法更是屡见不鲜。例如，20 世纪 50 年代西方国家对新中国的经济封锁，第二次世界大战后美、英、法等国对战败国日本、德国的扶持，近年来欧盟的建立、欧元制度的实施，北美自由贸易区的建立，西方国家对某些国家实行贸易禁运，等等。这些都是政治与经济相互联系的典型例子。

在商务活动中，政治风险是指由于政治局势的变化或国际冲突给有关商务谈判活动的参与者带来的可能的危害和损失。例如，两伊战争时许多国家蒙受了巨大的损失。我国也由于在两伊的工程承包项目，被迫停止与两国的货物贸易合同得不到履行而损失巨大。

其次，政治风险也包括由于商务合作上的不当或者误会给国家间的政治关系蒙上阴影。例如，前几年中国鞋风靡一些西欧和中东国家，在法国几乎人均一双中国鞋，然而突然某一天在一些阿拉伯国家，有人发现一批中国布鞋的鞋底波纹近似于阿拉伯文真主的字样，立刻引来了一片愤怒。我国驻外使馆也因此遭到骚扰，最后通过埃及一位颇有影响力的宗教领袖出面解释，风波才渐渐平息。

由此可见，政治因素确实与商务谈判活动有着千丝万缕的联系，而且这种联系决定了政治风险的客观存在，一旦造成不良后果，往往难以挽回消极影响、损失难以弥补。因此，提高预见和预防政治风险的能力是进行国际商务合作、谈判的重要问题。

任务 30.2 政治因素的内容

1. 国家实力对企业的影响

在国际政治事务上，往往会有一些大国凭借自己的实力强迫弱小国家接受它们提出的方案，否则就以各种制裁相威胁，在这种形势下事态的发展要么以弱小国家屈服妥协为结局，要么导致冲突加剧升级，甚至可能带来战争的危险。

与此类似，在国际商务活动中，一些发达国家的企业在与发展中国家的企业交往中，利用发展中国家的企业有求于发达国家的特点，对发展中国家提出苛刻要求。于是，发展中国家的企业就面临着被强迫风险：要么接受不公平的条件，承受利益分配上的不平等；要么拒绝无理要求，承受机会成本的损失。对于发展中国家来讲，既要维护与发达国家企业的合作，又要维护自己的合理利益，这确实是有相当难度的一个两难选择。

曾有一个重大工程项目由中方某公司与外方某公司联合承包，由中方公司提供部分技术和设备。在合同谈判中，中方公司为了降低自己的风险，坚持要求外方公司负责整个项目的管理工作。外方公司认为整个项目主要是由中方公司承担的，这部分项目管理工作不应由外方公司负责，外方公司不愿因此承担连带责任，由于外方公司曾在十多年前因连带责任陷入危机，险些破产，心有余悸，因此谈判陷入僵局。后来，中方有关部门做了适当的让步，矛盾才得以解决。

2. 政府之间的关系

由于谈判双方的商务关系是两国或两个地区之间整体经济关系的一部分，常常涉及两国之间的政治关系和外交关系，因此在谈判中两国或地区的政府常常会干预和影响商务谈判。因此，国际商务谈判必须贯彻执行国家的有关方针政策和外交政策，同时，还应注意国别政策，以及执行对外经济贸易的一系列法律和规章制度。

3. 当局政府的稳定性

当一个国家政局稳定，政策符合本国国情，它的经济就会发展，就会吸引众多的外国投资者前往投资。否则，政局动荡，市场混乱，人心惶惶，就必然产生相反的结果。这一点，在我国的政治及经济发展历程中已得到了印证。因此，贸易组织在进行经济往来之前，必须对谈判对手的政治环境做详尽的了解。

项目小结

本项目介绍了法律因素、文化因素和政治经济因素对商务谈判的约束作用，以及这些约束对商务谈判可能造成的影响，通过本项目的学习，使学生能掌握谈判中有关商务谈判约束因素的基础知识，深刻理解商务谈判约束因素在商务活动中的作用及有关约束因素的具体内容和应用方面的知识，并能够根据所掌握的对商务谈判约束的各种因素，合乎规范地进行商务谈判；同时具有根据各国法律、文化、政治等特点准确选择和恰当运用常用商务谈判技能进行商务活动的能力。

主要概念

跨国商务谈判；政治风险；文化差异；政治因素；合同订立

知识与技能训练

第一部分 知识训练

一、名词解释

1. 政治风险
2. 跨国商务谈判
3. 文化差异
4. 缔约过失责任
5. 国际惯例

二、填空题

1. 政治因素包括所在________、________、________、国家关系等。

2. 文化差异对谈判过程的影响不仅表现在________过程中，还表现在非语言沟通过程中。

3. 处理国际关系的一般准则主要包括________和________。

4. 地区差异是由不同的地理环境所造成的差异，包括________、________、地貌以及资源分布的差异。

5. 不同的风格主要表现在________、举止和实施控制谈判进程的方法、手段上。

三、单项选择题

1. 由于谈判双方的商务关系是两国或两个地区之间整体经济关系的一部分，常常涉及两国之间的(　　)。

A. 政治关系和经济交往　　B. 政治关系和外交关系
C. 外交关系和内政　　D. 政治关系和内政

2. 和平共处五项原则是中国与(　　)、缅甸在 20 世纪 50 年代前期所共同倡导并被世界上许多国家接受。

A. 柬埔寨　　B. 老挝　　C. 印度　　D. 越南

3. 平等互利、(　　)是我国经济合同法规定的基本内容。

A. 民主协商　　B. 和平共处　　C. 互惠互利　　D. 互不侵犯

4. 在谈判语言上，对于西方国家应采取(　　)交流方式，尽量以简单、明确、坦率的方式表达自己的思想。

A. 内向型　　B. 外向型　　C. 互动型　　D. 主动型

5. 文化差异对谈判过程的影响，首先表现在谈判的(　　)过程中。

A. 宴会宴请　　B. 邮件互发　　C. 信件交往　　D. 语言沟通

四、多项选择题

1. 以下属于美国人谈判风格的是(　　)。

A. 外露直率，能直接地向对方表露真挚、热忱的情绪

B. 办事比较干净利落，总是兴致勃勃地开始谈判，乐意以积极的态度谋求自己的礼仪

C. 赞赏那些精于讨价还价，为取得经济利益而施展手法的人

D. 对"一揽子"交易感兴趣

2. 一个国家或地区与谈判有关的政治状况因素主要有(　　)。

A. 国家对企业的管理程度　　B. 政府间的关系　C. 政治背景　　D. 政局稳定性

3. 法律人员是一项重大项目谈判的必然人员，其具体职责是(　　)。

A. 确认谈判对方经济组织的法人地位

B. 监督谈判程序在法律许可范围内进行

C. 决定谈判过程的重要事项

D. 为最后决策提供专业方面的论证

4. 形成信息沟通障碍的主要原因有(　　)。

A. 文化背景差异　　B. 心理因素差异

C. 性别差异　　D. 职业或受教育程度的差异

5. 属于日本人谈判风格的是(　　)。

A. 非常注意地位同等　　B. 在贸易活动中常有送礼的礼节

C. 当着送礼人的面打开礼物　　D. 初次来访的客人一定要带上礼物

五、简答题

1. 对待文化差异的策略有哪些？

2. 国际商务谈判的法律原则有哪些层次？

3. 文化差异产生的原因有哪些？

第二部分　技能训练

案例训练

[训练目的]

通过该训练任务，有助于学生：

1. 了解商务谈判中的各种制约因素，拓展、丰富的相关知识，加深对商务谈判制约因素的深入理解。

2. 运用相关商务谈判制约因素的知识分析从事商务活动人员的活动，有效地将知识转化为技能。

[训练步骤及要求]

1. 教师选择恰当案例，拟定需要讨论分析的问题。

2. 确定案例训练组织形式：分组集体讨论会(4～6 人)。

3. 老师主持课堂案例讨论，各小组选出一名代表阐明本小组的分析要点。

4. 教师进行最后点评与总结。

5. 各小组在讨论分析案例的基础上按以下要求撰写、提交"案例分析报告"，文字表述要

精练、观点明确。

《日本与我国的谈判》案例分析报告

时　　间：

分 析 者：

班　　组：

问题分析：

➢问题一：

➢问题二：

[实训考核] (百分制)

评分维度	出　勤	参与的主动性	内容的充实性	分析的逻辑性	知识的应用性	创 新 性
百 分 比	10%	15%	20%	15%	20%	20%

[案例介绍]

烟台市塑料编织袋厂厂长从青岛得到消息，日本某纺织株式会社正准备向我国出售先进的塑料编织袋生产线，遂当即到进口过类似设备的青岛、潍坊等国营大厂实地考察，了解其性能及运转情况，并确认引进可行。第二年春，该厂与日本株式会社达成正式购买生产线的口头协议。4月5日，该厂在青岛开始与日方谈判。

谈判进入了实质性阶段，对方主要代表发言："我们经销的生产线，由日本最守信誉的3家公司生产，具有20世纪80年代先进水平，全套设备的总价是240万美元。"报完价，漠然一笑，摆出一副毋庸置疑的神气。中方厂长说："据我们掌握的情报，你们的设备性能与贵国某某会社提供的产品完全一样，我省某某厂购买的该设备，比贵方开价便宜一半。因此，我提请你重新出示价格。"

日方代表听罢，相视而望，首次谈判宣告结束。

一夜之间，日本人把各类设备的价格开出了详细清单，第二天报出总价180万美元。经过激烈的争论，总价降至130万美元。日方表示价格无法再压。随后在持续长达9天的谈判中，双方共计谈崩了35次，最终拉锯战并没有结束，双方互不妥协让步。

"是否到了该签字的时候了?"厂长苦苦思索着，后灵机一动，采用和另一家西方公司做洽谈联系的策略。这一小小的动作立即被日商发现，总价立即降至120万美元。

这个价格可以说相当不错了。但厂长了解当时正有几家外商同时在青岛竞销自己的编织袋生产线，他觉得应紧紧把握这个机会，迫使对方做出进一步的让价。

谈判桌上的角逐呈白热化，中方代表在日商住地谈了整整一个上午，日方代表震怒了："先生，我们几次请示厂方，4次压价，从240万美元降到120万美元，比原价已将了50%了，可以说做到仁至义尽，而如今你们还不签字，实在太苛刻，太无诚意了!"

他气呼呼地把提包甩在桌上。

中方厂长站起身："先生，请记住，中国不再是几十年前的任人摆布的中国了，你们的价格，还有先生的态度，我们都是不能接受的！”说完，中方厂长同样气呼呼地把提包甩在桌上，那提包有意没拉上锁链，经他这一甩，里面那个西方某公司的设备资料与照片撒了一地。日方代表见状大吃一惊，急忙拉住中方厂长满脸赔笑道：“先生，我的权限已到此为止，请让我请示之后，再商量商量。”中方厂长寸步不让，“请转告贵厂东，这样的价格，我们不感兴趣。”说完，抽身便走。

次日，日方毫无动静，有人沉不住气，而中方厂长很泰然：“沉住气，明天上午会有信来的。”果然不出所料，次日一清早便传来消息，日方请中方暂不要和其他厂家谈判，厂东正和生产厂家协商，让几家一齐让价。

下午，日方宴请中方并宣布了第五次压价，中方厂长迅速反映，要求再降价 5%则可成交。中方厂长知道日方代表处在两头收挤的处境，便主动缓和气氛：“你们是客人，理应由我们来宴请，这次宴请费用，我们包了，价格问题请再和东京恳请一下。”

日方经过再次请示，宣布最后开价再让 3%，为 110 万美元，距离中方厂长的要求，只差了 3 万多美元了。娄维川看到这已经是最后价格，再挤下去不可能了，便慨然与日本代表握手成交，同时，他提出日方来华安装设备所需费用一概由日方承担，这个反建议又把那 2%的差价挤过去不少。

（本文根据网络相关资料改写）

[问题讨论]

运用所学的国际商务谈判中制约因素的知识，从商务谈判的礼仪、商务谈判的文化、谈判的法律以及各国商人的谈判风格几个角度，分析中方及日方本次谈判成功的原因。

附录A 商务合同范本

商务合同的类别非常多，有购销合同、合伙合同、建筑装饰施工合同等，以下我们列举一份买卖合同范本。

买卖合同

订立合同双方：

购货单位：________________（以下简称甲方）

供货单位：________________（以下简称乙方）

第一条 其产品名称、规格、质量（技术指标）、单价、总价等，如表所列：

材料名称及花色	规格（毫米）及型号	质量标准或技术指标	计量单位	单价（元）	合计（元）

第二条 产品包装规格及费用________________

第三条 验收方法________________

第四条 货款及费用等付款及结算办法________________

第五条 交货规定

1. 交货方式：________________

2. 交货地点：________________

3. 交货日期：________________

4. 运输费：________________

第六条 经济责任

1. 乙方应负的经济责任

(1)产品花色、品种、规格、质量不符合本合同规定时，甲方同意利用者，按质论价。不能利用的，乙方应负责保修、保退、保换。由于上述原因致延误交货时间，每逾期一日，乙方应按逾期交货部分货款总值的万分之________计算向甲方偿付逾期交货的违约金。

(2)乙方未按本合同规定的产品数量交货时，少交的部分，甲方如果需要，应照数补交。甲方如不需要，可以退货。由于退货所造成的损失，由乙方承担。如甲方需要而乙方不能交货，则乙方应付给甲方不能交货部分货款总值的________%的罚金。

(3)产品包装不符合本合同规定时，乙方应负责返修或重新包装，并承担返修或重新包装的费用。如甲方要求不返修或不重新包装，乙方应按不符合同规定包装价值________%的罚金付给甲方。

(4)产品交货时间不符合合同规定时，每延期一天，乙方应偿付甲方以延期交货部分货款总值万分之________的罚金。

(5)乙方未按照约定向甲方交付提取标的物单证以外的有关单证和资料，应当承担相关的赔偿责任。

2. 甲方应负的经济责任

(1)甲方如中途变更产品花色、品种、规格、质量或包装的规格，应偿付变更部分货款(或包装价值)总值________%的罚金。

(2)甲方如中途退货，应事先与乙方协商，乙方同意退货的，应由甲方偿付乙方退货部分货款总值________%的罚金。乙方不同意退货的，甲方仍须按合同规定收货。

(3)甲方未按规定时间和要求向乙方交付技术资料、原材料或包装物时，除乙方得将交货日期顺延外，每顺延一日，甲方应付给乙方顺延交货产品总值万分之________的罚金。如甲方始终不能提出应提交的上述资料等，应视中途退货处理。

(4)属甲方自提的材料，如甲方未按规定日期提货，每延期一天，应偿付乙方以延期提货部分货款总额万分之________的罚金。

(5)甲方如未按规定日期向乙方付款，每延期一天，应按延期付款总额万分之________计算付给乙方，作为延期罚金。

(6)乙方送货或代运的产品，如甲方拒绝接货，甲方应承担因而造成的损失和运输费用及罚金。

第七条　产品价格如须调整，必须经双方协商。如乙方因价格问题而影响交货，则每延期交货一天，乙方应按延期交货部分总值的万分之________作为罚金付给甲方。

第八条　甲、乙任何一方如要求全部或部分注销合同，必须提出充分理由，经双方协商提出注销合同一方须向对方偿付注销合同部分总额________%的补偿金。

第九条　如因生产资料、生产设备、生产工艺或市场发生重大变化，乙方须变更产品品种、花色、规格、质量、包装时，应提前________天与甲方协商。

第十条　本合同所订一切条款，甲、乙任何一方不得擅自变更或修改。如一方单独变更、修改本合同，对方有权拒绝生产或收货，并要求单独变更、修改合同一方赔偿一切损失。

第十一条　甲、乙任何一方如确因不可抗力的原因，不能履行本合同时，应及时向对方通知不能履行或须延期履行，部分履行合同的理由。在取得有关机构证明后，本合同可以不履行或延期履行或部分履行，并全部或者部分免予承担违约责任。

第十二条　本合同在执行中如发生争议或纠纷，甲、乙双方应协商解决，解决不了时，双方可向仲裁机构申请仲裁或向人民法院提起诉讼。(两者选一)

第十三条　本合同自双方签章之日起生效，到乙方将全部订货送齐经甲方验收无误，并按本合同规定将货款结算以后作废。

第十四条　本合同在执行期间，如有未尽事宜，得由甲乙双方协商，另订附则附于本合同之内，所有附则在法律上均与本合同有同等效力。

第十五条　本合同一式________份，由甲、乙双方各执正本一份、副本________份。

订立合同人：

甲方：__________（盖章）　　乙方：__________（盖章）

代理人：________（盖章）　　代理人：________（盖章）

负责人：________（盖章）　　负责人：________（盖章）

地址：____________　　地址：____________

电话：____________　　电话：____________

开户银行、账号________　　开户银行、账号________

________年________月________日

参考文献

[1] 左小平. 国际商务谈判中的文化因素[J]. 哈尔滨:商业研究,2005(6).

[2] 潘肖珏,谢承志. 商务谈判与沟通技巧[M]. 上海:复旦大学出版社,2006.

[3] 张文. 酒店礼仪[M]. 广州:华南理工大学出版社,1997.

[4] 陆永庆,等. 旅游交际礼仪[M]. 大连:东北财经大学出版社,2001.

[5] 刘向丽. 国际商务谈判[M]. 北京:机械工业出版社,2007.

[6] 陈文汉. 商务谈判实务[M]. 北京:电子工业出版社,2009.

[7] 孙绍年. 商务谈判理论与实务[M]. 北京:清华大学出版社,2007.

[8] 陆永庆,等. 旅游交际礼仪[M]. 大连:东北财经大学出版社,2001.

[9] 金正昆. 涉外礼仪教程[M]. 北京:中国人民大学出版社,1999.

[10] 陈刚平,周晓梅. 旅游社交礼仪[M]. 北京:旅游教育出版社,2000.

[11] 马保奉. 外交礼仪浅谈[M]. 北京:中国铁道出版社,1996.

[12] 王连义. 怎样做好导游工作[M]. 北京:中国旅游出版社,1993.

[13] 孙庆和,张福春. 实用商务谈判大全:告诉你最简单最有效的双赢谈判战术[M]. 北京:企业管理出版社,2005.

[14] 方其. 商务谈判:理论·技巧·案例[M]. 2版. 北京:中国人民大学出版社,2007.

[15] 刘文广. 商务谈判[M]. 北京:高等教育出版社,2004.

[16] 薛建红. 旅游服务礼仪[M]. 郑州:郑州大学出版社,2002.

[17] 蒋一凤. 酒店管理180例[M]. 上海:上海东方出版中心,1997.

[18] 石永恒. 商务谈判实务与案例[M]. 北京:机械工业出版社,2008.

[19] 陈文汉. 商务谈判实务[M]. 2版. 北京:电子工业出版社,2009.

[20] 丁建中. 商务谈判:教学案例[M]. 2版. 北京:中国人民大学出版社,2007.

[21] 于卉,吴海侠,高琳. 商务沟通与谈判[M]. 北京:化学工业出版社,2007.

[22] 袁其刚. 国际商务谈判[M]. 北京:高等教育出版社,2007.

[23] 吕晨钟. 学谈判必读的95个中外案例[M]. 北京:北京工业大学出版社,2005.

[24] 胡长明. 大智周恩来[M]. 北京:中共党史出版社,2008.

[25] 樊建廷. 商务谈判[M]. 大连:东北财经大学出版社,2007.

[26] 聂元昆. 商务谈判学[M]. 北京:高等教育出版社,2009.

[27] 郭芳芳. 商务谈判教程:理论·技巧·实务[M]. 上海:上海财经大学出版社,2006.

[28] 张亚军,包立军,王业军. 商务谈判与推销技巧实训[M]. 北京:科学出版社,2007.